JN440913

현대 사회와 직업윤리

개정판

최 훈 전석환 조극훈 권오상

강원대학교 출판부

차 례

표 차례

/ 개정판 머리말 /

초판이 나온 지 3년이 지나 개정판을 내게 되었다. 그동안 주로 '직업윤리'나 '직업과 진로' 과목의 교재로 활용하면서 부족한 점을 수정할 필요성을 느꼈다. 어렵게 서술된 부분을 쉽게 고치고 시대에 뒤떨어진 내용도 최근의 정보로 바꾸고 새롭게 연구하거나 모은 자료도 추가하였다. 특히 인간의 삶의 근간이자 직업 생활의 근본이 되는 것으로서 '일이란 무엇인가?'에 대한 내용을 연구하여 그 결과를 첨가하였다. 그것은 이 책의 수준을 좀 더 높이는 계기가 될 것으로 생각한다.

취업의 가치가 갈수록 높아지는 시대이다 보니 직업윤리도 갈수록 더 중요해진다. 모든 윤리가 마찬가지지만 직업윤리도 단순한 반성과 다짐만으로 생기는 것은 아니다. 꼭 필요한 윤리적 개념을 익히고 어떤 윤리적 논의가 있는지 안 다음에 스스로 그 논의에 참여해봄으로써 남들과 다른 직업윤리를 쌓을 수 있다고 생각한다. 이 교재가 조그마한 도움이 되기를 기대해본다.

2016년 8월
지은이

/ 책 머리에 /

미국에서는 공과대학 교육의 최소한의 기준을 제시하고 이에 부합한 대학과 대학의 프로그램을 인증하는 ABET(Accreditation Board for Engineering and Technology)라는 제도가 실시되고 있다. 우리나라에서도 공학교육의 질적 향상과 현장에 곧바로 투입할 수 있는 능력을 가진 졸업생을 배출함으로써 산업체 요구에 부응하기 위하여 한국공학교육인증원(ABEEK)이 발족되어 각 학교별로 인증을 하고 있다. 그런데 이 인증을 위해서는 기본 소양 항목으로 다음과 같은 능력을 갖추고 있음을 증명할 수 있어야 한다.

○ 직업적, 도덕적인 책임에 대한 인식
○ 효과적으로 의사를 전달할 수 있는 능력
○ 거시적 관점에서 공학적 해결방안이 끼치는 영향을 이해할 수 있는 능력
○ 평생교육에 대한 필요성의 인식과 평생교육에 참여할 수 있는 능력
○ 경제, 경영, 환경, 법률 등 시사적 논점들에 대한 기본 지식
○ 세계문화에 대한 이해와 국제적으로 협동할 수 있는 능력

이런 기준에 맞추어 대학에서의 〈직업윤리〉 교육의 중요성은 더욱 커지고 있다. 이 교재에서도 위와 같은 능력을 갖추는 데 초점을 맞추어 서술하였는데 특히 다음과 같은 점을 강조하였다.

첫째, 직업 세계의 다양성을 알 수 있도록 했다. 많은 학생들은 수많은 직업 중 아주 소수만 알고 있고 그것도 피상적인 면만을 알고 있다. 이 교재로 이런 점들을 보충할 수 있을 것이다.

둘째, 직장 생활에서 부딪치는 윤리적인 고민을 성찰할 수 있도록 했다. 직장 생활에서 기업, 고객, 동료 직원들과 여러 가지 도덕적인 딜레마 상황에 빠진다. 그럴 때 어떤 기준으로 그 문제를 풀어갈 수 있는지 도움이 되도록 했다. 직장에서의 윤리적인 문제는 사실 직장 밖의 일상생활 전체에서 만나는 문제이기도 하다. 따라서 이 교재가 일반적인 윤리적 지침과 반성의 기회도 제공할 것이다.

셋째, 경제 현실의 역동성을 이해할 수 있도록 했다. 학생들은 직장 생활에 꼭 필요한 경제적인 상식이 많이 부족한 것이 현실이다. 이 교재는 그런 상식을 늘려주는 데 도움이 될 것이다.

넷째, 직장 생활과 사회생활에서 자기 계발을 할 수 있는 계기를 제공하도록 했다. 복잡한 사회 현실에서 합리적이고 현명하게 판단을 내릴 수 있는 판단력을 기르고, 행복한 삶을 살 수 있는 가치관을 갖추는 성찰을 할 수 있게 했다.

이 교재는 성공적인 취업 가이드도 아니고 직장 생활을 위한 처세술 책도 아니다. 지은이들은 직장을 중심으로 우리 사회의 현실을 깨닫고 고민하여 직장과 사회에 대한 자신의 정체성과 가치관을 확립하는 계기가 되도록 노력하였다. 이런 바람이 학생들에게 조금이라도 전달되었으면 한다.

2013 년 1 월

지은이

Ⅰ. 직업이란 무엇인가?

Ⅰ. 직업이란 무엇인가?

◆ **학습 목표**

1. 사람들에게 직업이 왜 중요한지를 안다.
2. 직업의 정의와 직업이라는 단어가 함축하는 바를 안다.
3. 다양한 직업관에 대해서 이해한다.
4. 우리나라 사람들이 희망하는 직업으로는 어떤 것이 있으며, 직업의 사회적 지위에 대해 어떻게 생각하는지 안다.
5. 우리나라 사람들에게 바람직한 직업의식과 부정적인 직업의식이 어떤 것이 있는지 알고, 바람직한 직업의식을 계승하려고 노력한다.
6. 임금 제도와 직업의 경제적 보상에 대해 이해한다.
7. 정규직과 비정규직의 차이와 비정규직 문제의 실태를 안다.

1. 직업의 의미

(1) 직업이 주는 정체성

우리나라 사람들이 새로운 사람들을 처음 만났을 때 이름을 안 다음에 가장 궁금해 하는 것이 무엇일까? 아마도 나이인 것 같다. 나

이에 따른 상하 관계를 중요시하는 우리의 문화와 나이에 따라 달라지는 우리말의 어법 때문에 나이는 어떤 사람과 관계를 맺을 때 가장 중요한 요소가 된다. 나이뿐만 아니라 같은 조직 내에서는 누가 먼저 그 조직에 들어왔는지도 중요하게 생각되고 나이를 대체하는 역할을 하기도 한다. 군대나 검찰 같은 조직에서는 아직도 몇 기(期) 출신인가가 사람을 판단할 때 중요하게 작용하는 것을 볼 수 있다.

그 다음으로 궁금해 하는 것은 무엇일까? 고향이 궁금한 사람도 있겠지만, 역시 그 사람이 무슨 일을 하는지, 곧 그 사람의 직업을 나이 다음으로 알고 싶어 한다. (학생들의 경우에는 무슨 학교에서 무엇을 전공하는지 물어 볼 텐데, 그것이 곧 직업에 대해서 물어보는 것이나 마찬가지이다.) 곧 이름, 나이, 직업은 어떤 사람이 누구인지 규정하기 위해서 가장 중요한 요소들이다. 그래서 뉴스에서는 어떤 사람을 소개할 때 그 사람의 나이와 직업을 꼭 함께 싣는다. 직업이 없다면 '무직'이라고 하고.

어떤 대상이 이러이러한 성질을 가지고 있다고 규정하는 것을 어려운 말로 그 대상의 **정체성**이라고 한다. (내가 바로 이러이러한 성질을 가진 대상과 동일한 대상이라는 의미로 '동일성'이라고도 말한다.) 영어로는 '아이덴터티'(identity)라고 하는데, 회원제 인터넷 사이트에서 회원임을 확인하는 '아이디'나 어떤 사람의 신분을 밝혀주는 카드를 뜻하는 'ID 카드'도 이 말에서 나온 것이다. 정체성이란 말이 들어간 말 중 자주 쓰이는 것은 '자아 정체성'이다. '자아', 곧 내가 어떤 사람인지 규정하는 것이 자아 정체성인데, 청소년기에 내가 누구이고 어떤 사람이 되어야 한다는 것을 알아야 한다는 의미에서 '자아 정체성 확립'이라는 말이 자주 쓰인다. 또 요즘은 '성 정체성의 혼란'이라는 말도 자주 쓰이는데 자신의 성 정체성, 그러니까 스스로가 남성인지 여성인지 헷갈린다는 뜻이다.

이렇게 정체성이라는 말은 어려운 말인 것 같지만 사실은 내가 또는 다른 어떤 사람이 누구냐고 물었을 때 그에 대한 답을 뜻한다. "저 사람이 누구냐?"라고 물었을 때 그 물음은 거창한 철학적인 질문일 수도 있지만, 간단하게 생각하면 그 사람의 이름이 뭐고 나이는 몇 살이며 직업은 무엇인지 묻는 물음인 것이다.

이만큼 직업은 바로 이름, 나이와 함께 어떤 사람의 정체성에서 가장 중요한 것이다. 우리가 어떤 사람을 만났을 때 그 사람의 나이나 고향 그리고 직업 등을 궁금해 하는 것은 그 사람과 대화를 쉽게 풀어나가기 위한 목적일 때가 많다. 그러나 직업은 그것을 넘어서서 그 사람이 어떤 성격과 적성을 지닌 사람인지 판단하게 만드는 것이 된다. 미국의 대표 여배우인 조디 포스트가 어릴 때 출연한 영화 〈택시 드라이브〉에는 주인공의 동료 택시 기사인 위저드가 말한 "너도 알다시피, 인간이 한 직업에 종사하다 보면 그 직업이 그의 모습이 되는 거야."(A man takes a job, you know and that job becomes what he is.)라는 유명한 대사가 나온다. 그리고 "사람의 성격은 어떤 가르침보다 그들의 직업에 더 많이 의존하고 있다."라는 격언도 있다. 우리는 사적인 자리에서라도 형사를 만나면 괜히 조심하게 되고 스튜어디스라고 하면 평소에도 아주 친절할 것 같은 생각을 한다. 한 사람의 직업은 직장 생활뿐만 아니라 일상생활까지도 지배한다. 실제로 오랫동안 특정 직업에 종사한 사람은 본인도 모르게 직업의 특성이 행동에서 나타나는데, 가령 교사인 사람은 학생들을 대하듯이 말과 행동을 한다든지, 아나운서는 여럿이 모인 자리에서 사회자 역할을 하려고 한다든지 하는 것이 그런 사례가 될 것이다. 그리고 비번일 때도 위험에 빠진 사람을 돕는 소방관이나 경찰관처럼, 일상생활에서 직업의식이 발휘되는 사람들을 심심치 않게 볼 수 있다. "백정이 버들잎 물고 죽는다."라는 속담이 있는데, 버들로 키나 버들 고리 같은 것을 만드는 고리백정(임꺽정이 고리백정이었다)이 죽을 때까지 버들은 손에서 놓지 못 한다는 말이다. 그만큼 직업이란 죽을 때까지 따라 다니는 것이다.

직업과 정체성에 대해서 길게 말하는 까닭은 직업이 단순히 돈을 벌기 위한 수단이 아니라는 것이다. 물론 생계를 위해서 직업을 가지는 것은 아주 중요하지만 한 사람의 직업이 무엇인가는, 위에서 말했듯이 돈벌이 수단을 떠나서 그 사람의 정체성을 정해주는 아주 중요한 요소가 된다. 따라서 직업이 없는 실업자는 부모나 주위로부터 도움을 받아 경제적인 어려움이 없더라도 자신의 정체성 중 중요한 부분이 없기 때문에, 어려운 말로 정체성이 상실되어 있기 때문에 괴로울 수밖에 없다. 나이가 들어 자신의 직장에서 퇴직을 하면 직장 생활에서 해방이 되어 편할 것 같지만 괴로움을 호소하는 사람들이 많은데 자신을 규정했던 정체성이 없어져버렸기 때문이다. 그리고 직업이 있는 사람이 없는 사람보다 오래 산다는 통계도 있다.

■ 직업 있는 사람이 없는 사람보다 14년이나 오래 살아

직업의 중요성은 직업이 있는 사람이 없는 사람보다 더 오래 산다는 연구 결과에서도 확인된다. 삼육대 사회복지학과 천성수 교수는 2002년에 한국보건통계학회지에 발표한 '직업별 수명차이에 대한 연구'에서 직업을 가진 경제활동 남성의 평균 수명은 75.1세로 남성 전체의 평균 수명 71.7세보다 길었다.

주목할 만한 것은 뚜렷한 직업이 없었던 비경제활동 남성의 평균 수명은 60.7세로 경제활동 남성의 평균 수명에 비해 14.4이나 짧았다. 여성은 이에 비해 그 격차가 그리 크지 않았는데, 경제활동을 한 경우는 80.7세, 안한 경우는 77.5세로 그 차이가 3.2년이었다.

한편 천 교수의 논문은 각 직업별로 평균 수명을 제시했는데, 고위 관리직 77.7세, 기능·기계직 77.2세, 기술직 76.7세, 전문직 75.6세, 단순노무직 75.3세, 판매·서비스직 74.5세, 사무직 68.8세, 농어업직은 66.1세의 순이었다.

천 교수의 연구는 통계청에서 나온 '1999년 간이 생명표와 경제활동인구연보'와 같은 해 나온 사망자 24만6천명의 사망신고서상 평생주 직업을 토대로 분석한 결과다(『연합뉴스』, 2002년 3월 28일).

한편 원광대 보건복지학부 김종인 교수팀은 2011년에 지난 1963년부터 2010년까지 48년간의 사망자들에 대한 직업 분류 결과를 발표했는데, 지난 48년간 언론에 난 3,215명의 부음 기사와 통계청의 사망 통계 자료 등을 바탕으로 국내 11개 직업군별 평균 수명을 비교 및 분석한 것이다(『뉴스엔』, 2011년 4월 4일). 그 결과 2001년~2010년 10년 간의 직업별 평균 수명은 다음과 같다.

· 종교인(승려, 신부, 목사 등): 82세
· 교수: 79세
· 정치인(국회의원, 시도지사 등): 79세
· 법조인(판사, 변호사, 검사 등): 78세
· 기업인(기업 회장, 임원 등): 77세
· 고위 공직자(장관, 차관, 정부 기관 관료 등): 74세
· 예술인(도예, 조각, 서예, 음악 등): 74세

· 작가(소설가, 시인, 극작가 등): 74세
· 언론인(기자, 아나운서): 72세
· 체육인(운동선수, 코치, 감독 등): 69세
· 연예인(배우, 탤런트, 가수, 영화감독): 65세

(2) 직업의 정의

국어사전에는 직업을 "생계를 유지하기 위하여 자신의 적성과 능력에 따라 일정한 기간 동안 계속하여 종사하는 일"(『표준국어대사전』)이라고 풀이되어 있다. 앞서 직업이 정체성 확립을 위해 중요하다고 강조했지만 그렇다고 해서 생계유지가 중요하지 않은 것은 아니다. 생계유지는 여전히 직업을 정의하는 가장 중요한 특성이다. 생계유지의 목적이 아닌 일은 여가나 취미 활동 또는 자원 봉사 활동 등이 된다. 그 다음에 일이 직업이 되기 위해서는 일정한 기간 동안 일상적인 활동으로 이루어져야 한다. 간헐적으로 이루어지거나 정기적이라고 하더라도 짧은 시간 동안 이루어지는 활동은 직업이라고 부르지 않는다.

그러나 이 정의는 그렇게 명확하지 않다. 주부는 일정한 기간 동안 계속해서 가사 노동에 종사한다. 물론 주부가 가사 노동을 함으로써 직접 경제적인 보상을 받는 것은 아니다. 그러나 주부가 가사 노동을 하지 않고 다른 누군가에게, 예컨대 가사 도우미에게 그 일을 맡긴다면 경제적인 지출이 이루어지므로, 주부가 생계를 유지하기 위한 일이 아니라고 보기도 어렵다. 따라서 위 정의에 따르면 주부도 엄연한 직업이지만 일반적인 사회적인 인식에 따르면 주부는 직업이 아니다. 한편 하루 중 오전에만 일하거나(파트타임) 한 달

중 열흘만 일하는(피크타임) 것도 요즘은 흔한 직업이지만 이것이 일정한 기간 동안 계속하여 일하는 것인지 모호하다.

물론 이것은 위 국어사전의 정의만이 문제라고 말하는 것은 아니다. 다른 많은 정의나 마찬가지로 '직업'에 대한 어떤 정의도 만족스럽지 못하다. 이는 '직업'에 대해 정의하려고 하는 국어학자들만의 어려움에 그치는 것이 아니다. 직업에 대한 정책을 정하고 실시해야 하는 행정 담당자들이나 직업 유무에 따라 보상이 달라지는 보험 등 관련 업계 종사자들의 어려움이기도 하다.

■ '프리터족', 실업자, '니트족'

'아르바이트'(Arbeit)는 원래는 일이라는 뜻의 독일어인데, 이것이 일본에서 파트타임 직업을 뜻하는 말로 쓰이다가 우리나라에서도 그런 뜻으로 널리 알려져 있다. 국어사전에도 "본래의 직업이 아닌, 임시로 하는 일"이라는 뜻으로 올라 있는데, '부업'으로 순화해서 사용하라고 적혀 있다. 본업 외에 아르바이트를 하는 사람이나, 주부나 학생처럼 직업이 없는 사람들이 시간제로 일하는 경우는 정확히 부업으로서의 아르바이트를 가리킨다. 그러나 이제는 아르바이트 자체를 본업으로 삼고 있는 사람들도 많은데, '프리터족(族)'이 그런 사람들이다.

'프리터'(freeter)는 '프리랜서'(freelancer)와 '아르바이트'의 합성어이다. 이것도 역시 일본에서 생긴 말로 취업을 하지 않고 아르바이트만으로 생활하는 사람을 가리킨다. 그러나 일본의 프리터족과 우리나라의 프리터족은 약간 다르다. 아르바이트의 수입이 상대적으로 높은 일본에서는 취미 생활을 위해 또는 얽매인 생활이 싫어서 프리터족이 된 사람이 많은데, 우리나라의 경우는 정규직으로 취업이 되지 않아 생계형으로 프리터족이 된 사람이 많기 때문이다. 따라서 프리터족은 정규직 취업을 준비하는 사람이라는 점에서 취업 준비자 또는 실업 예비군이라고 말할 수 있겠다.

프리터는 저임금에 안정성이 없는 임시직이다. 더 문제는 프리터라는 말의 어원이 된 **프리랜서**는 똑같이 임시직이기는 하지만 전문적인 업무에 종사하는 데 비해서, 프리터는 비교적 단순한 비숙련직에 종사하기 때문에 직업의 특성 중 하나인 자기 계발이 되지 않고 장기간 복무해도 임금의 상승도 되지 않는다는 점이다(V장, 2절을 보라). 고급 인력이 양성되지 않는다는 점은 개인뿐만 아니라 사회 전체의 경제 관점에서 보더라도 심각한 문제이다.

직업이 없는 사람을 '실업자'라고 부르지만, 고용통계 용어로 실업자는 적극적으로 구직 활동을 하는 자를 가리킨다. 반면에 실업자 중에서 취업 의사가 없는 사람들, 곧 자발적 실업자 또는 구직 단념자를 **니트족**이라고 부른다. 니트(NEET)는 Not in Employment, Education, or Training의 약자로서 원래는 영국에서 교육 기관에 소속되지도, 채용되지도, 직업 훈련에 참가하지도 않는 청소년을 가리키는 용어로 1999년 처음 사용되었는데, 역시 일본에서 널리 퍼진 말이다. 니트족은 직업도 없지만 직업을 구하려고 하는 의사도 없고 직업을 구하기 위해 교육이나 훈련을 받지 않는 사람들을 가리키는데, 요즘은 간단하게 '취업 포기자'라고도 많이 부르고 고용통계 용어로는 '비경제활동인구'이다.

최근에는 취업 시장에서 '남아도는' 인력이라는 뜻으로 '잉여'가 실업자를 가리키는 은어로 쓰이기도 한다. 이 말은 손창섭의 소설 〈잉여인간〉(1958)에 그 근원이 있지만, 영화 〈말죽거리 잔혹사〉(2004)에서 주인공의 아버지가 주인공에게 "너, 대학 못가면 뭔 줄 알아? 잉여인간이야! 잉여인간! 잉여인간 알아? 인간 떨거지 되는 거야!"라는 대사에서 유명해졌다.

현대경제연구원의 2015년 '청년 니트족 특징과 시사점' 보고서에 따르면 우리나라의 2014년 프리터족은 전체 청년(15~29세)의 17.2%인 163만 3000명인 것으로 나타났다. 이는 경제협력개발기구(OECD) 회원국의 평균인 8.2%보다 7.4%포인트 높은 수치이고, 33개 회원국 가운데 세 번째로 높다. 이런 현상은 대학 진학률은 다른 나라에 비해 높은데 이른바 좋은 일자리는 많지 않기 때문이다. 한편 통계청이 발표한 청년 실업률은 2016년 2월에 12.5%로 역대 최고치를 기록했다. 전체 실업률은 4.9%이다.

통계청에서 작성한 한국표준직업분류는 국제노동기구(ILO)에서 권고하고 있는 국제표준직업분류를 기초로 작성한 것인데, 그것에 따르면 다음과 같은 일은 직업으로 간주하지 않는다(『제6차 한국표준직업분류 개정』, 2007).

(가) 이자, 주식배당, 임대료(전세금, 월세금) 등과 같은 자산 수입이 있는 경우
(나) 연금법, 국민기초생활보장법, 국민연금법 및 고용보험법 등의 사회보장이나 민간보험에 의한 수입이 있는 경우
(다) 경마, 경륜, 복권 등에 의한 배당금이나 주식투자에 의한 시세차익이 있는 경우
(라) 예·적금 인출, 보험금 수취, 차용 또는 토지나 금융자산을 매각하여 수입이 있는 경우
(마) 자기 집의 가사 활동에 전념하는 경우
(바) 교육기관에 재학하며 학습에만 전념하는 경우

(사) 시민봉사활동 등에 의한 무급 봉사적인 일에 종사하는 경우
(아) 의무로 복무 중인 사병, 단기 부사관, 장교와 같은 군인
(자) 사회복지시설 수용자의 시설 내 경제 활동
(차) 수형자의 활동과 같이 법률에 의한 강제노동을 하는 경우
(카) 도박, 강도, 절도, 사기, 매춘, 밀수와 같은 불법적인 활동

위에서 직업은 생계를 위한 활동이라고 했으므로 고정 수입이 없는 (마), (바), (사)는 직업으로 간주하지 않는다. 그리고 수입이 있다고 하더라도 (아), (자), (차)의 경우처럼 속박된 상태에서의 활동은 직업이라고 보지 않는다. 또 무엇을 직업으로 보느냐에는 전통적인 윤리 기준이나 사회적 시선도 중요하게 작용하는데, (가), (나), (다)처럼 노력이 없이 자연 발생적인 이득을 얻거나 우연적인 경제적인 과실에 의존하는 활동이나 (카)처럼 비윤리적이고 반사회적인 영리 행위는 직업으로 인정받지 못한다.

그러나 시대가 변하면서 직업으로 보지 않던 일을 당당한 직업으로 생활하는 사람들도 생겨나게 되었다. 이제 더 이상 임대료로 생활하는 임대업자 그리고 주식, 선물 등을 사고파는 전업 투자자(데이트레이더)를 직업이 없는 사람이라고 보지 않는다. 그리고 여성계에서는 주부를 직업으로 인정해 달라는 요구를 하고 있다. 여담으로 인류의 역사상 가장 오래된 직업이 군인, 농부, 도둑, 매춘부라고 하는데, 이중 도둑과 매춘부는 직업으로 인정받지 못할 뿐 아니라 불법이다. 최근에는 성매매도 정당한 직업으로 인정해 달라고 요구하는 움직임이 있다.

직업에 해당하는 영어 단어는 여러 가지이다. 그 단어마다 직업의 의미가 약간씩 다르다. 먼저 job은 직업을 뜻하는 가장 일반적인 말

이다. 우리나라에서도 잡 마켓(취업 시장)이나 잡 월드(경기도 성남시에 있는 직업 체험관의 이름), 투 잡(본업 외에 부업을 하는 것) 등과 같은 형태로 '잡'은 직업을 뜻하는 말로 종종 쓰인다. (job은 외래어표기법에 따르면 '잡'이 아니라 '좝'이 맞는 표기이다.)

calling은 직업이란 신이 나를 불러 맡긴 일이란 뜻이 내포되어 있다. 소명(召命)으로서의 직업, 곧 천직(天職)으로서의 직업의 의미이다(Ⅳ장 4절 참고). vocation은 calling과 어원이 같으나 보다 고상한 말이다. occupation은 대체로 정규직을 의미하며 업무를 위해 훈련이 필요한 직업을 뜻한다. profession은 변호사 · 의사 · 교사처럼 주로 학문적 · 전문적 지식을 필요로 하는 일을 말하는데, 보통 '전문직'이라고 부른다. (전문직의 특성에 대해서는 Ⅳ장 5절에서 자세히 설명한다.) 이것도 신이 나에게 맡긴 일을 열심히 하겠다고 '맹세하다'(profess)는 데서 나온 말이다. 반면에 business는 사업이나 상업을 의미하며 profession에 비해 영리적인 의미가 강하다. 한편 career는 '경력'이라는 뜻이 있는 것처럼 주로 경력이 쌓일수록 지위가 높아지는 직업을 말한다. 한 개인이 직업을 선택한 후 직업을 바꾸거나 직장을 바꾸거나 승진을 하는 따위의 전반적인 경력 관리를 '커리어 패스'(career path)라고 하고 전문적인 직업에 종사하는 여성을 '커리어 우먼'(career woman)이라고 하는데, 여기서도 career가 경력의 의미로 쓰이고 있다.

■ 커리어

참고로 일본에서는 우리의 행정고시에 해당하는 시험 출신 공무원을 커리어(캐리어)라고 부른다. 경찰이 등장하는 일본의 드라마나

> 영화에서 커리어를 볼 수 있는데, 〈소년탐정 김전일〉의 아케치 켄고(오지명)나 〈명탐정 코난〉의 시라토리 닌자부로(백동훈)가 대표적인 커리어 경찰이다.

그런데 이것들을 크게 두 가지로 분류할 수 있다. calling, vocation, profession은 천직의 의미가 강하고 occupation, business는 행위에 대한 경제적 보상의 색채가 강하다. 이런 구분이 있게 된 데는 직업을 소명으로 보는 서양의 독특한 직업관 때문이다. 따라서 그런 전통이 없는 우리말 '직업'에는 이런 의미 구분이 되어 있지 않다. 굳이 구분하자면 '직'(職)이 천직을 의미하고 '업'(業)이 생업을 의미한다. 한자어 '직업'에서 '직'은 ① 구실, 직분, 임무 ② 벼슬, 관직, 직위 ③ 일의 뜻이고 '업'은 ① 직업, 생업의 수단 ② 일, 근무의 뜻이기 때문이다.

그러나 생업(生業)이란 위에서 말한 생계유지의 수단으로 하는 일이란 뜻을 강하게 내포한다. 쉽게 말해서 밥벌이를 위해 하는 일을 말한다. 직업에서 생업의 성격만 강조하다 보면, 정말 먹고 살기 힘든 상황에서 무슨 짓을 해서라도 먹고 사는 것에 대해 비난하기 힘들어진다. 그런 상황에서는 "목구멍이 포도청"이라는 속담처럼 예의범절을 거론하기 힘들어지고 직업윤리라는 것도 개입하기가 어렵다. 따라서 우리가 지금 생각하고 있는 직업은 단순히 나와 나의 부양가족만을 위한 밥벌이를 넘어 공동체에서 필요한 일을 성실히 수행하여 사회에 이바지한다는 뜻까지 내포해야 하는 것이다. 직업을 통해서 내가 사회 내에 필요한 사람이라는 것을 깨닫게 될 때 자긍심이 생기고 정체성이 형성된다. 직업이 단순히 밥벌이 수단이라면 일을 하면서 항상 고단할 수밖에 없다. 직업이 삶을 영위하는 수단이 아니라 삶 자체가 되어야 하는 것이다.

물론 직업이 사회봉사의 성격을 띤다고 해서 자원봉사와 취미 활동과는 다르다. 거기에는 당연히 경제적 보상이 따르기 때문이다. 그래서 직업은 '직'과 '업'의 합성어로서의 의미를 가지는 것이다.

■ '밥벌이의 지겨움'

『남한산성』과 『칼의 노래』로 유명한 소설가 김훈 씨는 『밥벌이의 지겨움』(생각의나무, 2003)이라는 수필집을 냈는데, 책 제목이기도 한 수필 '밥벌이의 지겨움'은 그 노골적인 제목 때문에 사람들의 관심을 많이 끌었다. 직업은 신성한 것이지만 그것이 밥벌이가 되었을 때는 얼마나 지겨운 일인지를 잘 보여주는 말이다. 김훈 씨는 실제로 자전거 마니아이고 『자전거 여행』이라는 수필집도 냈는데, 밥벌이가 아닌 자전거 타기는 그에게 즐거운 일일 것이다. '밥벌이의 지겨움'의 일부를 읽어 보자.

> 나는 근로를 신성하다고 우겨대면서 자꾸만 사람들을 열심히 일하라고 몰아대는 이 근로감독관들의 세계를 증오한다. 나는 이른바 3D 업종으로부터 스스로 도망쳐서 자신의 존엄을 지키는 인간들의 저 현명한 자기방어를 사랑한다.
>
> 그러므로 이 세상의 근로 감독관들아, 제발 인간을 향해서 열심히 일하라고 조져대지 말아 달라. 제발 이제는 좀 쉬라고 말해 달라. 이미 곤죽이 되도록 열심히 했다. 나는 밥벌이를 지겨워하는 모든 사람들의 친구가 되고 싶다. 친구들아, 밥벌이에는 아무 대책이 없다. 그러나 우리들의 목표는 끝끝내 밥벌이가 아니다. 이걸 잊지 말고 또다시 각자 핸드폰을 차고 거리로 나가서 꾸역꾸역 밥을 벌자. 무슨 도리 있겠는가. 아무 도리 없다.

2. 직업관과 직업의식

(1) 현대인의 직업관

고대 그리스의 서사시인 헤시오도스(Hesiodos)는 "직업에는 귀천이 없다."라는 말을 했다. 그리고 링컨은 "세상에는 천한 직업이라고는 없다. 다만 정당한 노동의 대가 없이 이익을 얻으려는 천한 사람이 있을 뿐이다."라는 말을 했다. 이런 말들이 널리 알려진 데는 역설적이게도 실제로는 직업에 귀천이 있기 때문일 것이다. 보통은 소득, 권력, 존경도에 따라 그 직업의 귀천이 결정된다. 곧 그 직업이 얼마나 많은 수입을 가져다주는가, 얼마나 많은 권력을 행사할 수 있는가, 다른 사람들로부터 얼마나 많은 존경을 받는가가 그 직업의 귀천을 결정한다. 그리고 꼭 그런 것은 아니지만 대체로 소득이 많을수록 권력도 세고 존경도도 높다.

과거 사회에는 이런 귀천에 따른 서열이 굳어져 있었다. 가죽신 만드는 갖바치는 아무리 노력해도 양반인 관료보다 수입도, 권력도, 존경도도 높을 수가 없었다. 그리고 자신의 직업은 스스로가 선택하는 것이 아니라 부모의 직업을 물려받는다. 아버지가 갖바치면 아들도 갖바치일 수밖에 없었다. 사회적 지위가 개인의 능력이나 노력의 차이와 상관없이 출생 시부터 결정되는 지위를 **귀속적 지위**라고 하는데, 전통 사회에서 직업은 귀속적 지위였던 것이다. 자신의 의사와 노력과는 상관없이 자신의 지위가 결정되는 사회는 분명 정의롭지 못한 사회이다.

이에 반해서 개인의 노력과 능력으로 획득되는 지위를 **획득적 지위**라고 한다. 현대 사회에서는 부모의 사회적 지위(성별 · 연령 · 혈연관계 · 피부색 · 인종 · 계급)에 상관없이 본인의 선택에 따라 직업을 가질 수 있다. 그리고 신발을 만드는 사람도 얼마든지 관료보다 더 높은 수입과 권력을 누리고 존경을 받을 수 있다. 귀속적 지위가 획득적 지위로 바뀔 수 있었던 데는 양반과 상민과 같은 신분세습제를 없앤 것뿐만 아니라 교육의 역할이 가장 컸다. 출신 신분이 어떠하든 누구나 능력이 있고 노력만 하면 고등 교육을 받을 수 있음에 따라 좋은 직장을 얻을 수 있게 되었고 결국 경제적·사회적 신분이 상승하는 계기가 되었다. 자신의 노력과 상관없이 우연적인 요소에 의해서 현재의 보상이 결정되는 사회는 정의롭지 못하다. 이런 점에서 현대 사회는 과거 사회보다 상당히 정의로운 사회가 되었다고 말할 수 있다.

현대 사회는 직업이 세습되지 않을 뿐만 아니라 그 사람이 어떤 직업이냐에 따라 그 사람의 사회적 지위가 무조건 결정되지는 않는다. 과거 사회에서는 '사농공상'이라는 말에서처럼 상업이나 공업에 종사하는 사람들은 관료보다 신분이나 지위가 낮을 수밖에 없었지만, 현대 사회에서는 같은 직업 내에서도 그 일을 어떻게 하느냐에 따라 지위가 달라진다. 농업에 종사한다고 해서 공무원보다 사회적 지위가 무조건 낮다고 할 수 없는 것이다. 사회적 지위가 높은 직업이라고 말하기 힘든 음식점 배달원을 예로 들어 보자. 시간당 보수도 높지 않고 일도 힘든 그 일자리를 대부분 임시직으로 생각하고 일한다. 그러나 이런 통념을 깨부수는 배달원들이 있다. 짜장면 한 그릇에 시 한 수, 500원짜리 복권 하나를 쥐어주는 배달원 권용운 씨는 하루는 제임스딘 패션, 하루는 개량 한복으로 배달에 나선다. 주문 전화를 끊자마자 자장면이 배달됐다는 신화를 가진 '번개'라는 별명의 조태훈 씨는 스타 강사로까지 변신했다. 사회적 지위가 낮은 직업에 종사하면서도 프로 정신을 발휘하여 자신의 몸값을 높이는 사례가 있는 것이다. 곧 현대 사회는 어떤 직업에 종사하느냐보다는 어떻게 일을 하느냐가 자신의 사회적 지위를 결정해 준다.

■ **지식인 번개 조태훈의 차별화 전략**

(1) 시장 세분화 전략

고려대 캠퍼스 내로 배달할 때 교수는 시간을 중시하는 것에 비해 학생은 양을 중시함. 같은 시간대의 주문이면 교수를 먼저 배달, 학생은 나중이어도 양을 많이 넣어 (또는 그릇의 크기를 줄여서 같은 양이어도 많아 보이게) 배달.

(2) 차별화

1) 장거리 배달 시 비벼 가기 - 늦게 붐 - 쟁반짜장 효시
면 따로, 소스 따로 - 배달반경을 2km에서 5km로 늘림
2) 판촉물 변화: 성냥이나 이쑤시개 대신 스타킹으로(직장에서 주문하는 사람들이 대부분 여사원이라는 것에서 착안.)
3) 자신을 브랜드화: '번개'라고 쓰인 깃발을 오토바이에 달고 역시 '번개'라고 쓰인 머리띠를 하고, 호루라기를 불어 사람들을 피하게 하고 배달함.

(3) 제품 믹스 전략 - 짜장 + 짬뽕 국물 - 밥, 소주 주문 폭주
(을지로 부근의 인쇄 근로자들이 많이 선호)

(4) 데이터베이스화
A고객 - 단무지 선호, B고객 - 양파 선호, C고객 - 김치 선호

그러나 현대 사회에서도 여전히 신분이 세습된다는 지적이 있다. 교육을 잘 받고, 잘 사는 상류층이 자녀들을 일류 대학에 보내고 이

들이 성인이 되면 또 다른 부유층을 형성한다는 것이다. 최근 우리 나라에서도 고학력의 부유층이 고액 사교육으로 자녀들을 명문대에 진학시키면 그 자녀들이 또 다시 부와 학력(學歷)을 대물림 받는다는 보도가 이어진다. "개천에서 용 났다."는 속담보다는 "용이 용을 낳고 봉이 봉을 낳는다(龍生龍 鳳生鳳)."는 말이 설득력을 갖는 것이다. 최근에는 '금수저'와 '흙수저'라는 말이 유행하는데, 본디는 부잣집에서 태어났다는 영어 관용구 "born with a silver spoon in his mouth"(은수저를 물고 태어나다)의 '은수저'(정확하게는 '은숟가락')에서 나온 말이다. 영어에서 '은수저'의 상대어는 '나무 수저'(wooden spoon)이다. 금은 너무 물러서 수저를 만들 수 없고 흙으로도 수저를 만들 수 없으니 '은수저', '나무 수저'가 정확한 말이긴 하다. 어쨌든 이런 자조적인 말이 유행한다는 것은 우리 사회가 아무리 노력해도 태어날 때부터 결정된 계층이나 소득을 바꾸기가 어렵다는 것을 반영하고 있다.

■ "빈부격차가 취업에 영향 준다"

현대 사회에는 직업이나 신분이 세습되지 않는다고 말했지만, 여전히 빈부격차를 느끼고 빈부격차가 취업에도 영향을 미친다고 생각하는 사람들이 많다. 2012년 취업포털 커리어는 대학생 366명을 대상으로 설문조사 한 결과, 응답자의 93.4%가 "친구와 빈부격차를 느껴본 적이 있다."고 답했고, 92.3%가 빈부격차가 취업에 영향을 미친다고 생각한다고 답했다.

빈부격차를 주로 느끼는 이유로는 '등록금 걱정을 하지 않을 때'(61.4%), '돈 걱정 없이 해외유학 갈 때'(46.8%), '용돈 액수가 차이가 많이 날 때'(45.3%), '자주 밥이나 술을 살 때'(38.3%), '쇼핑을 자주 할 때'(35.7%), '다니고 싶은 학원을 다 다닐 때'(23.4%), '매일 외식을 할 때'(14.3%) 등이 뽑혔다.

또 빈부격차가 취업에 영향을 준다고 생각하는 이유는 '다른 걱정 없이 취업 준비에 집중할 수 있기 때문'이 76.6%로 가장 많았다. 그리고 '스펙에 영향을 끼치기 때문에'(46.4%), '채용과정에 가정환경도 중요시 할 것 같아서'(29.6%), '부모님의 연줄이 있을 것 같아서'(28.1%), '취업성형 등 외적인 부분도 장점으로 만들 수 있어서'(22.2%) 순이었다.

현대 사회에는 직업에 귀속적 지위는 없고 획득적 지위만 있다고 말했지만, 그 지위를 '획득'하기 위해서는 여전히 부모로부터 '귀속'되는 부가 영향을 끼치는 것이다.

이렇게 시대가 바뀜에 따라 직업을 바라보는 생각도 바뀌게 된다. 과거에는 직업도 다양하지 못했고 직업에 대한 생각도 사회의 고정된 시각을 그대로 받아들였다. 그러나 현대에 들어서는 직업의 종류도 다양해지고 각 직업들을 바라보는 시각도 고정되지 않고 끊임없이 변하며 같은 시대에서도 사람에 따라서 다르게 바라본다. 현대인들은 직업을 통해서 다음과 같은 가치들을 실현하려고 한다.

① 생계유지의 수단, ② 개성 발휘의 장(場), ③ 사회적 역할의 실현

사람들에 따라 이 중 어느 측면을 더 강조하느냐에 따라 각기 다른 직업관이 생기게 된다.

① **보수 지향적 직업관**
② **자아실현 지향적 직업관**
③ **기여 지향적 직업관**

먼저 **보수 지향적 직업관**은 직업이 생계유지의 수단이라고 생각하는 사람들의 직업관이다. 직업이 생계유지의 수단이라면 무엇보다도 직업에서 높은 보수를 얻는 것이 가장 중요하고 그런 직업이 가장 좋은 직업이라고 생각한다.

많은 사람들이 보수 지향적 직업관을 가지고 있는 것이 사실이다. 그러나 모든 사람들이 그런 직업관을 가지고 있다면 보수가 낮은 직업은 아무도 가지려고 하지 않을 것이고 종사한다고 하더라도 항상 불만을 가지고 있을 것이다. 그런 직업이라고 하더라도 우리 사회에서 없어서는 안 되는 일이기 때문에 모두가 기피하게 된다면 사회가 제대로 기능하지 못하게 된다. 다행히도 직업을 통해서 자신의 개성을 발휘하여 자신의 타고난 능력을 실현한다고 생각하거나(**자아실현 지향적 직업관**), 자신이 맡은 직업이라는 역할을 실현함으로써 사회의 발전을 위해 이바지한다고 생각하는(**기여 지향적 직업관**) 사람들이 있다. 보수가 적다고 하더라도 자신이 좋아하는 일을 직업으로 삼는 경우가 자아실현 지향적 직업관에 해당할 것이고, 비정부 기구(NGO)와 같은 시민 사회 단체에서 일하면서 사회 기여를 중요하게 생각하는 경우가 기여 지향적 직업관에 해당할 것이다. 물론 어떤 직업을 가지느냐에 따라 어떤 직업관을 가지고 있다고 단정하기는 힘들다. 가령 똑같이 변호사가 되었다고 하더라도 변호사라는 직업을 보수 때문에 선택했는지 자아실현의 수단으로 선택했는지 사회 기여의 발판으로 선택했는지 다를 수 있기 때문이다.

■ 덕업일치

어떤 분야에 대해 단순히 취미가 있는 정도가 아니라 상당히 전문적으로 빠져 있는 사람을 은어로 '덕후' 또는 '오덕후'라고 한다. 이것은 일본어의 '오타쿠'(お宅)에서 온 말이라고 하는데, 게임, 애니메이션, 철도, 무기 등 다양한 분야의 덕후가 있다. 덕후들의 가장 큰 꿈은 자신의 취미가 곧 직업이 되는 것인데, 이를 '덕업일치'라고 부른다. 만약 그런 직업을 갖는다면 그것은 자아실현 지향적 직업관의 가장 바람직한 형태라고 볼 수 있을 것이다. 그러나 덕업일치인 직업을 찾기 전에 취미로 하는 일과 직업으로 하는 일은 다르다는 사실을 주의해야 한다. 취미로 일을 할 때는 자신이 좋아하는 일만 찾아서 할 수 있고 마음에 들지 않으면 언제든지 그만 두어도 되지만, 직업이 될 때에는 자신이 원하지 않는 일도 해야 할 때가 있고 마음에 들지 않는다고 해서 마음대로 그만 둘 수 없기 때문이다. 예컨대 게임을 좋아한다고 해도 모두가 프로게이머가 될 수는 없으니 게임업계에 취업하는 것이 덕업일치의 가장 이상적인 사례일 것이다. 그러나 게임업계에 취업한다고 해서 게임만 할 수는 없고 게임 제작, 기획, 마케팅, 홍보 등의 업무를 해야 하는데 이것은 다른 회사와 크게 다르지 않다. 그리고 게임을 한다고 해도 자기가 좋아하는 게임만 할 수도 없는 것이다.

한국직업능력개발원에서는 1998년부터 4년마다 한국인의 직업의식에 대한 조사를 시행한다. 한국인의 일에 대한 태도, 직업 가치관, 직업 위세, 직업윤리를 조사하는데, 2010년 조사에는 우리나라의 달라진 직업 환경을 반영하여 청년, 고령자, 여성, 외국인 근로자의 경제활동에 관한 한국인의 인식 조사도 추가하여 한국인의 직업의식을 다각도로 살펴보고 있다. 2014년에 실시한 '한국인의 직업의식과 직업윤리 실태 조사'에 따르면 한국인들이 위 직업관 중 어느 것에 더 가치를 부여하는지 알 수 있다. 우리나라 사람들은 일의 경제적 가치를 가장 중요하게 생각하고 그 다음으로 내면적 가치를 인정하며 일이 지니는 사회적 가치의 중요성에 대한 인지도는 비교적 낮은 것으로 나타났다. 다음 표를 보자.

표 1 2006~2014년 직업 선택 요인 변화(5점 척도)

구분	중요도 수준 평균		
	2006	2010	2014
시간 여유	3.79	3.78	4.17
쾌적한 근무 환경	3.94	3.99	4.36
경제적 보상	4.01	4.04	4.50
능력 발휘	3.89	3.94	4.19
사회적 안정	3.84	3.88	4.06
자유 재량권	3.78	3.83	4.07
고용 안정성	3.91	4.01	4.33
자아실현	3.87	3.91	4.16
사회적 기여	3.67	3.64	3.90
승진 기회	3.47	3.74	3.92
일의 흥미	3.95	3.96	4.20

(출처: 한국인의 직업의식과 직접윤리 실태 조사, 2014)

이 표에 나오는 요인들 중 위에서 말한 직업관에 해당하는 것을 골라 다시 정리해서 비교해 보자.

표 2 직업관에 따른 직업 선택 요인 비교

직업관	직업 선택 요인	2006	2010	2014
보수 지향적 직업관	경제적 보상	4.01	4.04	4.50
	사회적 안정	3.84	3.88	4.06
	고용 안정성	3.91	4.01	4.33
자아실현 지향적 직업관	시간 여유	3.79	3.78	4.17
	자아실현	3.87	3.91	4.16
	일의 흥미	3.95	3.96	4.20
기여 지향적 직업관	사회적 기여	3.67	3.64	3.90

예상할 수 있는 것처럼 우리나라 사람들은 보수 지향적 직업관을 가장 많이 가지고 있다. 특이한 것은 보수를 중요시한다고 해서 단순히 '경제적 보상'만 중요하게 생각하는 것이 아니라 '사회적 안정'과 '고용 안정성'도 중요하게 생각한다는 것이다. 취업 준비생들 사이에 공무원의 인기가 갈수록 높아지는데 보수 못지 않게 안정성을 중요하게 고려하기 때문이다. 이는 1990년대 말부터 시작된 경제 위기 이후 비정규직이 늘어나 고용의 안정성이 위협을 받고 있으며 다른 선진국에 비해 실직이나 노후에 보장을 받을 만한 사회 안전망(사회 보장 제도, VI장 3절 참고)이 부족한 탓이 크다.

자아실현 지향적 직업관에 해당하는 가치도 꾸준히 증가하고 있음을 알 수 있다. 언론에 보면 사회적으로 인정받는 높은 보수의 일자리를 그만 두고 자신이 좋아하는 일을 하는 사람들의 기사를 가끔 볼 수 있다. 그것이 기사거리가 된다는 것은 그만큼 흔한 일이 아니라는 것이다. 일을 즐기는 태도는 일에 대한 만족도와 상관관계가 깊으며 일에 대한 만족도는 일에 대한 헌신도와 연관이 높다는 점이 많은 연구 결과에서 드러난다. 따라서 꼭 즐거운 일만 찾아서 할 수는 없지만 자신이 맡은 일을 참으로 즐기는 태도에 대한 개선이 필요하다.

사회적 가치에 대한 인식은 다른 인식에 비해 가장 낮다. 직업 선택 요인 중 이 가치에 해당하는 항목은 '사회적 기여' 하나밖에 없기도 하다. 경제 위기의 여파가 사회 구성원으로서의 의무를 깨달을 여유를 주지 않고 있음을 다시 한 번 확인할 수 있다.

■ **"존경하는 직업"**

인하대학교 사범대의 김홍규 명예교수와 인하대학교 학생생활연구소의 이상란 박사는 2014년부터 2년에 걸쳐 학생과 일반인 1,240명을 대상으로 가장 존경하고 신뢰하는 직업을 조사하였다. 국가·사회적 공헌도, 청렴도, 존경도, 준법성, 신뢰성의 5개 영역에 10점 만점의 점수를 부여하는 방식으로 조사한 결과, 소방관이 8.41점으로 1위를 차지하였다. 그리고 환경미화원(7.45점), 의사(7.15점), 교사(7.13점), 교수(7.13점)가 뒤를 이었다. 환경미화원에 대한 시선은 2006년의 5.49점에서 월등히 좋아졌는데, 실제로 지방자치단체에서 환경미화원을 채용할 때 경쟁률은 수십 대 1에 이르고 고학력자도 대거 몰린다고 한다.

반면에 하위 등수에는 가수(5.87점), 모델(5.76점), 노조위원장(5.70점), 상인(5.43점), 국회의원(4.17점) 등이 있었다. 성직자에 대한 시선도 그리 좋지 않은데 목사(6점), 스님(6.19점), 신부(6.31점)이었다.

미국에서도 가장 존경 받는 직업에 의사, 소방관이 들어간다. 그런데 군인, 엔지니어가 존경 받는 직업의 상위권에 들어가는 것은 우리와 다르다.

표 3 미국에서 가장 존경 받는 직업

(The Harris Poll에서 2015년에 성인 2,223명을 대상으로 조사한 결과)

1	의사	6	간호사
2	과학자	7	건축가
3	소방관	8	응급 구조사
4	군인	9	수의사
5	엔지니어	10	경찰

(출처: http://www.theharrispoll.com/health-and-life/Military-Officer-Prestigious-Occupation.html)

(2) 한국인의 직업의식

한국직업능력개발원의 '한국인의 직업의식과 직업윤리 실태 조사'와 기타 자료들을 살펴보면 우리나라 사람들이 각 직업에 대한 인식이 어떻게 바뀌어 가고 있는지 알 수 있다. 이는 단순히 여러 직업에 대한 호기심을 만족하는 데 그치는 것이 아니라 장래의 직업을 설계하는 데 유익한 도움이 될 것이다.

먼저 우리나라 사람들이 가장 희망하는 직업을 살펴보자. 한국직업능력개발원은 2015년 전국의 초·중·고등학생 24,000여 명과 학부모 24,000여 명을 대상으로 본인이 희망하는 직업과 부모가 희망하는 직업을 조사하였다. 본인이 희망하는 직업의 순위는 표 4와 같다.

표 4 본인이 희망하는 직업

순위	초등학생		중학생		고등학생	
	직업명	비율	직업명	빈도 비율	직업명	비율
1	운동선수	11.1	교사	14.6	교사	9.3%
2	교사	10.4	경찰	4.6	기계 공학 기술자 및 연구원	7.6%
3	요리사	7.2	요리사	4.6	경찰	4.7%
4	의사	5	의사	3.5	정보 시스템 및 보안 전문가	4.3%
5	경찰	4.4	운동선수	3.2	간호사	4.2%
6	판사 · 검사 · 변호사	3.7	정보 시스템 및 보안 전문가	2.5	생명 · 자연 과학자 및 연구원	4.1%
7	가수	3.1	건축가 · 건축 디자이너	2.3	군인	4%
8	과학자	2.8	공무원	2.2	요리사	3%
9	제빵원 및 제과원	2.6	간호사	2.1	공무원	2.8%
10	아나운서 · 방송인	2.4	군인	2.1	건축가 · 건축 디자이너	2.6%
11	프로게이머	2.2	기계 공학 기술자 및 연구원	2.0	의사	1.7
12	생명 · 자연 과학자 및 연구원	2.1	가수	1.9	회사원	1.6
13	정보 시스템 및 보안 전문가	1.9	판사 · 검사 · 변호사	1.8	감독 · 연출가(PD)	1.6
14	작가 · 평론가	1.6	생명 · 자연과학자 및 연구원	1.6	작가 · 평론가	1.6
15	수의사	1.5	회사원	1.6	시각 디자이너	1.5
16	건축가 · 건축 디자이너	1.5	제빵원 및 제과원	1.6	사회복지사	1.4
17	동물 사육사	1.5	작가 · 평론가	1.5	승무원	1.4
18	만화가	1.4	감독 · 연출가(PD)	1.4	가수	1.2
19	기계 공학 기술자 및 연구원	1.4	시각 디자이너	1.4	배우	1.2
20	패션 디자이너	1.4	승무원	1.4	대학 교수	1.1

(출처: 한국직업능력개발원, 학교 진로교육 실태조사 2015)

초·중·고등학생들에게 희망하는 직업의 순위 10위에 모두 든 직업은 교사, 요리사, 경찰이었다. 학생들이 희망하는 직업은 점점 성장해 감에 따라 구체적으로 되고 다양해짐을 알 수 있다.

한편 학부모가 희망하는 자녀의 직업은 고등학생 학부모의 경우 공무원(18.2%), 중등 교사(13.8%), 교수(5.5%), 초등 교사(5.4%), 간호사(5.1%), 의사(4.5%)의 순이었다. (초등학생, 중학생 학부모의 경우에도 약간의 차이가 있지만 크게 다르지 않다.) 자녀의 성별에 따라 아들에 대해서는 공무원, 교사, 의사 순으로, 딸에 대해서는 교사, 공무원, 간호사 순으로 선호도가 높았다. 학부모들은 학생들보다 더 구체적이고 안정적인 직업을 희망함을 알 수 있다.

부모와 자신이 바라는 직업은 공통적으로 신분이 보장되고, 정년 연한이 길며, 가장 안정된 직업을 제일 선호하고 있다. 1980년~1981년에 조사한 직업 선호 조사에 의하면 의사, 교수, 경영자, 판검사, 고급 공무원 등의 순을 보이는데, 주로 이른바 상류층에 해당되는 직업으로 지위 지향성을 강하게 나타내고 있다. 그러나 2000년 이후의 조사에서는 공무원, 교사, 회사원 등이 높은 선호를 보이고 있어 경제 위기 이후에 지위 지향보다 안정성을 추구하는 가치의 변화가 있음을 알 수 있다.

위 조사에서 주목할 만한 것은 고작 10개의 직업이 희망 직업의 절반을 차지한다는 사실이다. 실제 사회에서는 훨씬 다양한 직업이 존재하는데 학생들의 희망 직업은 특정 직업에 한정되어 있는 것이다. 특히 연예인이나 운동선수처럼 실제 사회적 수요에 비해 학생들의 희망 비율이 아주 높은 희망 직업도 존재한다. 이는 학생들이 주변이나 대중 매체를 통해 쉽게 접하는 직업만을 알고 있기 때문이다. 위에서 거론된 직업들 외에 다양한 직업들이 존재하며 그 직업들의 사회적 효용성이나 만족도도 아주 높음을 교육할 필요가 있다.

이와 관련해서 한국직업능력개발원에서 2012년에 발간한 "면허형 국가자격 특성과 보수교육 실태"를 보면, 우리가 쉽게 알지 못하는 다양한 직업이 고소득자임을 알 수 있다. 거기에는 면허형 국가자격 취득자의 월평균 소득이 나오는데, 일반인에게 널리 알려지지 않은 도선사가 월평균 878.2만원으로 1위이다. 그 외 상위 20위까지를 보면 다음과 같다.

표 5 면허형 국가자격 취득자의 월평균 소득(상위 20위) (한국직업능력개발원)

1	도선사	878.2
2	원자로 조종 감독자 면허	799.5
3	운송용 조종사	795.6
4	자가용 조종사	795.6
5	사업용 조종사	795.6
6	전문의	766.6
7	경량 항공기 조종사	765.2
8	항공 기관사	750.0
9	변호사	738.3
10	치과 의사	685.3
11	경주 선수	625.7
12	의사	583.3
13	호텔 경영사	580.0
14	공인 회계사	571.0
15	한의사	565.8
16	세무사	551.9

17	아마추어 무선 기사	524.5
18	한약업사	517.1
19	경비 지도사	504.8
20	변리사	497.5

우리나라 사람들이 각 직업들의 사회적 지위에 대해 어떻게 평가하는지도 살펴볼 수 있다. 한국직업능력개발원은 사람들이 각 직업에 대해 평가하는 사회적 지위를 '직업 위세'라고 부르는데 2006년부터 2014년까지 주요 직업 위세의 변화는 다음과 같다.

표 6 2006~2014년 직업 위세 차이(5점 척도)

구분	중요도 수준 평균		
	2006	2010	2014
택시 운전기사	2.36	2.30	2.21
사회 복지사	3.23	3.06	3.03
요리사	3.26	3.06	3.01
프로듀서	3.90	3.99	3.96
대학 교수	4.36	4.45	4.40
백화점 점원	2.49	2.56	2.47
약사	3.97	4.11	4.05
신문 기자	3.71	4.01	3.92
중학교 교사	3.81	3.91	3.90
중소기업 과장	3.43	3.53	3.38
공장 근로자	2.25	2.46	2.38
음식점 주인	2.97	2.88	2.78
대기업 사원(대리급)	3.30	3.38	3.38
연예인	3.87	3.70	3.71

구분	중요도 수준 평균		
	2006	2010	2014
프로게이머	3.08	3.33	3.28
판사	4.59	4.57	4.53
자영농	2.88	3.11	2.95
고위직 공무원(3급 이상)	4.16	4.46	4.37
의사	4.29	4.53	4.45
아파트 경비원	1.93	2.16	2.03
학원 강사	3.15	3.36	3.18
간병인	2.46	2.43	2.34
9급 공무원	3.16	3.52	3.45

(출처: 한국인의 직업의식과 직접윤리 실태 조사, 2014)

대체로 4점대의 직업이 직업 위세가 높고 3점대가 중간 수준이고 2점대가 낮다고 말할 수 있다. 2006년에서 2014년의 비교이므로 직업 위세의 변화가 아주 크지는 않다. 다만 주목할 만한 점은 9급 공무원의 직업 위세가 상당히 상승하는 것이다. 이는 위에서도 말했듯이 안정적인 일자리를 찾으려는 경향 때문이다. 또 판사의 직업 위세가 미세하나마 하락하는 것을 볼 수 있는데, 판사가 우리 사회에서 특별한 지위가 있다는 생각이 조금씩 엷어지고 있다는 것을 짐작할 수 있다. 직업 위세가 중간 쪽에 속하는 사회복지사와 요리사나 낮은 쪽에 속하는 음식점 주인, 간병인의 직업 위세는 갈수록 하락하고 있는데, 이는 해당 업종에서 신규 진입자가 증가하거나 구인 수요가 감소한 영향이 크다.[1)]

위 조사는 2006년부터 2014년 사이의 비교이므로 직업 위세의 변

1) 한국직업능력개발원, 『한국인의 직업의식과 직접윤리 실태 조사, 2014』, 117쪽.

화가 크지 않지만, 그 이전의 조사와 비교해 보면 큰 변화를 발견할 수 있다. (이전의 조사는 100점 척도였다) 가령 1960년대에 비해 위세가 대폭 상승하는 직업이 있는데, 요리사는 1962년에서 2010년 사이에 100점 척도로 환산했을 때 37점이나 상승했으며, 신문 기자는 23.8점, 중학교 교사는 21.1점이 상승했다. 요리사는 웰빙에 대한 관심 증대 때문에, 신문 기자는 언론 환경의 변화 때문에, 교사는 안정성 때문에 위세가 상승했다고 추측할 수 있다.

한편 예전에 없던 새로운 직업이 등장한다. 한국직업능력개발원의 조사는 모든 직업을 망라하지 않고 주요한 직업들을 대상으로 실시되는데, 예전에는 실시하지 않던 프로듀서, 프로게이머, 사회복지사, 학원 강사, 간병인 등에 대한 조사를 2006년부터 실시한 것은 새로운 직업이 출현하고 있음을 말해 준다.

중요한 것은 이런 변화가 앞으로도 계속될 것이므로, 특정 직업들에 대한 현재의 사회적 지위가 계속되리라는 보장이 없다는 점이다. 직업의 위세는 고정적인 것이 아니다. 과거 조선 시대의 직업관과 현대의 직업관이 달라짐은 말할 것도 없고, 현대에서도 불과 몇 십 년 사이에 직업에 대한 가치관이 변함을 위와 같은 조사에서 확인할 수 있다. 따라서 직업을 선택할 때는 현재 그 직업에 대해 사람들이 가지고 있는 평판이나 선입견에 과도하게 신경을 쓰는 것은 현명하지 못한 일이다. 위 표 3에서도 현재 우리에게 낯선 직업이 상당히 고소득을 올리는 것을 알 수 있듯이, 소득의 측면에서만 보더라도 현재의 기준으로 미래의 유망 직종을 평가해서는 안 된다. 나아가 더 적극적으로 스스로의 노력으로 현재의 직업에 대한 사회적 인식을 변화시킬 수 있으며, 새로운 직업을 창출할 수도 있다는 자각을 가져야 한다.

한 가지 주의할 것은 이 직업 위세 조사는 사람들이 권력, 보수, 명예를 종합적으로 판단한 사회적인 지위일 뿐이다. 한국고용정보원(http://www.work.go.kr)에서는 한국의 모든 직업의 종사자의 월평균 수입을 한눈에 볼 수 있는 '직업 지도'(Job-Map)를 매년 발표하는데, 이것을 보면 각 직업별로 종사자 수, 평균 소득, 평균 연령, 성비, 평균 학력, 평균 근속 연수 등을 알 수 있다.

한편 2002년 한국직업능력개발원의 한국인의 직업의식 조사에서는 한국인의 바람직한 직업의식과 부정적인 직업의식을 제시하고 있다.

표 7 한국인의 바람직한 직업의식

가 치	내 용	고취장소
인내주의	일을 수행함에 있어 어려움이 있더라도 참고 견딤	가정
직무 몰입	맡은 일에 최선을 다하고 자신의 능력을 최대한으로 발휘	
소명 의식	일에 대하여 가업을 잇거나 천직으로 앎	
내재적 가치	일 자체에 이상적인 가치를 가짐	학교
사회 지향적	일을 가지고 사회에 봉사하고 헌신	사회
근면성과 성실성	국가 경쟁력과 관련하여 노동 생산성을 높이고 일을 즐기며 함	국가

위와 같은 직업의식은 우리나라에서 전통적으로 내려온 유교적 윤리에, 현대에 들어와 서구에서 들어온 자본주의적 정신이 결합된 것이다. 가령 가정에서 부모에 의해 교육되는 인내주의, 직무 몰입 정신, 소명 의식 등은 유교 사상에 바탕을 둔 것이지만, 학교나 사회에서 형성되는 직업의식은 서구의 근대적인 직업윤리이다. 그리고 1960년대 이후 경제 성장은 국민들에게 국가 경쟁력과 노동 생산성 향상을 최우선으로 하는 직업의식을 심어 주게 되었다. 그러나 1980

년대 이후 사회 구조의 변화와 민주화의 진행으로 헌신을 강조하는 직업의식보다는 개인의 경제성과 자아실현을 강조하는 직업의식이 더 우위에 서게 된다.

우리의 직업의식에는 바람직한 면만 있는 것은 아니다. 다음과 같은 부정적인 면도 있다.

표 8 한국인의 부정적인 직업의식

가 치	내 용
지위 지향	직장생활이나 사회생활에서 반드시 어떤 지위, 자리를 추구하는 출세주의적인 성향
연고주의	학연이나 지연과 같은 사회적 인연을 우선적으로 고려하는 성향
인문 숭상	사무직, 전문직 등 화이트칼라와 관련된 직종을 선호하는 경향
남성 우월	직업에서의 남존여비사상이 짙은 경향
연공서열	연공에 따라 근로조건의 우선 순위를 정하는 경향
권위주의	자신의 능력에 의하지 않고 지위를 이용하여 문제를 해결하려는 경향

이 조사에서는 한국인의 다음과 같은 문화적 배경이 부정적인 직업의식을 형성하게 했다고 보고 있다.

① 한국인은 지위 지향성이 강하다. 직업을 일로 보기보다는 자리(지위)로 보는 성향이 강하다.

② 한국인은 직업을 선택할 때 사회 지향성보다 가족 지향성이 강하다. 이것은 직업의식에 있어서 사회적 의의보다는 가족적인 의의를 보다 더 강하게 보이고 있다는 것을 의미한다. 직업의 사회적 · 공공적 목적에의 헌신보다는 사적 · 가족적 혹은 파벌적인 족벌 중심적인 직업의식을 중요하게 생각한다.

③ 한국인은 과정 지향적이라기보다는 결과 지향적이다. 이것은 직업 자체에서 보람을 찾기보다는 그 직업의 결과가 가져다주는 것에 더 높은 가치를 둔다는 것을 의미한다.

④ 직업에서 내용보다 형식을 존중하는 태도 즉, 형식 지향성이 강하다. 이것은 직업을 선택하거나 평가할 경우에 그 직업이 사회적으로 가치 있고 개인적으로 의미 있는 것을 중시하기보다는 체면이라든가 외형적인 형식을 더 중시하는 직업의식이 있음을 의미한다.

⑤ 한국인은 직업의식에서 운명 지향성이 강하다. 이것은 직업을 택하는 것을 개인의 결정이라기보다는 팔자소관이라든지 천부적으로 받는다든지 하는 것으로 생각하는 의식이 많음을 의미한다.

이런 부정적인 전통적 직업의식에 해방 후 물질주의 · 배금주의 · 기회주의 · 한탕주의 등이 물들어 부정적인 직업의식이 형성된 것이다.

두 말할 것도 없이 우리는 바람직한 직업의식을 고취하고 부정적인 직업의식을 버려야 할 것이다. 주목할 만한 것은 위 조사에 따르면 직업에 대한 의사결정이 청소년 전기에 이루어질 때 직업의식에 긍정적인 영향을 미치며, 청소년 시기에 아르바이트를 경험한 집단과 자격증을 취득하여 소지한 집단은 바람직한 직업의식을 나타내고 있다는 것이다. 따라서 긍정적인 직업의식을 갖기 위해서는 이른 시기부터 일에 대한 체험과 직업에 대한 준비가 필요하다.

(3) 직업의 보상

앞에서 많은 사람들이 보수 지향적 직업관을 가지고 있다고 말했다. 보수보다는 그 일이 좋아서 하거나 사회적인 의무감 때문에 하는 사람들도 없는 것은 아니지만, 여전히 많은 사람들은 직업을 통해서 경제적인 보상을 받기를 원하고, 따라서 더 많은 보수를 주는 직업을 선택하려고 한다.

■ 가장 흔한 구직자의 거짓말, "연봉은 중요하지 않다"

사람들이 직업을 갖는 이유 중 가장 중요한 것은 보수 때문이고, 이것은 부끄러워할 일도 아니다. 그러나 돈 문제를 당당하게 꺼내는 것을 꺼리는 우리나라 사람들은 돈에 연연해하는 모습을 보이지 않으려고 한다. 특히나 입사를 결정하는 면접 장소에서는 더욱 그렇다.

2016년에 취업포털 잡코리아는 면접 경험이 있는 신입 남녀 구직자 1,553명을 대상으로 '면접 시 거짓말 경험 유무'에 대한 설문조사를 실시하였다.

그 결과 면접장에서 가장 흔한 거짓말은 "즐겁게만 일할 수 있다면, 연봉은 중요하지 않다.(34.5%)"였다. 그 다음으로는 "회사 인상이 너무 좋아 꼭 합격하고 싶다.(14.8%)", "입사하면 이 회사에 뼈를 묻겠다."(13.3%), "오직 이 회사를 목표로 준비했다."(10.5%), "열심히 보고 배울 각오가 돼 있다.(9.4%)와 같은 거짓말을 많이 하는 것으로 조사되었다. 면접장에서 이런 말은 인사 담당자에게 거짓말로 인식될 가능성이 크므로 삼가거나 만약 필요하다면 좀더 구체적으로 답변해야 한다.

이런 거짓말은 구직자만 하는 것은 아니라 면접을 하는 쪽에서도 한다. 취업포털 사람인은 2016년 기업 인사담당자 1,420명을 대상으로 조사한 결과 가장 흔한 거짓말로 "긍정적으로 검토하고 연락드리겠습니다."(58.7%)이었다. 그 외 답변으로 "업계에서 처우가 괜찮은 수준입니다."(28.9%), "능력이 상당히 우수하신 것 같습니다."(20.4%), "스펙은 중요하지 않습니다."(19.1%), "입사 경쟁률이 상당히 치열합니다."(19.1%), "우리 회사에 오기 아까운 인재입니다." 19.1%)가 있었다. 따라서 지원자는 이런 말을 새겨서 들어야 한다.

거짓말은 취업을 한 후에도 계속된다. 취업 포털 '사람인'이 2005년에 직장인 1,214명을 대상으로 조사를 했는데, 상사가 부하 직원에게 가장 자주 하는 거짓말로 "내가 한 턱 낸다."(20.7%), "잘 되라고 하는 말이다."(16.6%), "잘못되면 내가 책임진다."(16.5%) 등이 있었다. 거꾸로 부하 직원이 상사에게 자주 하는 거짓말로는 "네 알겠습니다."(34.4%), "다음부터는 절대 지각하지 않겠습니다."(20.9%), "문제없이 잘 진행되고 있습니다."(13.6%) 등이 있었다.

자영업자가 아닌 경우 경제적인 보상은 임금을 통해서 이루어진다. 우리나라의 근로 기준법은 근로자를 '직업의 종류를 불문하고 사업 또는 사업장에서 임금을 목적으로 근로를 제공하는 자'라고 정의하고 있는 것을 보면 근로자에게 '근로'(노동)와 '임금'은 가장 중요한 두 개념이다. 현재 우리나라의 임금 체계는 주로 **연공급제**(年功給制)를 채택하고 있다. 연공급이란 개개인의 학력·자격·연령 등을 감안하여 근속 연수에 따라 임금 수준을 결정하는 임금 체계를 말하는데 흔히 **호봉제**라고 부른다. 그러므로 이 제도에서는 일반적으로 능력과 성과와는 상관없이 근속 연수가 많아짐에 따라 기준급 또는 단위 임금률이 높아지는 것이 특징이다. 같은 작업에 종사하거나 같은 업적을 올린다 해도 임금은 경력과 근속 연수에 따라 차이가 생기게 된다. 여기에 가족 수당, 근속 수당, 교통비, 체력 단련비, 시간 외

수당, 특별 수당, 연월차 수당 등 각종 수당이 붙어 급여를 받게 된다. 따라서 어떤 회사의 급여를 알아 볼 때는 기본급 외에 각종 수당을 합한 총액이 1년에 얼마나 되는지 알아보아야 한다. 그리고 현금으로 지급되지 않는 각종 복지 후생 제도, 가령 본인 및 자녀의 학자금 지원, 주택 자금 지원, 휴양 시설 제공, 학원 및 취미 생활 등 자기 개발비 지원, 스톡옵션 지급 등도 고려해야 한다.

연공급제는 (1) 종업원간의 위화감을 감소시키고, (2) 종업원의 임금 불확실성 등 불안감 해소를 통해 생산성을 향상시키며 (3) 조직의 안정성을 가져온다는 장점이 있다. 그러나 (1) 종업원의 능력이나 성과 등과 무관하게 근속 연수나 연령에 의해 급여가 책정되므로 종업원이 열심히 일하려는 의욕을 떨어뜨려 생산성이 저하되고, (2) 근속 연수가 오래된 종업원일수록 근로 능력이나 의욕이 떨어지는 경향이 높은데도 임금은 계속 높아지게 되므로 조직의 경제적 효율성을 떨어뜨리게 되며, (3) 그에 따라 능력이나 성과가 큰 종업원이 불만이 생겨 이직하게 된다는 단점이 있다.

그래서 우리나라에서도 **연봉제**를 도입하는 기업들이 늘어나게 되었다. 프로 스포츠 선수들이 한 시즌이 시작하기 전에 연봉 협상을 하는 것은 잘 알려져 있다. 이처럼 연봉제란 기업이 종업원의 임금을 1년 단위로 사전에 결정하고, 종업원에게 1년 치에 대한 임금을 보장해 주는 제도를 말한다. 연봉을 결정하는 기준은 종업원이 수행하는 직무 가치, 직무 능력 및 업적 등이 될 것이다. 그러나 전적으로 능력이나 성과에 의해 보수가 정해지는 순수 연봉제는 근속 연수가 오래된 종업원이 위기의식을 갖게 되며 종업원 상호간 위화감 등이 조성되어 오히려 조직에 마이너스가 될 수 있다. 그리고 연공급제의 보수 기준이 되는 근속 연수나 나이는 객관적인 기준이지만,

연봉제의 기준이 되는 능력이나 성과는 주관이 많이 개입된다. 가령 한 회사에서 영업 업무를 하는 직원과 총무 업무를 하는 직원을 같은 잣대로 평가하기는 힘들다. 따라서 연봉제에서는 객관적인 측정이 가능한가 하는 근본적인 문제가 발생한다.

기업들은 연공급제에서 장기 근속자들이 임금은 높은데 업무 능력은 떨어지므로 퇴사를 유도하는 경향이 있다. 그래서 최근에는 장기 근속자의 임금이 피크에 다다른 뒤에는 다시 일정 퍼센트씩 감소시키는 **임금 피크제**를 실시하는 기업이 늘어나고 있다. 이 제도는 연공급제의 문제를 보완하면서 부분적으로 연봉제의 능력급 제도를 도입한다고 볼 수 있다. 그리고 고용을 연장하면서 동시에 신규 채용을 늘리는 방법으로 이용된다. 이른바 '일자리 나누기(잡셰어링 또는 워크셰어링)'의 한 방법으로 시행되는 것이다.

■ 대졸 초임 월 290만 9천원

2015년 한국경영자총협회(경총)가 전국 100인 이상 414개 기업을 대상으로 실시한 '2015년 임금조정 실태조사' 결과에 따르면, 2015년 대졸 신입 사원의 초임은 월 평균 290만 9천원으로 조사되었다.

규모별, 산업별, 직급별 초임은 다음과 같다.

* 규모별 대졸 초임

1,000인 이상	318만 6천원
500~999인	294만 1천원
300~499인	279만 5천원
100~299인	256만 1천원

* 산업별 대졸 초임

금융 및 보험업	328만 4천원
운수 창고 및 통신업	294만원
제조업	280만 2천원
도매 및 소매업	275만 5천원
건설업	270만 6천원

* 직급별 초임

부장	640만 5천원
차장	547만 9천원
과장	481만 6천원
대리	392만 4천원
전문대졸	258만 4천원
고졸 사무직	213만원
고졸 생산직	230만 8천원

한편 노동당은 대변인 논평을 통해 이 조사는 100인 이상 기업체에만 국한되어 중소기업 노동자나 비정규직 노동자의 임금은 아예 빠져 있고, 100인 이상 기업 사업체도 6,000여 개 중 400여 개만 답변했으므로 이 조사를 토대로 "4년제 대졸 신입 초임, 월 290만 9천원"이라고 보도하는 것은 잘못이라고 지적했다.

직업이 주는 보상이 경제적 보상만 있다고 생각하는 것은 큰 오산이다. 자아실현, 성취감 달성, 인격의 성장은 직업이 주는 무시 못할 무형의 보상이다. 1절에서 말한 것처럼, 우리는 직업을 통해 자신의 소질을 개발하고 다른 사람들과 관계를 형성하고 발전시켜 나가며 이런 자아실현과 사회적 관계는 나의 정체성을 형성하는 데 중요한 역할을 하는 것이다.

이런 것들 외에 결국에는 경제적 보상으로 이어지는 경제 외적 보상도 있다. 특히 2~30대에는 **경력**과 **경험**이라는 보상이 매우 중요하다.[2] 돈은 로또 당첨이나 부모 덕택에도 생길 수 있지만 경력은 오직 직업을 통해서만 쌓을 수 있다. 직장에서의 경력은 같은 직장에서 계속 근무할 때나 다른 직장을 찾을 때 가장 큰 자산이 된다. 그래서 실제로 기업들에서는 신입 사원뿐만 아니라 경력 사원을 많이 뽑는다.

인맥 형성도 직업이 주는 보상으로 무시할 수 없다. 직장 생활에서 직장 안팎으로 형성된 인맥은 장래의 직장 생활이나 창업에 귀중한 자산이 된다. 우리는 흔히 지연·혈연·학연 같은 인연을 이야기하지만 일을 통해 맺은 인연만큼 소중한 것도 없다.

3. 직업의 실태: 정규직과 비정규직

(1) 비정규직의 현황

비정규직 문제가 언론에 자주 보도되고 사회적 이슈가 되고 있다. IMF 체제 이후 우리나라에서는 **노동 시장의 유연화**를 위해, 곧 필요할 때 인력을 쉽게 감축하기 위하여 비정규직 노동자를 대거 도입하고 있다. 통계청의 경제활동인구조사 부가조사에 따르면 2016년 3월의 국내 정규직 노동자 규모는 1,300여만 명(67.5%)이고 비정규직 노동자 규모는 약 615여만 명(32.0%)이다. 임금 노동자 3명 중 2명

---

2) 이기대, 『스물살, 이제 직업을 생각할 나이』(미래의창, 2004), 30~32쪽. 참고.

은 정규직, 1명은 비정규직인 것이다. 그리고 월평균 임금은 정규직은 283만 6천원, 비정규직은 151만 1천원으로 정규직 대비 비정규직 임금 비율은 53.3%였다. 비정규칙은 임금을 정규직의 절반밖에 받지 못한 것이다. 그뿐만 아니라 퇴직금, 상여금, 시간 외 수당, 유급 휴일(휴가) 등의 근로 복지 혜택의 수혜 여부에서도, 또 국민 연금, 건강 보험, 고용 보험 등 사회 보험 가입 여부에서도 비정규직은 정규직에 비해 차별적인 대우를 받고 있다. 또 이런 차별을 시정할 수 있는 노동조합 가입률도 1.5%로, 전체 가입률 12.2%에 비해 아주 낮아 실질적인 도움을 기대할 수도 없다.

노동 유연화 정책은 기업가들에게는 매우 유용한 조치이지만 노동자에게는 삶이 직결된 문제이므로 노동조합(노조)과 기업가들의 가장 첨예한 분쟁 요소가 되고 있다. 또 대부분의 사람들이 최초로 노동 시장에 진입하게 되는 20대 초반에서는 비정규직 비율이 정규직보다 오히려 높다(남자 20-24세의 비정규직 비율은 68.4%, 여자 20-24세의 비정규직 비율은 53.0%, 남자 25-29세의 비정규직 비율은 36.5%, 여자 25-29세의 비정규직 비율은 33.0%). 이런 20대 비정규직을 가리키는 말로 **88만원 세대**라는 말이 널리 알려져 있다. 2007년에 출간된 우석훈·박권일의 『88만원 세대』에서 비롯된 말로, 당시 우리나라 비정규직의 평균 임금인 119만 원에 20대의 평균 소득 비율 74퍼센트를 곱해서 산출한 금액이 88만원이었기 때문이다. 대학을 졸업해도 첫 직장 생활을 저임금의 비정규직으로 시작할 수밖에 없는 20대를 표현한 단어인데, 비정규직의 불안한 미래를 대표하는 말이 되었다.

정규직 근로자는 사용자와 기간을 정하지 않은 근로 계약을 맺고 그 사용자의 감독이 미치는 장소에서 사업장의 전형적인 근로 시간에 일하는 근로자를 정의하는 것이 일반적이다. 이에 견주어 기간,

시간, 장소 등의 근로 조건이 일정하지 않은 근로자를 비정규직으로 정의한다. 통계청에서는 **비정규직** 근로자를 고용 형태에 의해 ① 한시적 근로자 ② 시간제 근로자 ③ 비전형 근로자 등으로 분류한다.

① **한시적 근로자**: 고용 계약 기간이 한시적으로 정해져 있거나, 정해져 있지 않더라도 사업주에 의해 고용 계약이 해지될 수 있도록 된 경우를 말한다. 한시적 근로자는 다시 기간제 근로자와 비기간제 근로자로 나눌 수 있다. 근로 계약 기간을 설정한 근로자가 **기간제 근로자**이고, 근로 계약 기간을 정하지 않았으나 계약의 반복 갱신으로 계속 일할 수 있는 근로자와 비자발적 사유(계약 만료, 일의 완료, 이전 근무자 복귀, 계절 근무 등)로 계속 근무를 기대할 수 없는 근로자가 **비기간제 근로자**이다. 보통 임시직, 일용직, 계약직이라고 부르는 노동자들이 한시적 근로자에 포함된다.

② **시간제 근로자**: 직장(일)에서 근무하도록 정해진 소정의 근로 시간이 동일 사업장에서 동일한 종류의 업무를 수행하는 근로자의 소정 근로 시간보다 1시간이라도 짧은 근로자로, 평소 1주에 36시간 미만 일하기로 정해져 있는 경우가 해당된다. 흔히 말하는 파트타임 근로자나 아르바이트가 여기에 해당된다. 단시간 근로자라고도 한다. 단시간 근로자는 근로 시간이 당해 사업장의 통상 근로자의 근로 시간에 비하여 짧은 근로자를 말하는데, 특히 1주간의 근로 시간이 15시간 미만인 근로자는 휴일, 연·월차, 유급 휴가 및 퇴직금에 관한 근로 기준법 규정을 적용받지 않는다(VI장 참고).

③ **비전형 근로자**: 파견 근로자, 용역 근로자, 특수 형태 근로 종사자, 가정 내(재택, 가내) 근로자, 일일(단기) 근로자

③-1. **파견 근로자**: 임금을 지급하고 고용 관계가 유지되는 고용

주와 업무 지시를 하는 사용자가 일치하지 않는 경우로 파견 사업주가 근로자를 고용한 후 그 고용 관계를 유지하면서 근로자 파견 계약의 내용에 따라 사용 사업주의 사업장에서 지휘, 명령을 받아 사용 사업주를 위하여 근무하는 근로자를 말한다(58쪽에서 자세히 설명된다.).

③-2. **용역 근로자**: 용역 업체에 고용되어 이 업체의 지휘 하에 이 업체와 용역 계약을 맺은 다른 업체에서 근무하는 근로자를 말한다. 청소 용역, 경비 용역 업체 등에 근무하는 근로자를 주변에서 흔히 볼 수 있는 용역 근로자이다.

③-3 **특수 형태 근로 종사자**: 독자적인 사무실, 점포 또는 작업장을 보유하지 않았으면서 비독립적인 형태로 업무를 수행하면서도, 다만 근로 제공의 방법, 근로 시간 등은 독자적으로 결정하며 개인적으로 모집·판매·배달·운송 등의 업무를 통해 고객을 찾거나 맞이하여 상품이나 서비스를 제공하고 그 일을 한만큼 소득을 얻는 근로자를 말한다. 고용 계약이 아닌 민법상의 위임·위탁 등의 계약 형태로 노무를 제공하는 경우이다. 보험 설계사, 골프장 캐디, 학습지 교사, 레미콘 기사, 퀵서비스 배달인, 방송사 구성 작가 등이 그런 예인데, 이들은 입사 시 기업 측에서 근로자에게 사업자 등록증을 소지하게 하는 경우가 많다. 근로자로 생각하기가 쉽지만 법적으로는 자영업자로 분류된다.

③-4. **가정 내 근로자**: 재택근무, 가내 하청 등과 같이 사업체에서 마련해 준 공동 작업장이 아닌 가정 내에서 근무(작업)가 이루어지는 근무 형태.

③-5. **일일(단기) 근로자**: 근로 계약을 정하지 않고, 일거리가 생겼을 경우 며칠 또는 몇 주씩 일하는 형태의 근로자.

앞 절에서 말한 바람직한 직업의식은 주로 개인 차원의 윤리 의식이었다. 개인이 아무리 그런 의식을 가지려고 노력해도 사회적인 여건이 조성이 되지 않으면 헛된 일일 수밖에 없다. 따라서 개인에게 바람직한 윤리 의식을 고취시키려는 교육과 더불어 부정적인 의식을 조장하는 사회·경제적 요인을 제거하는 일이 중요하다. 그 대표적인 것이 IMF 체제 이후의 지나친 노동 시장의 유연화이다. '동일 노동, 동일 임금'은 공평한 보상이라는 자본주의의 근본 원칙인데 정규직과 비정규직의 차별 대우는 그런 원칙에 어긋난다. 비정규직은 말할 것도 없고 정규직이라고 하더라도 언제 해고될지 모르는 불안감 속에서는 일 자체에서 즐거움을 느끼기 힘들다. 그리고 계층 간 불평등의 심화는 개인들의 삶에 대한 희망을 꺾어 자신이 하고 있는 일 자체에 대한 회의를 불러일으킬 수 있고, 앞 절에서 말한 신분의 세습을 가속화하여 자본주의의 발전에 역행한다. 바람직한 직업의식을 고취하기 위해서는 개인의 노력과 함께 부의 재분배와 사회 복지 제도의 강화를 통해 사회·경제적인 불안 요소를 없애려는 노력이 필요한 것이다.

정부도 이러한 필요성을 절감하고 2007년에 **비정규직 보호법**('기간제 및 단시간근로자 보호 등에 관한 법률'과 '파견근로자 보호 등에 관한 법률' 그리고 '노동위원회법'을 통틀어 일컫는 말)을 제정하였다. 그 주요 내용은 노동자가 2년 이상 일하면 사실상 정규직으로 전환된다는 것이다. 그러나 기업 쪽에서는 비정규직 노동자를 2년 이내에 해고해버리는 식으로 악용하는 일이 발생하여 비정규직을 보호한다는 애초의 취지를 살리지 못하고 있다는 지적이 많다. 정부에서는 이 문제를 해결하기 위해 35세 이상의 근로자가 동의하면 고용기간을 최대 4년까지 늘리는 개정안을 마련했다. 2년 안에 해고되지 않게 하고 정규직 전환율도 높일 수 있다는 것이 개정의 사유였다. 그러나 비정규직을 오히려 확대할 것이라는 근로자 측의 반발로 19대 국회에서는 개정안이 통과되지 못했다.

(2) 위장 도급과 불법 파견

노사 분쟁 관련 기사를 읽다 보면 '위장 도급', '불법 파견' 등의 용어들이 자주 나온다. 무슨 뜻인지 알아야 그 기사를 읽을 수 있고, 우리가 노동자가 되었을 때도 현명하게 대처할 수 있다.

일은 A 회사(원청 업체)에서 하는데 근로 계약은 B 회사(하청 업체)에서 하는 근로 형태를 **간접 고용**이라고 한다. 아웃소싱이나 외주라는 말도 쓰이는데 간접 고용에는 도급과 파견이 있다.

먼저 **도급**(하청)이란 어떤 일의 완성을 부탁받은 자(B)가 일을 하기로 약정하고, 부탁한 자(A)가 그 일이 완성되면 보수를 지급할 것을 약정함으로써 성립하는 계약을 말한다. 이때 A와 B는 별개의 조직이어야 한다. 그러나 회사의 뜻대로 인력을 운영하기 위해서 사실상 A 회사에서 인력을 채용하여 일을 시키면서도 근로 계약이 아닌 도급 계약을 체결할 때 **위장 도급**이 된다. 예를 들어 A 회사에서 직원을 채용하여 용역 회사인 B 회사가 채용한 것처럼 꾸미고 B 회사에서 A 회사에 파견 형태로 근무를 시키는 경우가 대표적인 사례이다. 이러면 A 회사는 언제든지 직원을 해고할 수 있고, 임금 등의 문제를 B 회사에 떠넘길 수 있다.

파견은 B가 근로자를 고용한 후 그 고용 관계를 유지하면서 근로자 파견 계약의 내용에 따라 A의 사업장에서 지휘, 명령을 받아 A를 위하여 근무하는 형태를 말한다. 곧 B의 근로자가 A의 지휘·명령을 받는다면 파견이고 받지 않는다면 도급이다. 위장 도급에서 든 사례는 애초에 정식으로 파견 계약을 했다면 위장 도급이 아니다. 그러나 파견은 '파견근로자 보호 등에 관한 법률'에 의해서 파견 근로자를 사용할 수 있는 업종과 업무(직무)와 파견 근로자 처우 등에 관해 제한을 받는데, 그것을 어겼을 때 **불법 파견**이 된다. 주로 파견 근로자를 사용해서는 안 되는 일(대표적으로 제조업)에 파견 근로자를 사용하거나, 사실상 근로자와 직접 근로 계약을 했으면서도 파견 직원인 것처럼 꾸밀 때 불법 파견인 경우가 많다. (후자의 경우에는 위장 도급과 구분이 안 된다.)

사내 하청(사내 하도급)이라는 말도 자주 쓰인다. A로부터 업무를 도급받은 B가 고용한 노동자가 A에서 근무할 때 사내 하청이라고 한다. 사내 하청 자체는 불법이 아니다. 그러나 사내 하청은 도급 계약일 때는 원청 업체와 하청 업체는 별개의 업체이므로, 원청 업체가 하청 업체의 노동자에게 근무 지시를 내리거나 근태 관리나 휴가 관리 등 노무 관리를 해서는 안 된다. 사외 하청일 때는 당연히 이런 문제가 생길 리가 없다. 그러나 사내 하청의 경우에는 그런 일이 빈번히 생겨서 위장 도급의 여지가 생기게 된다. 또 같은 공간 안에서 정규직인 원청 업체의 직원과 하청 업체의 직원이 똑같은 일을 하는데도 급여 등에서 차이가 생기기 때문에 차별의 문제가 생긴다. 그리고 '파견근로자 보호 등에 관한 법률'에 따르면 파견 근무의 경우에는 2년이 넘으면 원청 업체는 하청 업체의 노동자를 직접 고용할 의무가 생긴다.

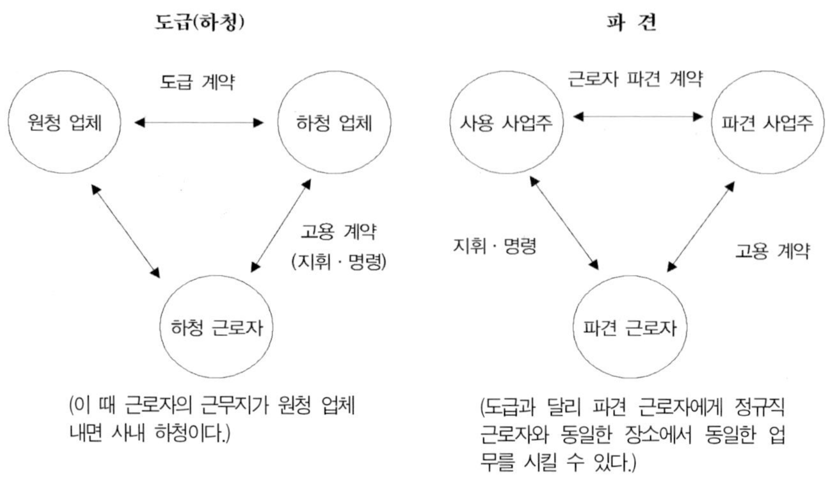

생각할 문제

1. 직업을 갖는 것이 왜 중요한지 말해 보자.
2. 일반적으로 직업으로 간주되지 않는 활동들이 정말로 직업으로 인정할 수 없는지 말해 보자.
3. 사회적으로 지위가 낮다고 생각되는 직업을 하나 골라, 자신이 그 직업을 가졌을 때 어떻게 차별화할 수 있는지 말해 보자.
4. 여러 가지 직업관 중 자신은 어떤 것을 중요하게 생각하고 그 이유는 무엇인지 말해 보자.
5. 사람들에게 널리 알려지지 않은 직업을 하나 선택하여 그 직업의 평균 소득, 종사자 수, 평균 연령, 성비, 평균 학력, 평균 근속 연수 등에 대해서 조사해 보자.
6. 한국인의 직업의식 중에서 어떤 것을 계승할 수 있고 어떤 것을 계승하지 말아야 하는지 말해 보자.
7. 면접 때 어느 정도의 거짓말은 필요하다고 생각하는지 말해 보자.
8. 비정규직 차별 때문에 노사 분규가 발생하고 있는 회사를 찾아 어떤 쟁점이 문제가 되고 있는지 조사해 보자.

Ⅱ. 윤리 이론이란 무엇인가?

Ⅱ. 윤리 이론이란 무엇인가?

◆ **학습 목표**

1. 윤리 또는 도덕의 개념을 이해한다.
2. 윤리적 사고는 어떤 특징이 있는지 이해한다.
3. 윤리와 윤리 아닌 것을 구분할 수 있다.
4. 의무론과 결과론의 주장을 이해하고, 도덕적 딜레마 상황에 적용해 볼 수 있다.

1. 윤리란 무엇인가?

(1) 윤리에 대한 개념적 이해

우리는 일상생활을 영위하면서 마음속에서 항상 갈등이 있다. 전철이나 버스 안에서 나이 드신 분에게 자리를 양보해야 할까 말까? 혹은 담배를 피우고 있을 때 어르신이 다가 오면 계속 담배를 물고 있어야 할까? 나의 행위가 범죄를 저지르고 있는 것도 아닌데 왜 이런 느낌이 오는 것일까? 바로 우리의 마음 안에 윤리의식과 도덕감이 있고 또 그것이 작용하고 있다는 증거이다. 그렇다면 윤리 혹은 도덕이란 과연 무엇일까?

국어사전에 따른 '윤리(倫理)'라는 용어의 풀이는 '사람이 지켜야 할 도리와 규범'이다. 또한 윤리라는 개념과 유사한 용어로는 도덕(道德)과 도의(道義)라는 말이 있다. 즉 도덕은 '사람이 마땅히 지켜야 할 행동 규범'이라는 뜻을 지니고, 도의는 '사람이 마땅히 지키고 해야 할 도리와 의리'라는 뜻을 지닌다. 그런데 도의라는 말보다는 윤리와 도덕이라는 용어는 일상적으로 혼용하는 경우가 있고 엄밀한 학문적 개념의 차이 역시 불분명하다. 오랜 학문적 탐구의 역사를 지닌 철학의 영역 안에서조차 윤리학(ethics)과 도덕 철학(moral philosophy)의 차이를 확실하게 구분할 수 없었던 이유가 바로 여기에 있다. 그러나 연구자들에 따라서는 도덕과 윤리를 '소극적인 반응 규범'과 '적극적인 실천 규범'의 차원으로 대별하면서 그 차별성을 드러내기도 한다. 즉 도덕이라는 말은 거짓말, 탐욕, 범죄 등의 악덕, 다시 말해 '나쁜 일을 피하는 것'에 주안점이 있다면, 윤리라는 말은 봉사, 자기희생, 자선 등의 선한 일을 실천하는, 다시 말해 '올바른 일을 행하는 것'에 그 초점을 둔다는 것이다.[3)]

조금 있다 상대주의에 대해 설명하겠지만, 윤리 또는 도덕은 언어와 문화 체계가 다름에 따라 상이하게 관찰될 수 있다. 윤리 · 도덕의 기준은 조선 시대와 로마 시대가 다를 수 있고, 미국 사람과 한국 사람에게서 각각 다를 수밖에 없다. 그러나 그 다른 점 안에서도 우리는 공유점을 발견할 수 있다. 무엇보다 먼저 가장 중요한 사실은 윤리학 및 도덕 철학의 성립 근거는 오직 인간을 이성적 존재로 규정했기 때문에 가능하다는 것이다. 이성의 기능적 역할은 인간으

3) C. Fischer & A. Lovell, *Business Ethics and Value: Individual, Corporate and International Perspectives*, 2nd edition(Prentice-Hall, 2006), p. 41.

로 하여금 분별력을 구사하게 한다. 분별력이란 말은 그 말 그대로 어떠한 사물, 어떠한 사태를 좋은 것, 나쁜 것, 예쁜 것, 미운 것 등등으로 구별하는 능력이다. 즉 인간에 있어 이성적 존재라는 자기 규정은 동시에 윤리 혹은 도덕이라는 가치를 발생시킨다. 다시 말해 윤리 · 도덕은 인간만이 지니고 있는 가치이다. 그리고 그 가치는 '인간은 이성적 존재이다'라고 우리 스스로 선포한 사실로부터 생겨난 것이다. 옳고 그름을 반성할 수 없는 동물에 비해, 인간은 본능적인 행동을 하면서도 그것이 옳고 그른지 분별해 본다는 점에서 이성적 존재인 것이다.

한편 "법은 최소한의 윤리적 규범"이라는 말이 있다. 이는 윤리와 법의 관계를 설명해 주는데, 우리가 지켜야 할 윤리적 규범 중에서 사회적 영향력이 크다고 생각되어 강제력을 발휘할 필요가 있는 것만을 법으로 만들었다는 뜻이다. 예컨대 효도는 윤리적인 행동이라고 말해지고 효도를 하지 않으면 비윤리적이라는 말을 듣지만 그렇다고 해서 효도를 법으로 강제하지는 않는다. 반면에 "무고한 사람을 죽이지 말라."라는 규범은 윤리적인 규범이지만, 이 규범을 어겼을 때 사회를 안정적으로 지탱하기가 힘들므로 법으로 강제하고 있다. 다만 일부 학자들은 우리 법에서는 강제하고 있지만 사실은 윤리적인 문제에 불과한 것들이 있다고 주장한다. 간통죄나 도박죄 등이 그런 논란이 되는 법들이다. 간통죄는 논란 끝에 2015년에 폐지되어서 간통을 해도 더 이상 법적인 처벌은 받지 않지만 윤리적인 비난마저 안 받는 것은 아니다.

전문 직업 단체들에서는 반드시 지켜야 할 윤리적인 규범들을 **윤리 강령**(code of ethics)이라는 이름으로 규정한다. 그 단체의 구성원들은 이 강령을 지키지 않았을 때 법적인 처벌을 받지는 않지만 단체 내부적으로 징계를 하여 불이익을 준다. 따라서 윤리 강령은 법과 윤리의 중간쯤의 지위를 갖는 것이라고 할 수 있겠다. (IV장에 엔지니어의 윤리 강령이 실려 있다.) 정부 공직자 윤리 위원회나 국회의 윤리 특별 위원회처럼 정부 기관 중 윤리적인 심의를 하는 기관이 많이 있고, 각종 기업이나 단체에도 내부에 윤리 위원회를 운영하는 경우가 많다. 이들 윤리 위원회는 심의 결과 행정적인 규제를 하거나 징계를 하므로 이때의 윤리도 단순히 비난과 칭찬에 그치는 윤리보다 강한 개념이다.

의사의 경우 환자를 치료하면서 알게 된 개인 정보를 공개하면 윤리 강령에도 위반되지만 법적으로도 처벌 받는다. 그러나 특정 직업의 경우에는 윤리 강령(꼭 문서화되지 않았더라도 그 직업에서 지켜야 할 의무라고 생각되는 것)과 법이 상충하는 경우도 있다. 예를 들어 언론인은 취재원의 비밀을 유지해야 할 윤리적인 의무가 있다. 그러나 법원이 그것을 공개하라고 요구할 때는 갈등이 생기게 된다. 또 범인을 은닉했을 때는 범인 은닉죄의 처벌을 받는데 성직자들은 범인이라고 하더라도 감싸 주는 것이 자신의 의무라고 생각한다.

(2) 윤리적 태도와 목표

일찍이 아리스토텔레스(Aristoteles, 384~322 B.C.)는 인간을 이성의 존재로 규명하는 동시에 '사회적 동물'로 규정하면서 인간이 공동체적 존재임을 천명했다. 이러한 내용에 깃들어 있는 핵심 주장은 인간은 사유 능력을 지닌 개체적 존재이지만 타자에 의해서만 그 존재의 의의를 보장받을 수 있는 집단적 존재라는 사실이다. 예를 들면 '예쁘다' 혹은 '잘 생겼다'처럼 자기에 대한 자기 스스로의 평가는 독백일 뿐이다. 그런 평가는 그 사람의 생김새에 대한 주위 사람들의 평가에 의해 완성되는 것이다.

이렇게 한 인간의 인간됨에 대한 평가가 집단 안에서 나 아닌 타자로부터 출발되었다는 사실은 나(주체)와 너(타자)의 존재와 행위 등을 평가하는 가치관, 즉 반성적 태도의 형태로 공동체 삶의 과정 안에서 자연스럽게 요청되었다는 것을 반영한다. 여기서 반성적 태도란 윤리적 태도와 다르지 않다. 아리스토텔레스는 이러한 인간의 윤리적 태도를 그의 실천 철학 안에서 구현하였다. 그러한 구현은 아리스토텔레스에서 윤리적 이론과 실천의 특성과 조건을 윤리학과 정치학 안에서 통일하고자 하는 시도로 나타났다. 즉 윤리 및 도덕의 문제는 개인적 차원을 넘어 집단적 차원으로까지 확대되었던 것이다. 그러므로 아리스토텔레스의 실천 철학은 좋은 삶을 위한 필연적 조건을 실현시키는 공동체, 즉 폴리스(polis)의 존재를 전제로 하여 성립할 수 있었다.

이러한 아리스토텔레스의 발상은 근세 초 홉스(Thomas Hobbes, 1588~1679) 등의 계약론자들이 등장하기 전까지 흔들리지 않았던 윤리학의 전통적 근본주의(foundationalism)를 형성했다. 전통적 근본주의에 기초한 윤리적 태도는 특히 목적론적 사유에 의해 특징 지워진다. 목적론적 사유의 패턴은 삼라만상 내에서 일어나는 모든 현상을 그 자체의 목적(telos)에 의거해서 설명하는 이론이다. 즉 존재는 목적을 향해 앞으로 계속 나아간다는 것이다. 예를 들면 인간을 포함한 모든 동물이 음식을 섭취하는 현상은 생존이 목적이기 때문이고, 성욕은 종족 보존이 그 목적으로 전제되어 있기 때문이라는 것이다. 아리스토텔레스는 이러한 사유의 틀에 기초해서 실체인 개체는 질료(matter)와 형상(form)을 합목적적으로 실현하기 위해 제일 형상인 신(Theos), 즉 부동(不動)의 동자(動者)를 그 목적으로 한다고 설명한다. 따라서 인간의 삶에서 윤리적 실천이 지향해야 할 목표는 절대적 가치, 즉 최고선에 있다.

윤리적으로 추구할 최고의 가치가 절대적이고 그 어떤 것으로도 환원되지 않는다는 윤리적 태도의 목표 설정은 그 이후 중세 유럽의 그리스도교적 윤리관 형성에 큰 축이 되었다. 다시 말해 아리스토텔레스가 말한 '움직이지 않는 움직이는 신' 개념은 그리스도교의 신으로 전화(轉化)되었다. 그러한 발상은 변화되었고 급기야는 대폭 축소되었지만 현대 사회에 이르기까지 그 영향력을 결코 무시할 수 없다. 그러나 윤리학의 목적론적 사유는 근세 이후 자연 과학과 테크놀로지의 발달에 의해 점차로 기계론적 사유에 의해 대체되어 왔음은 명백한 사실이다. 그 변화되어 가는 모습을 우리는 현재 진행형인 후기 현대에 이르러 도덕 상대주의의 경향으로 뚜렷하게 관찰할 수 있다.

그러나 우리가 도덕 상대주의라고 이해하는 것은 실제로는 문화 상대주의일 가능성이 크다. **문화 상대주의**는 서로 다른 사회에는 서로 다른 도덕규범이 존재한다고 주장한다. 그런데 문화 상대주의는 거기서 그치지 않고, 보편적인 도덕규범이 없다는 **도덕 상대주의**를 함축한다고 생각한다. 그러나 문화 상대주의가 옳다고 해서 도덕 상대주의가 따라 나오는 것은 아니다. 다음과 같은 예가 문화 상대주의를 지지하는 사례로 제시된다.

> 고대 페르시아의 왕인 다리우스는 여행 중에 경험한 문화의 다양성에 대하여 흥미를 갖게 되었다. 그는 칼라시아족은 죽은 조상의 시신을 습관적으로 먹어치운다는 것을 발견하였다. 그래

> 시아 사람들은 물론 그렇게 하지 않았다. 그들은 시신을 화장하였으며, 화장용 장작더미를 시체를 처리하는 자연스럽고 알맞은 방법이라고 생각하였다. 다리우스는 세상에 대한 정교한 이해는 문화 사이에 존재하는 이런 차이를 간파하는 것이어야 한다고 생각하였다. 어느 날 그는 이 교훈을 가르치기 위하여, 궁전에 우연히 들른 몇 명의 그레시아 사람들을 모아 놓고 그들에게 그들의 죽은 조상의 시체를 먹는 조건으로 어떤 대가를 원하는지 물어 보았다. 물론 그들이 그러리라는 것을 알고 있었지만, 그레시아 사람들은 충격을 받고 대답하기를, 아무리 많은 돈을 주더라도 그러한 일을 하도록 설득할 수는 없을 것이라고 대답하였다. 그러자 이번에는 몇 사람의 칼리시아 사람들을 불러들이고, 그레시아 사람들이 들을 수 있도록 큰 소리로 그들의 죽은 조상의 시체를 화장한다는 조건으로 어떤 상금을 받겠는가를 물어 보았다. 칼라시아 사람들은 공포에 질린 채 제발 그 같은 무시무시한 말을 하지 말아 달라고 애원하였다. (헤로도토스, 『역사』)

그레시아 사람들은 죽은 사람을 먹는 것이 나쁘다고 믿은 반면에 칼라시아족은 죽은 사람을 먹는 것이 옳다고 믿었다. 따라서 죽은 사람을 먹는 것은 문화마다 견해가 다를 뿐이지 그것이 객관적으로 옳은지 그른지 말할 수 있는 성격의 것이 아니다. 여기까지는 서로 다른 문화에는 서로 다른 도덕규범이 존재한다는 문화 상대주의의 견해이다. 그러나 위와 같은 사례가 객관적인 도덕규범이 존재하지 않는다는 도덕 상대주의의 증거가 될 수는 없다. 서로 다른 두 문화 모두 죽은 조상을 존중해야 한다는 보편적인 도덕규범을 가지고 있다고 볼 수 있기 때문이다.

(3) 윤리적 사고의 특징

윤리적 사고는 다른 종류의 사고 방법과 구별되는 몇 가지 특성을 가지고 있다. 이런 특성들을 분명하게 이해해야 윤리적 사고를 제대로 이해할 수 있고, 더 나아가 단순히 지식으로 그치는 것이 아니라 실천으로 옮길 수 있다.

첫째, 윤리적 사고에는 **공평성**이 있어야 한다. 우리는 "그것은 공평하지 않아."라는 말을 가끔 하는데, 조건이나 상황이 다르지 않은데도 다르게 대우할 때 그런 말을 한다. "같은 것은 같게, 다른 것은 다르게."라는 말에도 공평성이 강조되어 있다. 옳은 행위와 바람직한 사회에 대해 탐구할 때는 그런 공평성이 지켜져야 한다. 모든 개인이나 모든 사회는 똑같이 중요하게 고려해야지, 나에게 또는 내가 속한 사회에 유리한 쪽으로 판단을 내리는 것은 윤리적인 사고가 아니다. 모든 윤리적 사고는 나 또는 내가 속한 사회에 이익이 되느냐 안 되느냐는 차원을 넘어서 불편부당하고 중립적인 관점을 취하고 있다.

둘째, 윤리적 사고의 탐구는 **보편화 가능**해야 한다. 보편화 가능하다는 것은 한 개인이나 사회에만 적용되는 것이 아니라 모든 개인이나 사회에 적용될 수 있다는 뜻이다. 개인적인 취향을 생각해 보자. 내가 어떤 음식이나 영화를 좋아한다고 해서 나는 다른 사람들도 그 음식이나 영화를 좋아해야 한다고 생각하지 않는다. 우리 사회가 특정 음식이나 놀이 문화를 좋아하고 해도 역시 모든 사회가 그것들을 좋아해야 한다고 생각하지 않는다. 다시 말해서 개인이나 사회의 취향은 보편화 가능하지 않다. 반면에 윤리적 사고는 한 개인이나 사회뿐만 아니라 그것과 비슷한 모든 개인과 사회에 적용되어야 한다. 가령 거짓말하는 것이 그르다면 그것은 한 사람에게만 그른 것이 아니라 다른 사람들에게도 그른 것이다. 물론 때에 따라서 거짓말하는 것이 옳다고 주장하는 사람도 있겠지만, 만약 그러면 그와 비슷한 상황에서는 언제나 거짓말하는 것이 옳아야 하므로 이런 판단 역시 보편화 가능하다고 할 수 있다.

이런 보편화 가능성이 가장 잘 드러난 말이 '역지사지(易地思之)'이다. 입장을 바꾸어 생각해 봄으로써 자신의 생각이 모든 사람에게 적용될 수 있는지 궁리해 보는 것이다. 『논어』의 "자기가 하기 싫은 일을 다른 사람에게 하게 해서는 안 된다."(己所不欲 勿施於人)나 『성경』의 "너희는 남에게 바라는 대로 남에게 해 주어라."라는 말에도 그 정신이 깃듯어 있다. 특히 성경의 말은 '황금률'(Golden Rule)이라고 부른다.

셋째, 윤리적 사고는 **정당화 가능**해야 한다. 앞서 예로 든 개인적인 취향은 보편화 가능하지도 않지만 정당화 가능하지도 않다. 여러 가지 맛의 아이스크림을 파는 가게에서 나는 초콜릿 맛을 골랐고 친구는 체리 맛을 골랐다고 하자. 나는 내가 왜 초콜릿 맛을 골랐는지 이유를 댈 필요도 없고 친구에게도 왜 체리 맛을 골랐는지 묻지 않는다. 혹시 묻더라도 나는 그냥 그 맛을 좋아한다는 사실만을 말해도 된다. 그러나 어떤 행위가 옳다거나 어떤 사회가 바람직하다고 생각할 때는 그 생각을 옹호하고 정당화하는 이유를 제시해야 한다. 그리고 이 이유는 보편화 가능성에서 말한 것처럼 나와 내가 속한 사회에만 적용되는 것이 아니라 모든 사람과 사회에 적용되어야 한다. 그리고 그 이유가 정당하다면 다른 사람들은 그 생각을 인정해야 한다.

윤리적 사고가 위와 같은 특징이 있다고 말했지만 윤리적 사고가 아닌 다른 사고나 탐구도 위와 같은 특징들을 만족한다. 가령 과학의 탐구 결과 제시되는 과학 법칙도 특정 개인이나 사회의 이익을 위한 것이 아니며 비슷한 상황에서 언제나 성립해야 하므로 보편화 가능하고 그 법칙이 성립하는 이유를 제시해야 하므로 정당화 가능하다. 그러나 윤리적 사고는 과학 법칙과 달리 **규범적**인 성격을 띤다는 점이 중요한 차이점인데, 이것이 윤리와 사상의 탐구의 넷째 특성이다. 자연을 탐구 대상으로 하는 자연 과학이나 사회를 탐구 대상으로 하는 사회 과학은 자연이나 사회가 '어떠하다'는 사실을 다루지, '어떠해야 한다'는 규범을 다루지 않는다. 과학적 탐구는 대상을 기술(記述)하는 데 비해 윤리적 사고는 어떤 행위가 옳다거나 어떤 사회가 바람직하다는 가치를 개입한다. 윤리와 사상의 규범적인 성격은 어떤 민족의 도덕을 연구하는 인류학자와 비교해 보면 명확히 이해할 수 있다. 그 인류학자는 사회 과학자로서 관찰을 통해 가령 어떤 민족이 웃어른을 공경하고 친족 간의 관계를 중요시하는 도덕 체계를 가지고 있음을 보고하지만, 그런 도덕이 올바르다는 가치 판단은 하지 않는다. 반면에 윤리적 사고는 그런 행위들이 옳은지 그른지 가치 판단을 하는 것이다.

다섯째, 이런 점에서 윤리적 사고는 **행동 지침**이 된다. 어떤 행위가 옳다거나 어떤 사회가 바람직하다고 말하는 것은 윤리와 사상에 대해서 단순히 이론적인 관심이 있어서가 아니라, 규범을 제시하여 행동으로 옮기게 하려는 의도가 있기 때문이다. 예를 들어 "고통 받는 사람을 돕는 것은 옳다."라고 말한다면, 그것은 사실을 설명하는 차원이 아니라 "고통 받는 사람을 도우라."라는 규범을 제시하여 행동으로 옮기게 하는 차원인 것이다.

윤리적 사고가 갖는 위와 같은 특성들은 서로 밀접하게 연결되어 있다. 가령 "거짓말하는 것은 옳지 않다."라고 윤리적인 주장을 한다면, 일단 거짓말은 바람직하지 않다는 규범적인 판단을 한 것이고

(규범성) 그리고 그것에 대한 이유를 제시할 수 있어야 한다(정당화 가능성). 그런데 그 이유는 거짓말하는 것이 나에게 이익이 되는지 손해가 되는지 따져서 나오는 이유여서는 안 된다(공평성). 그 말은 곧 그 이유가 모든 사람들에게 적용될 수 있다는 뜻이다(보편화 가능성). 만약 그런 이유가 제시되었다면 위 주장은 우리 모두가 지켜야 하는 규범이 되는 것이다(행동 지침).

2. 윤리 이론

(1) 윤리가 아닌 것

윤리적 사고의 특성을 이해하지 못하는 사람들은 윤리적 사고의 특징이 없는 것인데도 윤리라고 착각하는 것들이 있다. 먼저 **취향**은 윤리가 아님을 위에서 설명했다. 취향은 보편화 가능하지도 정당화 가능하지도 않기 때문이다. 입맛이나 취향의 문제를 가지고 토론을 벌이는 경우가 가끔 있다. 그러나 정당화가 가능하지 않으므로 소득 없는 말싸움으로 끝나기가 쉽다. "짜장면이 맛있나, 짬뽕이 맛있나?" 처럼 입맛과 관련된 토론이나 개인의 성적(性的) 취향이나 선택과 관련된 토론이 그런 예이다.

동정심과 같은 **감정**은 윤리적 선택의 동기는 될 수 있지만 윤리의 근거는 될 수 없다. 예컨대 "불쌍한 사람을 보면 도와야 한다."는 윤리적 판단의 근거로 인간은 측은지심을 갖기 때문이라고 설명하는 이들도 있지만, 애석하게도 측은지심을 누구나 가지고 있지는 않다. 따라서 인간이라면 누구나 가지고 있어야 하는 이성에 토대를 두고 정당화를 하여야 한다. 앞 절에서 윤리는 인간을 이성적 존재로 규정하는 데서 성립한다고 했음을 상기해보라.

신중함, 사려분별, 근면성, 절약과 같은 덕목도 보편화가 가능하지 않다는 점에서 윤리라고 말하기 어렵다. 이것들은 아리스토텔레스가 **실천적 지혜**(phronesis)라고 부른 것들인데, 세상을 살아가는 방식에 대한 개인의 선택이므로 윤리적 사고의 특성을 가지고 있다고 보기 힘들다.

앞 절에서 윤리학의 목적론적 사유를 설명하면서 윤리적 실천이 지향해야 할 목표는 절대적 가치, 즉 최고선이라고 말했다. 거기에서도 말했듯이 이 절대적 가치로 흔히 신이 거론되는데, 그래서 **종교**를 윤리로 생각하는 경향이 있다. 절대적 가치라는 것은 누구에게나 적용되는 보편적인 것이므로 그것을 윤리라고 부른다면 문제가 없다. 절대적 가치를 단지 신이라고 부른 것일 뿐이다. 그러나 그 신이 특정 신자들에게만 지지를 받는다면 당장 그 신을 믿지 않는 사람들에게는 보편화가 되지 않으므로 윤리적 사고의 특징을 갖추지 못하게 된다. 어떤 종교에서는 특정 행동이 윤리적으로 옳은 이유는 신이 그렇게 명령을 내렸기 때문이라고 말하는데, 윤리를 신의 명령으로 설명하는 이론을 **신명론**이라고 한다. 플라톤은 대화편 『에우티프론』에서 신명론의 문제점을 다음과 같은 딜레마 형태로 지적했다. 예컨대 "사람을 죽이지 말라."라는 윤리적 규칙은 신이 명령을 내렸기 때문에 윤리적으로 옳을까, 아니면 윤리적으로 옳기 때문에 신이 명령을 내렸을까? 만약 전자라고 한다면 신이 우리가 받아들이기 힘든 명령, 가령 자신을 믿지 않는 사람은 모두 죽여라는 명령을 내려도 따라야 하는 곤궁에 빠진다. 신명론을 받아들이는 사람들은 신이 그런 비윤리적인 명령을 내릴 리 없다고 그 곤궁을 빠져 나갈 것이다. 만약 그렇다면 그 사람들의 머릿속에는 신과 상관없이 윤리적인 것이 무엇인지 이미 알고 있다는 뜻이 된다. 윤리적 규칙은 신이 명령을 내렸기 때문에 윤리적으로 옳다고 하면 상식적으로 받아들이기 힘든 명령을 내린 경우에 문제가 되고, 윤리적으로 옳기 때문에 신이 명령을 내렸다고 하면 신과 상관없이 윤리가 성립하므로 문제가 되는 딜레마에 빠지는 것이다.

당연한 이야기지만 **편견**도 윤리가 아니다. 우리가 옳다고 생각했지만 사실은 편견에 불과한 것이 있을 수 있다. 편견은 위와 같은 윤리적 사고의 특성들을 가지고 있지 못하다. 그것은 자신에게 유리하게 판단하면서도 그 판단의 이유를 정당화하려거나 보편화하려는 시도조차도 하지 않기 때문이다. 그런 편견은 당연히 규범으로서 기능하지 못하므로 행동의 지침이 되지 못한다. 반면에 어떤 사람의 생각이 상식적으로 판단하기에 옳지 않아 보이더라도 그가 자신의 생각에 대해 불편부당한 입장에서 정당화와 보편화를 시도한다면 그는 윤리적인 사고를 하고 있는 것이다. 따라서 우리는 그의 이유를 열린 마음으로 경청해야 하고, 토론을 통해 그 이유를 받아들이든가 수정하여 규범으로 삼을 수 있는지 검토해야 한다. 그리고 우리 사회에서 관습으로 받아들이는 것이 대체로 편견일 가능성이 높으므로 비판적 자세로 편견인지 아닌지 검토해보아야 한다.

(2) 의무론과 결과론

그러면 윤리적 사고의 특징을 가지고 있는 윤리 이론으로는 어떤 것이 있을까? 그 설명을 위해 여러분이 다음과 같은 상황에서 쌍둥이의 부모라면 어떤 결정을 내릴지 생각해 보자.

2000년에 영국에서 두 몸이 맞붙은 쌍둥이(샴쌍둥이) 자매가 태어났다. 언론에서는 조디와 메리라는 가명을 붙여 준 이들은 복부 아래쪽이 붙어 있었다. 문제는 둘 중 메리가 폐와 심장이 없어서 조디에게 혈액을 공급받고 있기 때문에, 그대로 두면 몇 달 지나지 않아 둘 다 죽게 된다는 사실이다. 분리 수술을 하게 되면 조디는 살 가능성이 아주 높으나, 그 경우에는 폐와 심장이 없는 메리는 당연히 죽게 된다.

그러나 독실한 가톨릭 신자인 부모는 수술에 반대했다. 삶과 죽음은 신의 뜻인데 자신들에게는 한 아이의 삶과 죽음을 선택할 권한이 없기 때문이라는 것이 이유였다. 반면에 의사들은 수술을 원했다. 당시 이 문제는 영국 전체에서 수술을 찬성하는 쪽과 반대하는 쪽 사이에서 뜨거운 논란거리가 되었는데, 수술을 반대하는 부모가 소송을 제기하여 법원까지 가게 되었다. 재판은 의사들의 손을 들어 주어 수술이 이루어졌고, 메리는 죽고 조디는 살게 되었다.

이러한 상황에서 분리 수술을 해야 하는가, 아니면 그대로 두어야 하는가? 수술을 하면 조디는 살게 되지만 메리는 죽게 된다. 반면에 수술을 하지 않으면 둘 다 죽게 된다. 단순히 산술적으로 계산하면 두 아이를 다 죽이는 것보다 한 아이라도 살리는 것이 낫기 때문에 수술을 하는 것이 당연할 것 같다. 그러나 한 아이를 살리기 위해서는 나머지 한 아이를 '인위적으로' 죽여야 한다. 자연스럽게 한 아이가 죽는 것이 아니라, 사람들은 한 아이가 죽을 줄 알면서도 수술을 해야 한다. 여기서 문제가 되는 것은 다음과 같은 것이다.

분리 수술을 해서 두 아이 중 한 아이를 죽이면 나머지 다른 아이를 살릴 수 있지만 그와 같은 행동은 일종의 살인 행위가 아닐까?

분리 수술을 하면 둘 중 한 명은 살 수 있다. 그러나 그것은 다른 한 아이를 죽이는 일종의 살인 행위이기도 하다. 샴쌍둥이의 부모는 이런 생각 때문에 분리 수술을 반대했다. 우리가 샴쌍둥이의 부모라면 어떤 선택을 해야 할까? 이런 상황에서 과연 어떤 선택이 도덕적일까? 우리는 도덕적인 딜레마 상황에 빠져 있는 것이다.

이 딜레마 상황에 대해 사람들의 입장은 크게 두 가지로 나눌 수 있다. 수술을 해야 한다는 입장과 해서는 안 된다는 입장이 그것이다. 먼저 수술을 해서는 안 된다는 입장부터 살펴보자. 그런 입장을 주장하는 사람들은 의사든 부모든 법원이든 누군가 다른 사람의 생명을 앗아갈 권한은 없다는 생각에 바탕을 두고 있다. 큰 죄를 지은 사람에 대한 사형에 대해서도 논란이 많은데, 하물며 아무런 죄도 없는 신생아를 희생시키는 행위는 정당화될 수 없다는 것이다. 아무리 부모라 하더라도 그 신생아의 목숨을 뺏을 권리는 없다. 수술을 통해서 한 명을 살리기 위한다는 이유라고 하더라도 그런 행위는 한 사람을 살리기 위해서 다른 사람을 수단으로 삼는 행위이다. 인간의 생명은 다른 무엇을 위한 수단이 될 수 없다.

반면에 수술을 해야 한다는 입장은 어차피 죽을 목숨이라면 단순히 인위적이냐 자연적이냐의 기준만으로 그 살인 행위의 도덕성 여부를 판단할 수 없다고 생각한다. 수술을 반대하는 쪽의 입장은 우리에게는 어떤 경우에도 반드시 지켜야 하는 도덕률이 있다고 전제하는데, "무고한 사람을 죽여서는 안 된다."나 "다른 사람을 수단으로 삼지 말라." 등이 그런 도덕률이다. 그런데 분리 수술을 하는 것은 그런 도덕률을 위배하는 것이기 때문에 거기에 반대하는 것이다. 그러나 그런 도덕률을 어기는 모든 행위가 허용될 수 없는가? 예를 들어, 전쟁에서 적군을 죽이는 병사는 살인 금지의 도덕률을 어겼으므로 비난받아야 하는가? 위 사건과 관련해서 영국의 법원은 “살릴 수 있는 생명을 살리지 않는 것은 죄악”이라는 이유로 수술을 하라는 판결을 내렸는데, 도덕률을 지나치게 원칙적으로 고수하면 오히려 비도덕적인 결과를 낳을 수도 있지 않은가?

윤리의 문제는 어떤 문제 상황에서 우리가 ‘마땅히 해야만 하는 일(ought to do)을 찾는다고 할 수 있다. 윤리 이론에는 크게 두 가지 관점이 존재하는데, 위에서 말한 두 가지 입장이 그 두 가지 관점에 해당한다. 곧 수술을 해서는 안 된다는 입장은 의무론의 관점을 대변하고, 수술을 해야 한다는 입장은 결과론의 관점을 대변한다.

먼저 **의무론**(deontology)은 사람이 사는 데는 사람이라면 마땅히 지켜야 할 옳은 일, 의무, 규범, 법칙 등이 있다고 보는 관점이다. “거짓말을 하지 말라.”, “무고한 사람을 죽이지 말라.”와 같이 어떤 경우에도 지켜야만 되는 그런 도덕률이 있다는 것이다. 이 입장에 따르면 어떤 행위가 낳는 결과는 중요하지 않다.

반면에 **결과론**(consequentialism)은 의무론에서 이해하는 방식처럼 그 자체로 옳은 일 따위는 없다는 데서 출발한다. 이 입장에 따르면 오히려 어떤 행위의 옳고 그름은 그 행위가 낳을 결과의 가치, 곧 그 행위가 좋은 결과를 낳는가 그렇지 않는가에 따라 평가된다. 다시 말해 좋은 결과, 좋은 상태, 좋은 세계를 만들어내는 그런 행위만이 도덕적으로 올바른 행위다.

의무론은 ‘좋음(the good)’과는 무관하게 ‘올바름(the right)’이 있고 그것을 우선해서 실천해야 한다고 보는 입장이라면, 결과론은 ‘좋음’을 통해 ‘올바름’을 찾아내려는 입장이라고 이해할 수 있다.

두 입장은 모두 도덕적 문제 상황의 해결과 관련하여 나름의 장단점을 보여준다. 의무론에 따르면 도덕은 어떤 행위가 단지 옳다는 바로 그 이유 때문에만 우리가 행해야 하는 것이다. 어떤 행위가 도덕적인 것은 그것이 우리가 인간으로서 살아가면서 지켜야만 하는 의무를 실천하는 행위이기 때문이다. 이 입장은 비교적 단호하고 분명하게 우리에게 도덕적 판단의 잣대를 제공해 준다. 도덕의 문제는 결국 우리가 지켜야만 되는 의무를 아는 문제이고 거짓말 금지나 살인 금지와 같은 도덕률은 비교적 분명하다. 그러나 예를 들어, 어떤 의사가 환자를 위하는 심정에서 불가피하게 거짓말을 하는 경우를 생각해 보자. 이 경우 그 의사는 "환자에게 최선을 다하라."라는 의사로서 의무를 지키는 것이 될지 모르지만, "거짓말을 해서는 안 된다"라는 도덕률을 어기는 것이다. 이런 상황에서 의무론은 분명한 답을 제시하기가 힘들다.

결과론에 따르면 도덕에서 문제되는 것은 우리가 사는 세상을 더 좋은, 그것도 가능한 많은 사람에게 좋은 세상으로 만드는 것이다. 그래서 우리는 그런 좋은 결과를 목적으로 삼아 행위를 해야 한다는 것이다(이런 이유 때문에 결과론은 때로 **목적론**이라고 불리기도 한다). 그리고 이 입장에 따르면 좋은 결과는 '행복'이나 '즐거움'이나 '쾌락'과 같이 객관적으로 확인할 수 있고, 도덕적으로 올바른 행위는 그런 좋은 결과를 최대화하는 것이다. 대표적인 결과론인 **공리주의**의 모토는 '최대 다수의 최대 행복'이다. 이 역시 비교적 간단하고 명백한 도덕적 판단의 기준을 제시하는 것처럼 보인다. 그러나 그런 좋은 결과의 계산이 언제나 명백한 것은 아니다. 도덕의 문제는 복잡해서 단순한 산술 계산이 힘든 경우가 많이 있다. 예를 들어, 노예제를 인정하는 어떤 사회가 노예제를 부정하는 평등주의 사회보다 그 성원들에게 산술적으로 더 많은 행복을 가져다준다고 해보자. 그 사회에서는 노예가 아닌 사람들만 보면 그들이 다른 사회의 성원들보다 훨씬 행복하게 살 수 있을지 모르지만, 그들의 그런 행복은 사회의 일부 성원들을 노예로 부린 대가다. 과연 우리는 이런 사회를 도덕적으로 지지할 수 있을까?

생각할 문제

1. 윤리와 법의 차이점을 예를 들어 설명해보자.
2. 특정 직업 단체의 윤리 강령으로는 어떤 것이 있는지 찾아보자.
3. 문화 상대주의를 지지하는 예를 찾아보자. 특히 직업과 관련해서 그런 예가 있는가? 그리고 그런 예가 도덕 상대주의를 지지하는 예가 되는지 생각해보자.
4. 자신이 또는 주위에서 지금까지 윤리나 도덕이라고 생각했지만, 사실은 윤리적 사고의 특성을 만족하지 못하는 것이 있는가? 있다면 어떤 특성을 만족하지 못하는가?
5. 다음과 같은 도덕적 딜레마 상황에 대해 어떤 선택을 할지 근거를 제시하여 말하라. 단 의무론 또는 결과론 중 한 가지 입장을 이용하라.

   ○○○○년 어느 날 ○○에서 ○○항구로 향하고 있던 여객선 '새시대' 호가 갑작스런 돌풍을 만나 침몰하게 되었다. 그다지 안전한 것은 아니었으나 두 개의 구명보트가 띄워졌다. 그러자 거의 움직일 수도 없을 만큼 많은 승객들이 보트에 타게 되었고, 보트는 기울기 시작했다. 어느새 보트에서 물이 스며들기 시작했다. 선장은 승선 무게를 줄이지 않으면 모든 사람이 죽게 되리라는 사실을 알았지만 아무도 자발적으로 배 밖으로 뛰어내리고자 하는 사람이 없었던 까닭에 그는 도덕적 딜레마에 봉착하게 되었다. 이런 상황에서 선장이 선택할 수 있는 대안은 세 가지였다. 한 가지 대안은 아무 일도 하지 않고서 구명보트가 전복되지 않기를 바라는 일이다. 또 다른 대안은 그 누구도 구명보트 밖으로 뛰어내리도록 강요하지 않으면서 사람들에게 자발적으로 자신을 희생하도록 권유하는 일이다. 세 번째 대안은 강제로 일부의 사람을 배 밖으로 몰아내는 일이다. 이런 상황에서 도대체 어떤 대안을 선택해야 도덕적으로 올바른 선택을 하는 것인가?[4]

4) 박정하 · 장은주 · 최훈, 『대학인을 위한 논술-실전편』(세종서적, 2002) 42쪽.

Ⅲ. 일이란 무엇인가?

Ⅲ. 일이란 무엇인가?

◆ **학습 목표**

1. 일의 개념적 의미와 '왜 일하는지'에 대해 설명할 수 있다.
2. 고대 그리스에서 종교 개혁기까지 일의 의미의 변천 과정을 설명할 수 있다.
3. 근대 노동 윤리의 형성 과정과 자본주의 정신의 기원에 대해 말할 수 있다.
4. 장인 정신의 의미와 현대 사회에서 장인 정신이 왜 필요한지를 설명할 수 있다.
5. 한국, 독일, 일본의 장인 제도의 특성을 설명할 수 있다.
6. 일과 여가의 관계와 여가의 의미, 그리고 여가 교육의 필요성을 말할 수 있다.

1. 일의 의미

(1) 일의 개념

인간은 활동하는 동물이다. 만약 우리가 아무런 활동도 하지 않고 있다면 진정한 의미에서 살아 있다고 말할 수 있을까? 그렇게 아무런 활동도 하지 않고 가만히 있다면 아마도 그는 식물인간일 것이다. 인간의 활동은 크게 일과 여가로 구분할 수 있다. 그 중에서도 일은 인간의 활동적 본성을 이루는 핵심 요소이다.

그렇다면 일의 개념은 어떻게 정의될 수 있을까? 영국의 철학자인 러셀(Bertrand Russell, 1872~1970)은 일의 개념적 의미를 다음과 같이 정의하고 있다.

1) 물리적 과업: 일 = 힘 × 이동 거리(에너지의 이동). 이것은 지표면에 놓인 물질의 상대적 위치를 바꾸는 것이다.
2) 정신적 과업: 지시를 내리는 것.

러셀은 일을 단순히 물리적 과업과 정신적 과업으로만 구분하였다. 그런 의미에서 일에 대한 러셀의 정의는 너무 피상적이라고 할 수 있다. 현대 사회에서 일은 단지 그렇게 두 가지 과업으로만 구분하기는 어렵다. 오늘날 정보화 사회에서의 일은 물건을 이동하거나 지시를 내리는 것으로만 정의되지 않는 많은 일들이 있다. 왜냐하면 새로운 아이디어를 창안해내고 그것을 구체적으로 실현하는 것과 같은 일들이 많기 때문이다. 컴퓨터로 건축 설계를 한다든지, 계산 문제를 해결한다든지 하는 일들은 러셀이 말한 일의 개념으로는 설명하기가 어렵다.

(2) 일의 사전적 의미

그렇다면 일의 의미를 사전적으로 설명해 보자. 일(work)의 어원은 고대(古代) 영어의 명사 워르크(woerc), 동사 위르칸(wyrcan)에서 파생되었다. 그리고 그것은 한 개인의 행동, 실행, 행위의 의미를 갖는다. 옥스퍼드 영어사전은 일의 의미를 9페이지에 걸쳐 정의하고 있는데, 그 핵심적인 의미는 "어떤 사람이 행하거나 이미 행한 것, 행동, 행위, 조처, 업무"이다. 랜덤하우스 영어 사전에는 일의 의미를 54개로 정의하고 있는데, "어떤 것을 생산하거나 성취하기 위한 노력, 노고, 노동, 수고" 등이 그 핵심적 의미다. 그 외에도 웹스터 영어 대사전은 일의 의미를 45개로 정의하고 있는데 "어떤 것을 만들기 위해 기울이는 육체적, 혹은 정신적 노력, 노동, 수고" 등을 의미한다.

일에 대해 철학자들은 어떻게 정의하고 있을까? 독일 태생의 미국 철학자인 아렌트(Hannah Arendt, 1906~1975)는 "일은 우리에게 자연과 구별되는 인공물의 세계를 제공한다."라고 말한다. 인간은 일을 통해서만 인공물을 만들어 낼 수 있다는 의미다. 우리가 살고 있는 집이나 책상과 같은 인공물들은 모두 일을 통해서 만들어진 것이다. 영국의 경험주의 철학자인 로크(John Locke, 1632~1704)는 손의 작업과 육체의 노동을 구별하면서 "손의 작업은 물질로 된 사물을 만들어 낸다."라고 한다. 인간은 두 손의 자유로운 활동을 통해 우리가 쓸 수 있는 다양한 사물들을 만들어 낸다. 그것은 인간이 직립 보행이 가능하기 때문에 두 손이 자유로울 수 있고, 그 두 손을 가지고 우리가 원하는 물건들을 만들어 낸다. 그것은 왜 인간을 호모 파베르(Homo Faber), 곧 제작하는 인간라고 부르는지 알 수 있게 한다. 인간은 두 손을 가지고 도구를 만들어 내고 사용할 줄 아는 존재이기 때문이다.

그렇다면 우리가 일이라고 부를 수 있는 활동들에는 어떤 것이 있을까? 도랑을 파고 있는 건설 노동자, 회의를 주재하는 중역, 영화

비평을 쓰기 위해 영화를 보고 있는 평론가, 소설을 쓰고 있는 소설가, 그림을 그리는 화가 …, 환자를 목욕시키는 자원 봉사자, 골프를 치는 선수…. 이들은 모두 일을 하고 있다는 공통점을 갖고 있다.

그런데 이런 일들은 크게 두 가지로 구분하여 볼 수 있다. 그 중 하나는 생계유지 등과 같은 외적 필요성에 의한 일이다. 그것은 특정 시간, 특정 장소에서 특정 과업을 하도록 고용주와 계약을 맺고 일을 한다. 거기에서 사람들은 일에 대한 대가로 어느 정도의 보수를 받게 되며, 그 보수를 받기 위해 일을 반드시 해야 하는 것으로 받아들인다.

둘째는 그림을 그리는 화가나 음악을 만드는 작곡가, 또는 문학 작품을 창작하는 시인이나 소설가 등의 일처럼 자신의 욕망을 채우기 위한 내적 필요성으로 인한 일이다. 그들은 고용주와 고용 계약을 맺고 일을 하는 것은 아니지만 내면으로부터 나오는 일에 대한 욕구와 동기는 외적 필요성에 의해 일하는 것보다 훨씬 더 강력하다. 고흐가 그림을 그리는 일이나 베토벤이 작곡을 하는 일들은 여기에 속한다고 말할 수 있다. 그들의 일은 외적 필요성에 의해 한 일이라기보다 내적 필요성에 의해 한 일이라고 할 수 있다.

(3) 일과 노동의 개념적 차이

이제 우리는 일과 노동의 개념적 차이에 대해 생각해 볼 수 있다. '노동(labor 또는 labour)'이라는 단어는 14세기 영어에서 처음 등장했다고 한다. 거기에서 노동의 본래 의미는 짐을 메고 미끄러지거나 비틀거리는 것을 의미한다. 그것은 땅을 갈거나 밭을 매는 등 농사일을 하는 것을 의미한다. 여기에서 '노동'은 일을 하는 행위 그 자체만을 나타낼 뿐 행위의 대상은 포함되지 않는다. 즉, 농부가 밭을 갈고 씨를 뿌리는 행위 그 자체만을 의미하는 것으로서 육체적인 일, 사랑의 수고 등의 의미를 지닌다. 그런 의미에서 육체의 노동(Homo Laborans)은 물질로 된 사물을 만들어내는 손의 작업(Homo Faber)과 구별된다.

노동은 일의 개념과 비교해 볼 때 육체적 노력과 더 크게 관련된다. 그런 의미에서 볼 때 '일하는 사람'이란 무엇을 만들거나 창조해내고, 생산하거나 고안해내는 사람을 의미하는 반면에, 노동자란 봉사 행위나 생계를 위해 육체적인 노동을 행하는 사람을 의미한다. 또한 일은 인간의 행위와 그 대상을 가리키는 것으로서 노동의 산물을 포함하는 데 반해, 노동은 육체적인 일을 하는 사람의 집단을 가리키는 것으로서 일하는 사람에 초점을 둔다. 그리고 일은 그 일을 하는 개인에 중점을 두는 반면, 노동은 사회적 의미에 중점을 둔다. 그래서 우리는 노동자들의 조합을 가리킬 때 일의 조합이라고 말하지 않고, 노동조합이라는 말을 사용한다.

(4) 일과 고통

일은 사람에게 고통스러운 것인가? 우선 일의 어원 속에서 그 의미를 살펴보기로 하자. '일'을 의미하는 프랑스어 트라바이유(travail)는 그 어원이 라틴어의 트리팔리움(tripalium)에 있다. 그것은 말의 발에 편자를 박기 위해 말의 다리를 묶어 놓는 세 개의 기둥을 의미한다. 이 단어의 의미는 일종의 '고문'을 의미하는데, 이것이 나중에 "'일'의 의미로 변화되었다고 한다.(여행을 뜻하는 travel의 어원도 travail이다. 집 떠나면 고생이다!)" '일'을 의미하는 그리스어 파노스

(panos)는 분쟁, 처벌 등과 동의어로 쓰이고 있으며, '일'을 의미하는 독일어의 아르바이트(arbeiten: Arbeit의 동사형)도 원래 고통, 분쟁을 뜻하는 단어이다. 이러한 어원적 의미를 살펴보면 일이란 본래 고통스러운 어떤 것이라고 생각해 볼 수 있다.

프랑스의 작가이자 철학자인 카뮈(Albert Camus, 1913~1960)는 그의 『시지프스의 신화』에서 소모적이고 지루한 과업, 무의미하고 헛된 일에 대해서 다음과 같이 서술하고 있다.

> 〈오디세이〉의 주인공 오디세우스는… 신들의 노여움을 사 지옥에서 커다란 바위를 쉬지 않고 언덕 위로 밀어 올려야 하는 저주를 받은 시지프스를 만난다. 언덕 위에서 바위가 굴러 떨어지면 그 과정은 처음부터 새로 시작된다.

카뮈는 말한다. 신들이 "쓸모없고 헛된 노동보다 더 무시무시한 형벌은 없다고 생각한 것 같다."

일의 고통을 잘 말해 주는 또 하나의 사례는 구약 성경에서 찾아볼 수 있다. 거기에서 일은 인간이 타락한 이후 신이 아담에게 내린 벌로 묘사되고 있다. "너는 아내의 말에 넘어가 따먹지 말라고 내가 일찍이 일러둔 나무 열매를 따먹었으니, 땅 또한 너 때문에 저주를 받으리라. 너는 죽도록 고생해야 먹고 살리라."(창세기 3장 17절) 그 장면에서 우리는 바위투성이 땅에서 일하는 아담, 출산의 고통을 겪는 이브를 발견한다. 그러나 히브리인들에게 일은 신의 저주로 인해 주어진 형벌이지만, 다른 한편으로 일은 신께 속죄하기 위한 것이며, 그러한 속죄를 통해 신이 부여한 삶의 목적을 실현한다는 의미를 지니고 있다.

(5) 왜 일하는가?

앞에서 살펴본 바와 같이 인간에게 일은 본래 고통스럽고 어려운 것이다. 같은 일을 반복해야 하는 지루함, 하기 싫은 일을 억지로 해야 하는 고통, 일을 하면서 벌어지는 인간 관계의 어려움 등, 감내해야 할 어려움이 많이 있다. 그런데 우리는 왜 일을 해야 하는가? 일을 하지 않고 살 수는 없는가? 일을 해야 하는 가장 중요한 문제는 아마도 생계유지의 문제일 것이다. 일을 해야 소득이 있고 삶이 유지되기 때문이다.

그런데 만약 복권이 당첨되거나 먹고 사는 문제를 걱정하지 않을 정도로 많은 돈을 벌어 생계유지에 걱정이 없다면, 그래도 일을 해야 하는 것인가? 우리는 가끔 복권에 당첨되어 일확천금을 얻은 사람이 그 돈을 홍청망청 쓰다가 파산에 이르러 불행하게 되었다는 언론 보도를 접하게 된다. 어떤 사람은 젊어서 빌딩을 소유하게 되어 임대료를 많이 받는 경우도 있다. 그는 생계유지에 걱정이 없다. 그래서 그가 관심을 갖게 된 것은 도박이다. 삶의 많은 시간을 도박에 쏟아 붓는다. 그런데 젊어서 고생하며 많은 돈을 번 사람이 있다. 그는 생계유지에 큰 어려움이 없음에도 불구하고 열심히 일을 한다. 자기에게 주어진 일에 최선을 다한다.

일본의 기업인으로 세계적인 전자 부품 기업인 교세라의 창업주이자 일본항공의 회장을 역임한 이나모리 가즈오(稲盛和夫)는 그의 『왜 일하는가』라는 책(289쪽을 보라)에서 다음과 같이 말한다. "나는 나의 내면을 키우기 위해 일을 한다. … 일을 한다는 것은 스스로를 단련하고 마음을 갈고 닦으며, 삶의 가치를 발견하기 위한 가장 중요한 행위다." 그는 그 책에서 궁궐 제작을 지휘하는 어떤 도편수[5]의 삶을 인용하고 있다. 그 도편수는 초등학교를 졸업한 뒤 일흔이 넘는 세월동안 궁궐만 지었다. 아무리 뛰어난 컴퓨터 기술과 정밀한 기계조차도 그의 대패질 솜씨를 따라잡지 못한다. 그는 그가 맡아 하는 일에 대해 다음과 같은 말을 한다. "아무리 볼품없는 나무라도 그 안에는 영혼이 살고 있습니다. 모든 나무에는 저마다 영혼이 살고 있습니다. 그 영혼이 제게 말을 걸어옵니다. 그 영혼의 소리에 귀를 기울이지 않고는 그 나무를 자르거나 다듬을 수 없습니다. 천년 된 나무를 사용하려면 이후 천 년을 견딜 만큼 제 일을 제대로 해야 합니다."

그 도편수에 대해 가즈오는 다음과 같이 평가하고 있다. "천년을 버텨온 고목처럼 무수한 고난을 이겨내며 자기 일에 최선을 다하는 사람, 풍성한 삶을 일구고 훌륭한 인격을 키워낸 사람, 그의 말에는 그의 인생과 마음가짐을 그대로 보여주고 있다. ……. 그가 먹고 살기 위해서만 목수 일을 이어 왔다면 그는 지금과 같은 최고의 도편수가 되지 못했을 것이다."[6]

(6) 개미와 꿀벌

이솝 우화에 〈개미와 꿀벌〉 이야기가 나온다. 개미와 꿀벌은 누가 더 현명하고 부지런한지를 두고 논쟁을 벌인다. 그들은 아폴론 신에게 판정을 부탁한다. 신은 개미의 조심성과 선견지명, 그리고 다른 이의 노동에 의존하지 않는 점을 칭찬한다. 그런데 신은 다음과 같이 덧붙인다. "개미는 이익을 얻는 것은 오직 너 하나뿐이다. 다른

---

5) 도편수(都邊首)는 건축공사를 담당하던 기술자의 호칭으로, 각 분야의 책임자인 변수의 우두머리를 칭한다. 현재는 전통적인 방법으로 한옥, 사찰, 궁궐 등의 목조건축물을 건축하는 자를 칭한다. 목조문화재 건립과 복원에서도 활동하고 있다.

6) 이나모리 가즈오 지음, 『왜 일하는가』, 신정길 옮김(서돌, 2015), 5~22쪽

어떤 생물도 네가 비축한 부의 일부를 공유하지 못한다. 반면 꿀벌은 기특하고 정교한 노력으로 세상에 축복이 되는 것을 만들어 낸다."

우선 우리는 개미 같은 태도를 가지고 살아가는 사람들을 많이 볼 수 있다. 그들의 삶의 목표는 사업을 그만 두고도 인생을 즐길 수 있을 만큼 충분한 부를 축적하는 것이다. 그런데 그들은 그렇게 충분히 부를 축적한 뒤에도 평소의 몸에 밴 검소한 습관을 버리지 못한다. 개미는 돈을 쓰는 데서 즐거움을 느끼지 못한다. 그 대신에 매일매일 검소하게 살아가는 데서 기쁨을 느낀다. 어느 백만장자는 자신이 아내에게 800만 달러어치의 주식을 주었다. 그 때 그 아내는 "고마워요 여보, 정말 고마워요."라고 이야기 한 뒤 신문에서 25센트짜리 식료품 쿠폰을 오려내는 일을 계속하고 있었다. 그녀의 남편은 다음과 같이 말했다. "아내는 우리가 가진 것이라고는 식탁 밖에 없던 시절부터 항상 해 왔던 일을 오늘도 할 뿐입니다."

그렇다면 꿀벌같이 일하며 살아가는 태도는 어떤 것일까? 꿀벌은 개미처럼 일하면서도 자신이 추구하는 것을 즐긴다. 꿀벌이 개미와 다른 것은 자신의 일을 즐기면서도 동시에 다른 생명체들에게 꿀을 나누어주는 것이다. 꿀벌은 사회에 유용한 산물을 만들어 내는 데 기여한다. 꿀벌은 다른 사람들이 고맙게 여기는 훌륭하고 유용한 물건을 만들어 내는 데서 기쁨을 얻는다. 그리고 꿀벌은 거기에서 삶의 의미를 찾는다.[7)]

7) 조안 B. 시울라 지음, 『일의 발견』, 안재진 옮김(다우, 2010), 30~32쪽.

2. 일의 역사

(1) 고대 그리스에서의 일의 의미

① 일은 신의 저주에서 비롯된 것

기원 전 8~9세기 경 고대 그리스의 신화 〈일리아스〉, 〈오딧세이〉를 쓴 호메로스(Homeros)는 일이란 인간을 미워한 신이 앙심을 품고 인간을 고생시키는 것이라고 쓰고 있다. 헤시오도스는 〈신들의 계보〉, 〈노동의 나날〉에서 "신이 인간에게 노해서 그들의 음식을 땅 아래 파묻었다."라고 하면서 "시기와 경쟁이 사람들로 하여금 일을 하도록 만든다."고 말한다. "도공은 도공과 경쟁하며, 목수는 목수와 경쟁하고, 가수는 가수를 시기하여 일을 한다."

인간의 일은 과연 신의 저주에서 비롯된 것인가? 그리스 신화에서 일을 신의 저주로 그리고 있는 것은 아마도 그 당시의 시대적 배경이 반영된 것이라고 할 수 있을 것이다. 그 당시 어렵고 힘든 일과 노동을 도맡아 한 것은 정복 당한 종족이거나 포로가 된 사람들 또는 노예들이었기 때문일 것이다. 결국 고대 그리스에서 일은 노예들의 몫이었으며 그들의 일은 지배 계급 또는 부유한 시민 계급을 일에서 해방시켰다.

그 당시의 철학자 아리스토텔레스 또한 일은 노예들의 몫이라고 말하고 있다. 자유민이었던 시민 계급은 땅과 노예를 소유하고 있었으며, 일을 하는 대신 고요한 마음으로 자신의 마음을 비춰보는 관조(觀照)적 활동, 즉 여가에 대부분의 시간을 보냈다. 그는 일이 아니라 여가를 통해서 인간다운 삶의 실현이 가능하다고 보았다.

아리스토텔레스의 이러한 생각은 자유민과 노예로 지배와 피지배의 구분이 엄격했던 당시 그리스의 사회적 조건 속에서 나올 수 있는 생각이라고 말할 수 있다.[8] 그런데 아리스토텔레스는 일의 의미를 집 안에서 사용할 물건을 만드는 것과 상업적인 이득을 위한 것으로 구분하여 설명한다. 먼저 집 안에서 사용할 물건을 만드는 일은 '자연스러운 것'으로서 인간의 필요가 한정되어 있기 때문에 그러한 일 또한 유한한 것이다. 그는 그러한 가내에서의 생산을 oeconomia라고 부르는데 그것이 오늘날 경제(economy)라는 말의 기원이 된다. 그래서 경제란 원래 '집안을 검소하고 알뜰하게 다스린다'는 의미이며 유교적 의미에서 제가(齊家)[9]의 뜻으로 해석해 볼 수 있다.

둘째로, 상업적 이득을 위한 일은 금전적 이득을 얻기 위한 일로서 이자 놀이나 고리대금업 같은 '부자연스러운' 돈벌이 방법이 포함된다. 거기에서 사람들은 더 많은 돈을 벌기 위해 그런 부자연스러운 방법을 사용한다. 그것은 인간의 욕망을 위한 것으로서 그러한 욕망(want)은 필요(needs)와 달리 무한한 것이며, 그런 욕망을 위해 일하는 것은 자연스러운 것이 아니다. 그래서 아리스토텔레스는 "부를 얻는 데 마음을 빼앗긴 사람들은 모든 것을 부를 얻기 위한 수단으로만 사용한다. 그들은 어떤 것도 그 자체로서 즐기지 못한다."라고 말한다. 더 나아가서 돈을 벌거나 지키는 일에 평생을 바치는 사람들은 … 사는 것 자체에만 열중할 뿐, '잘 사는' 데에는 관심이 없는 사람들이라고 비판한다.

---

8) 철학연구회, 『여가에 대한 철학적 성찰』(2013년 추계학술대회), 25~28쪽.

9) 제가(齊家)는 사서오경 중 하나인 『대학』(大學)에 나오는 말이다. 수신(修身): 자신을 수양하는 것, 제가(齊家): 집안을 화목하게 이끄는 것, 치국(治國): 나라를 잘 다스리는 것, 평천하(平天下): 세상을 화평하게 하는 것.

② 육체노동에 대한 편견

고대 그리스에서 수공업 장인과 노동자들은 그들 공동체의 하인으로 여겨졌다. 그래서 그들은 자유민, 즉 시민 계급에 속하지 않았다. 그와 같이 조각가들도 노예 계급에 속했으며 시민 계급이 아니었다. 그것은 그들이 하는 일이 격렬한 육체노동이었기 때문이다. 그러나 그림을 그리는 화가의 일은 시민 계급의 일로, 노동이 아니라 학예로 여겼다. 그것은 육체적인 노력이 덜 필요로 하는 일, 깨끗하고 지적인 일로 생각했기 때문이다.

조각을 노예 예술로 보는 것은 이탈리아의 조각가인 미켈란젤로(di Lodovico Buonarroti Simoni Michelangelo, 1475~1564)나 이탈리아의 화가인 다빈치(Leonardo da Vinci, 1452~1519)가 활동했던 르네상스 시대까지 지속되었다. 그 당시 사람들은 그림을 학예와 노예 예술의 중간쯤 위치하는 것으로 생각하였으나 조각은 여전히 노예예술로 생각하였다. 대형 조각품들은 여러 명의 숙련된 석공들에 의해서 만들어졌으며, 팔의 육체적 작업을 주로 하였다는 점에서 그렇게 생각한 것으로 보인다.

이러한 생각들은 현대 사회에서도 여전히 존재한다고 볼 수 있다. 사람들은 공장이나 탄광에서 하는 일보다 사무실에서 하는 일을 더 좋아하고, 육체노동보다 의자에 앉아서 하는 일을 더 좋아한다. 그것은 학문분야에 있어서도 응용과학보다 순수과학을 더 좋아하는 경향이 있다.

이러한 일에 대한 편견은 어떤 근거에 의해서 생겨난 것일까? 그 바탕에는 아마도 다음과 같은 철학적 배경이 깔려 있다고 볼 수 있다. 고대 그리스인들은 물질세계 보다 정신세계가 더 우위에 있다고 보았다. 기원전 5세기의 철학자 헤라클레이토스(Heracleitos)는 “우리는 똑같은 강물 속에 두 번 들어갈 수 없다."고 지적한다. 물질로 존재하는 모든 것은 끝임 없이 생성, 소멸하고 변화한다는 뜻이다. 그래서 우리의 눈에 보이고 손에 잡히는 물질세계는 그 어떤 것도 안정되거나 고정된 것이 없다. 그런데 기원전 4세기의 그리스 철학자 플라톤(Platon)은 영원한 진리의 세계인 이데아(Idea)는 우리의 정신을 통해서만 드러난다고 말한다. 육체는 변화하는 현실 세계에 대해서만 알 수 있을 뿐이다. 그래서 육체를 통해서는 참되고 불변하는 진리의 세계를 알 수 없다.

이러한 사상들은 일을 하는 사람들에게 영향을 미치게 된다. 물질세계는 끊임없이 변화하고 영속성이 없기 때문에, 물질세계에서 하는 일은 참된 것이 아니다. 현실 세계에서 참된 것, 믿을 수 있는 것은 찾아보기 어렵다. 그러나 정신적인 일은 참된 것, 영원한 것을 추구한다. 종교적인 일, 철학과 같은 학문을 탐구하는 일 등은 참되고 영원한 진리를 추구하는 것이라고 보는 것이다.

이제 동양의 사상, 특히 부처의 사상에서 일은 어떤 의미를 갖는지 살펴보자. 부처도 고대 그리스 사상과 마찬가지로 물질세계가 정신세계보다 열등하다고 보았다. 그러나 물질세계를 경멸하지 않았다는 점에서 그리스 사상과 다른 점이 있다. 그는 인간의 삶은 고통스러운 것이며, 그런 고통의 원인은 물질적인 것과 육체적인 것에 대한 욕망과 집착에서 비롯된다고 보았다. 인간이 그러한 삶의 고통에서 벗어나는 길은 그러한 욕망을 끊는 것이며, 그 방법은 내적으로는 정신적 수양을, 사회적으로는 자비의 실천을 들고 있다. 그런데 부처의 사상에서 일을 한다는 것은 정신적 수양의 한 방법이다. 마당을 쓸고 채소를 가꾸며 땔감으로 쓸 나무를 하는 일들도 깨달음에 이르는 길이 된다. 또 다른 깨달음에 이르는 길로 팔정도(八正道)[10]

가 있다. 팔정도 중에서 정업(正業)은 다른 사람들에게 고통을 일으키는 일이나, 남을 속이는 일 등을 통해 생계를 꾸려가서는 안 된다는 것을 의미한다.

(2) 초기 그리스도교인들의 일의 의미

초기 교회의 예수 운동을 이해할 수 있는 성경인 사도행전에 의하면 바울로(St. Paul)은 육체노동을 하면서 자신의 힘으로 살아간 노동자였다.

> "그 뒤 바울로는 아테네를 떠나 고린토로 왔는데 거기에서 그는 본도 출신인 아퀼라라는 유다 사람을 만나게 되었다 …. 바울로가 그들을 찾아 갔는데 마침 직업이 같았기 때문에 그 집에서 함께 살면서 일을 하였다. 천막을 만드는 것이 그들의 직업이었다."(사도행전, 18:1-3)

바울로는 사례비를 받아서 생활하던 대다수의 순회 설교자들과는 달리, 육체노동자로 살아감으로써 자신의 그리스도 신앙과 삶이 일치되게 하였다. 그는 노동자로서의 정직한 삶을 살았다.

바울로는 정당한 보상을 받기 위해서는 그에 상응하는 일을 해야 한다고 주장한다. 또한 인간은 일을 함으로써 질서 있는 생활을 할 수 있다고 말한다. 일은 인간의 삶에 규칙을 부여하고 질서 있는 삶을 살게 한다. 그것은 일 하지 않는 삶은 불규칙적이고 무질서한 삶

---

10) 팔정도(八正道)는 불교에서 괴로움을 소멸하는 8가지 수행 방법을 말한다. 바른 견해(正見), 바른 사유(正思惟), 바른 말(正語), 바른 행위(正業), 바른 생활(正命), 바른 노력(正精進), 바른 마음 챙김(正念), 바른 선정(正定)이 그것이다.

을 의미한다고 할 수 있다.

> "우리가 여러분과 함께 있을 때에 "일하기 싫어하는 사람은 먹지도 말라."는 말을 여러분에게 종종 했습니다. 그런데 여러분 가운데는 게으른 생활을 하며 참견하는 사람이 있다는 말이 들립니다. 우리는 주 예수 그리스도의 이름으로 이런 사람들에게 명령하고 권고합니다. 말없이 일해서 제 힘으로 벌어먹도록 하십시오."(데살로니카 후서 3:10~12)

바울로의 삶이 주는 메시지는 일이란 소득의 정당성을 보장하기 위한 것이며, 사람들이 질서 있는 삶을 살기 위한 것이다.

알렉산드리아의 그리스도교 신학자인 클레멘스(본명: Titus Flavius Clemens, 150?~ 215?)는 육체노동이 수치스러운 것이라고 본 고대 철학자들을 비판하고, 일과 배움은 모두 중요한 것이라고 하였다. 일은 자선과 영적 수행을 위한 것으로서 존엄한 것이다. 그는 이러한 일을 '선행'이라고 불렀다.[11)]

위에서 살펴본 초기 그리스도교인들의 일 개념은 다음과 같이 세 가지로 요약해 볼 수 있다. 첫째, 일은 삶의 기본적인 욕구, 즉 생계를 유지하기 필요한 것이다. 둘째, 일을 하는 것은 다른 이들을 위한 것이다. 셋째, 일은 개인적인 이득이나 물질적인 이득을 얻기 위한 것이다. 그러나 이와 같이 물질적 이득만을 얻기 위한 일은 그 당시 교회에서 말하는 일곱 가지 죄를 낳을 수 있다.[12)]

---

11) 조안 B. 시울라, 앞의 책, 72쪽.

12) 그 당시 교회에서 말하는 일곱 가지 죄는 교만, 탐욕, 색욕, 분노, 질투, 탐식, 태만을 말한다. (앞의 책, 72쪽)

(3) 중세 그리스도교인들의 일의 의미

① 수도원 운동과 일의 영적 의미

서양의 역사에서 중세란 서로마 제국이 멸망한 476년부터 동로마 제국이 멸망한 1453년까지의 약 1,000년의 시기를 말한다. 서로마 제국이 게르만 민족의 대이동에 의해 멸망한 이후 유럽은 새로운 역사를 맞이하게 되었다. 이러한 서양 중세의 역사에서 일의 의미는 어떻게 변화되었을까? 그리고 그러한 변화의 중요한 역사적 계기는 무엇일까?

서로마 제국의 몰락 이후 일은 보다 긍정적인 의미를 갖게 된다. 그 중요한 계기가 된 것은 성 베네딕트 수도회의 설립에서 찾아 볼 수 있다. 성 베네딕도 수도회(Ordo Sancti Benedicti)는 로마 가톨릭 교회 소속의 수도회이다.

그 수도회는 529년에 이탈리아의 수도사 성 베네딕투스(480?~543?)가 몬테카시노 산 꼭대기에 수도원을 창건하였으며, 그가 수도원 생활의 규범으로 세운 계율(베네딕트 규칙서)을 따르는 남녀 수도사들의 연합체를 일컫는다. 이 수도회의 모토는 '평화'(pax)와 '기도하고 일하라'(ora et labora)였다. 이 수도원은 완전한 자급자족 경제 구조를 가지고 있었다. 농장과 포도밭에서 그리고 작업장에서 일을 하였다.

수도원 운영방식을 위해 마련한 규정집에는 수도사들이 언제 일을 하고 얼마나 많은 일을 해야 하며 언제 기도해야 하는지에 대한 지침이 적혀 있었다. 그들은 농사를 짓고 나무를 베고 방앗간을 짓고 음식으로 사용할 곡물을 생산해냈다. 그들의 일을 통해 습지는 농장이 되고 수도원이 되고 마을이 되고 도시가 되었다. 베네딕트회 수도사들은 농부이자 장인이자 기술자였다. 베네딕트 교단은 유럽 전역에 걸쳐 퍼져 나갔으며 중세의 마을과 도시를 발전시키는 데 핵심적인 역할을 했다.

베네딕트 수도회의 노동 윤리는 수공업과 농업에 그리스도교인의 영적 미덕을 부여하는 계기가 되었다. 수도사들은 신에게 지은 죄를 속죄하기 위해 힘들고 고통스러운 일을 감내해야 했다. 그들에게 일은 '눈에 보이는 기도'였다. 그들은 육체적인 일에 보다 긍정적이고 영적인 의미를 부여했다. 품질과 솜씨를 가치 있는 것으로 여기게 되었으며, 그러한 풍토는 12세기 유럽에서 나타난 장인 조합의 형성에 중요한 영향을 미치는 계기가 되었다.[13]

② 12~13세기 중세 후기 일의 의미 변화

가톨릭교회는 1215년 라테라노 공의회에서 '고해'를 의무화하게 되는데, 그것은 양심을 가진 개인을 전제한 것이었다. 사제들은 고해 규정서를 사용했는데 그것은 오늘날의 법전이나 판례집과 유사한 것이라고 생각할 수 있다. 그러한 고해 규정서는 다양한 직업의 도덕적 위험성을 판별하는 기준이 되기도 했다. 그 규정서에는 일과 관련하여 다음 세 가지 주제를 담고 있었다. 첫째, 모든 그리스도교인들은 그 사람의 직업과 관련해서 규정되었다. 둘째, 모든 노동은 돈을 받을만한 가치가 있다. 셋째, 노동에 근거하는 모든 직업은 정당화되었다.[14]

고해 규정서는 그 당시 사람들의 직업의식을 형성하는 데에도 중요한 역할을 했다. 직업은 사람들의 신분을 나타내는 근거가 되었고, 미덕과 악덕의 기준을 형성하는 기준이 되었다. 사제들은 여인숙 주

13) 조안 B. 사울라, 앞의 책, 74~75쪽.

14) 앞의 책, 76쪽.

인, 목욕탕 주인, 선술집 주인들이 성(性)과 관련된 일, 또는 성매매를 하는지 감시하였다.

상인들 중 부유한 사람들은 고해 규정서를 사서 그것을 사업의 지침으로 사용하였다. 거기에는 공정한 가격을 매기는 방법, 안식일에 시장에서 장사하는 법, 대금업(貸金業) 등의 일과 관련된 상세한 내용이 담겨 있었다.

장인 조합[15]이 등장하면서 일과 관련된 개인의 정체성은 더욱 뚜렷해지게 되었다. 중세 초기에 사람들은 메리, 윌리엄, 존과 같은 이름만 가지고 있었다. 그러한 이름들은 수호성인이나 마을 이름을 따라 지어진 것들이었다. 12세기에 이르러서 사람들은 그의 직업과 동일한 성을 사용하기 시작했다. 베이커(Baker, 빵 굽는 사람), 카펜터(Carpenter, 목수), 대처(Thatcher, 이엉장이), 스미스(Smith, 대장장이), 위버(Weaver, 베 짜는 사람), 골드스미스(Goldsmith, 금 세공인), 쿡(Cook, 요리사) 등 직업과 관련된 이름이 등장하기 시작했다.

(4) 르네상스 시대의 일의 의미

14~16세기 르네상스 시대에 이르러 인간은 중세의 신 중심 세계관에서 벗어나기 시작했다. 인간은 신의 간섭을 떠나 스스로 자연의 형태를 바꾸는 창조자의 역할을 하게 되었다. 그들은 두 손을 훈련

---

15) 길드(Guild). 중세 도시에서 조직되었던 상공업자의 동업 조합 단체. 상인 조합과 수공업자 조합의 두 종류가 있었으며, 중세 도시의 형성, 자치권 획득 운동, 도시 경제의 발달 등에 큰 역할을 담당했다. 11세기 이후 비로소 상공업자로서의 길드의 모습이 명료해진다. 12세기 전반부터 수공업자의 동업 조합이 파생되고, 도시의 정치적 · 경제적 실권을 잡게 된다. 장인 조합은 수공업 조합을 말한다.

시켜 아름답고 가치 있는 것들을 만들어 낼 수 있다고 생각했으며, 그것은 곧 호모 파베르의 등장을 의미한다. 그들은 구두쇠처럼 돈에 집착하지 않는다면 부자가 되어도 상관없다고 생각했다. 그래서 그들은 게으름과 방종을 비난하고 일을 찬양하였다.

이제 그들은 육체와 정신의 훈련뿐만 아니라 손의 훈련(장인 정신)도 중요하게 생각하였다. 다빈치의 위대한 미술 작품들도 장인들의 공방에서 일부는 스케치 작업을 하고, 일부는 밑그림에 색칠 작업을 함으로써 탄생한 것이다.

14세기 이후 유럽에서는 무역이 발달하였다. 그래서 시장은 흥미롭고 이국적인 상품들로 가득 채워졌다. 이탈리아의 피렌체에는 신흥 부자들이 많이 살았는데 그들은 아름답고 값비싼 물건들을 좋아했고, 그러한 물건의 제작자들을 좋아했다. 이러한 물질적 과시는 사람들에게 일하려는 동기로 작용했다. 사람들은 살 수 있는 값비싼 물건들이 많아질수록 더 열심히 일을 하게 되었다. 이 시기에 사람들은 유행을 알게 되었다. 다른 사람이 입은 아름다운 옷을 유행에 따라 입는 풍속이 등장했다.

이탈리아의 철학자 캄파넬라(Thomas Campanella, 1568~1639)가 1602년에 쓴 『태양의 도시』는 노동의 조직화와 분배에 대한 이상향을 그린 작품이다. 모든 사람들은 평등하고 자신의 적성에 맞는 직업을 가지고 있다. 그곳에 사는 사람들은 누구나 '일하는 것'을 좋아하고 고귀한 사람들은 한 가지 이상의 직업을 가지고 있는 사람들이다. 이제 일이 인간을 결정하는 것이 아니라 인간이 자신에게 맞는 일을 결정하는 시대가 되었다.

캄파넬라는 노동의 가치를 긍정적으로 인식하고 무위도식하는 귀족층에 대한 혹독한 비판을 아끼지 않기도 한다. "일반 직공인을 상놈이라 천대하고 자기는 아무것도 배우지도 않고 빈들거리며, 많은 하인을 무익한 데만 부려먹음으로써 국가적 손실을 갖다 주는 소위 우리들 사회의 귀족이라 불리는 족속들은 그들에게 비웃음의 대상이 되는 것이다."[16]

(5) 종교 개혁기의 일의 의미

종교 개혁기[17]는 십자군 전쟁(11~13세기) 이후 중세의 봉건 사회가 점차 무너지기 시작했으며, 상업의 발달로 농업 경제가 상업 경제로 옮겨지는 과정에서 사회의 구조에 변화가 생겨났다. 국가주의의 등장으로 스페인과 프랑스에서는 교회가 국가의 지배 아래 들어오게 되면서 교황권은 몰락하게 되고 교회의 개혁을 가속화하게 되었다. 16~18세기 유럽은 사회적으로나 산업적 측면에서 그러한 변화를 겪으면서 점차 일의 중요성이 증대되기 시작했다. 그래서 사회는 더 많은 노동자를 필요로 하게 되었고, 노동자들의 가치는 더욱 높아지게 되었다. 그 결과 노동자의 자살을 금지하는 법이 확산되었다.

이러한 사회적 변화는 일에 대한 도덕적, 영적 의미의 변화를 가져오는 계기가 된다. 거지가 동정의 대상에서 귀찮은 식객으로, 천국의 문을 통과하는 첫 번째 사람에서 마지막 사람으로 전락하게 된다. 그것은 예수가 말한바 "부자가 천국에 들어가는 것은 낙타가 바

16) http://blog.aladin.co.kr/anaudeh

17) 종교 개혁(宗敎改革, Protestant Reformation)은 1517년 독일의 루터가 당시 로마 가톨릭 교회의 부패와 타락을 비판하는 내용의 95개조 반박문을 발표하여 시작된 사건으로, 부패한 가톨릭 교회를 성경의 권위와 하나님의 은혜를 강조함으로써 새롭게 변혁시키고자 했던 신학 운동이다.

늘구멍으로 들어가는 것과 같다."라고 하는 말과 대조를 이룬다.

이제 일하지 않는 게으른 사람은 비난의 대상이 되었다. 독일의 종교 개혁가인 루터(Martin Luther, 1483~1546)는 거리에서 마주치는 게으른 거지와 부랑자들을 꾸짖었다. 그들은 더 이상 동정의 대상이 아니었다. 루터는 가난한 자는 사회경제적 상황으로 인해서 발생한 것이 아니라 개인의 도덕적 결함으로 인해 생긴다고 보았다. "사람들이 가난하고 집이 없는 이유는 그들이 일하려 하지 않기 때문이다"라고 말했다.[18)]

프랑스의 종교 개혁가인 칼뱅(Jean Calvin, 1509~1564)은 일을 신의 은총이자, 구원의 수단이라고 정의한다. 부의 축적은 신에게 선택받은 사람이라는 징표이며, 가난과 게으름은 선택 받지 못한 사람이라는 징표이다. 부의 축적은 신의 선택을 확인하기 위한 것으로서 부의 축적이 종교적으로 인정되는 계기가 되었다. 이제 일은 더 이상 신의 저주가 아니라 신의 축복이며, 가난이 미덕이 아니라 부가 미덕이 되는 결과를 낳았다. 이제 일은 고통이 아니라 행복한 삶의 조건이 되었다.

이와 같이 일과 부의 축적에 대한 인식의 변화를 가져온 종교 개혁은 결과적으로 프로테스탄트 노동 윤리를 형성하게 된다. 종교 개혁가들은 모든 종류의 일과 모든 노동자들을 존중하라고 가르쳤으며, 육체노동과 정신노동, 더러운 일과 깨끗한 일, 자유로운 일과 노예의 일 등의 구분은 중요치 않다고 가르쳤다. 루터는 "의자를 만드는 목수, 구두를 만드는 제화공, 소젖을 짜는 하녀, 이들은 모두 일상의 누추한 일에서 신이 부여한 진정한 소명을 발견한다."라고 말함으로써 농사를 짓는 농부와 사람의 병을 치료하는 의사는 모두 동

18) 조안 B. 사울라, 앞의 책, 85쪽.

일한 영적 목적을 갖는다고 주장한다.

루터와 칼뱅은 모든 일을 Beruf, 즉 소명(신의 부르심)으로 정의한다. 수도사의 생활과 마찬가지로 농부나 수공업 장인의 생활 또한 신의 부름을 받은 것이며 신성한 것이다. 그러므로 모든 인간은 신의 소명을 온전히 이루어 완전함을 추구해야 한다. 또한 모든 일이 소명이라는 생각은 자신의 일이 아무리 고통스럽고 불쾌하며 보수가 적더라도 누구나 자신의 일에서 삶의 의미를 찾을 수 있다는 것을 의미한다. 이제 일은 신성한 것이며 영적 차원의 의미를 부여 받게 되었다. 그리고 여기에서 천직(天職, Vocation)의 개념이 등장하게 되었다. 즉, 나의 직업은 신이 부여한 사명인 것이다.[19)]

루터와 칼뱅의 노동 윤리는 중산층의 수공업 장인들과 농부들, 그리고 소상공인들과 전문가들에게 큰 의미를 던져 주었다. 그것은 모든 일이 신성한 것이며 평등한 것이기 때문이다.

(6) 근대 노동 윤리의 형성

① 막스 베버의 사상 이해

독일의 철학자이자 사회학자인 베버(Max Weber, 1864~1920)는 그의 저서 『프로테스탄티즘의 윤리와 자본주의 정신』에서 종교 개혁 이후의 가톨릭교도와 개신교도의 노동 특성을 비교 연구하였다. 종교 개혁 당시의 16세기는 아직 산업 혁명기는 아니었지만, 유럽 국가들의 식민지 정복과, 약탈 등으로 선박과 무기 산업 등이 발달하였다. 그래서 종래의 수공업과 다른 새로운 방식의 대공업(大工業)이 등장하였다. 수공업은 주로 집안의 공방에서 이루어지는데 반해, 대

---

19) 조안 B. 사울라, 앞의 책, 88쪽.

공업은 무기나 배를 만드는 것으로서 큰 공장에서 이루어졌다.

그런데 막스 베버의 연구에 의하면, 가톨릭교도들은 전통적 수공업 방식을 고수하는 수공업 장인(Meister)이 되는 경우가 많았다. 그에 반해 개신교도들은 대공업 공장에 들어가 숙련 노동자가 되는 경우가 많았다. 즉, 새로운 방식의 대공업에 종사하는 사람이 많았다.

그러한 상황에 대해 독일의 경제학자 및 사회학자인 좀바르트(Werner Sombart, 1863~1941)는 다음과 같이 말하였다.

> "가톨릭교도는 …보다 정적이고 영리 충동이 적기 때문에, 위험하고 자극적이지만 경우에 따라서는 명예와 부를 가져다주는 삶보다는 비록 보다 적은 수입일지라도 가능한 한 안전한 생애를 택한다. … 프로테스탄트는 기꺼이 잘 먹기를 원하는 반면, 가톨릭교도는 편히 자기를 원한다."[20)]

다시 말해서 가톨릭교도들은 사회 변화에 소극적으로 대응하는 반면 개신교도들은 적극적으로 대응한다는 뜻으로 생각할 수 있다. 개신교도들은 새로운 대공업에 적극적으로 참여하여 많은 재산을 축적하는 사람들이 있었다.

여기서 우리는 개신교도들의 금욕, 검소, 근면 등을 강조하는 신앙생활과 자본주의적 영리 생활(부의 축적)의 새로운 관계 정립이 필요하게 된다. 한 예를 들면, 개신교의 신앙을 대표하는 사람이 상인계층에서 많이 배출되었다는 사실이다. 또한 목사 가정에서 뛰어난 자본주의적 기업가가 자주 태어난다. 이런 사례들은 숙련된 자본주

---

20) 막스 베버 지음 『프로테스탄티즘의 윤리와 자본주의 정신』, 김덕영 옮김(길, 2010), 53쪽.

의적 사업 감각과 강렬한 형태의 신앙이 동일한 개인 또는 집단에 동시에 존재한다는 것을 말해 준다.[21]

그렇다면 이것을 우리는 어떻게 설명할 수 있는가? 그런데 문제는 비현세적이고 금욕적인 태도로 신앙에 열중하는 것과 자본주의적 영리 생활의 관계는 대립적이기는커녕 오히려 친화 관계(親和關係)에 있다는 것이다.[22]

그리스도교의 종교 사상이 지니는 고유한 특징을 살펴봄으로써 이 문제에 대한 해결의 실마리를 발견할 수 있다. 그것은 프로테스탄티즘의 금욕적 종교 사상과 경제적 영리추구 원칙 사이에 존재하는 관계를 이해하는 데 도움이 될 것이다. 이 문제는 영국의 청교도파 목사인 백스터(Richard Baxter, 1615~1691)가 주장한 아래의 사상에 근거하여 설명할 수 있다.

우선 칼뱅은 성직자가 부를 소유하는 일이 그의 종교 활동을 전혀 방해하지 않으며 오히려 바람직하다고 보았다. 또한 칼뱅은 분쟁을 초래하지 않는다는 조건 아래 성직자들이 재산을 투자하는 일을 인정했다. 그러나 여기에는 매우 엄격한 금욕이 전제된다. 우선 소유 위에 안주하는 일이 없도록 해야 한다. 그리고 성결한 생활을 위해 더욱 노력해야 한다. 성도의 영원한 평안은 현세가 아니라 내세에 주어지는 것이다. 지상에 사는 사람들은 열심히 일함으로써 자신이 신의 은총의 상태에 있는지를 확인할 수 있다.[23]

노동은 신이 정하신바 모든 인간의 삶의 목적이다. "일하지 않는

---

21) 우리는 이런 경우를, 즉 신앙에 철저한 돈 많은 자본가들을 현대 사회에서도 종종 볼 수 있다.

22) 막스 베버, 앞의 책, 54~55쪽.

23) 막스 베버, 앞의 책, 335~338쪽.

자는 먹지도 말라."라는 사도 바울의 명제는 가난한 자나 부유한 자 모두에게 적용되는 것이다. 그래서 아무리 부유한 사람이라도 일하지 않는다면 먹지 말아야 한다. 신의 섭리는 모든 사람에게 차별 없이 천직으로서의 직업을 부여한다. 신이 원하시는 것은 이와 같은 합리적 직업 노동이다.

② 자본주의 정신이란 무엇인가?

베버는 근대 자본주의 정신의 특징을 미국 건국 시기의 정치인인 프랭클린(Benjamin Franklin, 1706~1790)의 다음과 같은 가르침에서 찾는다.[24)]

1) 시간은 곧 돈이라는 사실을 기억하라.
2) 신용은 곧 돈이라는 사실을 기억하라.
3) 돈은 번식하여 자식을 낳는다는 사실을 기억하라.
4) 돈을 잘 갚는 사람은 모든 돈주머니의 주인이다.
5) 자기 손 안에 있는 모든 것을 자신의 재산이라고 생각하면서 생활하는 사람도 있다. 이렇게 살아가지 않도록 주의하라.

미국을 싫어했던 독일의 작가 퀴른베르거(Ferdinand Kürnberger, 1821~1879)는 프랭클린의 설교는 단순한 처세훈에 불과하다고 말하였다. "소에게서 기름을 짜내고 사람에게서 돈을 짜내라."라는 말로 프랭클린의 처세 철학을 비판했다. 그러나 베버는 프랭클린에 대해

---

24) 벤저민 프랭클린(Benjamin Franklin, 1706~1790)은 미국 "건국의 아버지"(Founding Fathers) 중 한 명이자 미국의 초대 정치인 중 한 명이다. 그는 특별한 공식적 지위에 오르지는 않았지만, 프랑스군(軍)과의 동맹에 있어 중요한 역할을 해, 미국 독립에 중추적인 역할을 했다.

다음과 같이 평가한다. 그의 설교 내용은 단순한 처세술이 아니라 하나의 윤리이자 에토스(ethos, 인격)다. 신용이 있는 사람이 훌륭한 사람이라는 이상을 제시하고 있으며, 자본증대를 삶의 목적으로 삼는 것은 개인의 의무임을 가르치고 있다.

프랭클린의 자본주의 정신은 윤리적 색채를 띤 생활 원칙이다. 자본주의 윤리의 최고선은 모든 향락을 엄격히 배제하면서(금욕) 꾸준히 돈을 벌고자 하는 노력이다. 그러므로 프랭클린의 자본주의 정신은 쾌락주의적 관점과는 전혀 상관이 없다. 그것이 금욕적 자본주의이자 합리적 자본주의이다. 베버는 프랭클린의 예를 들면서 "정당한 이윤을 '천직'으로서 조직적 · 합리적으로 추구하는 것을 나는 근대 자본주의 정신이라고 부른다."라고 말한다. 그의 말은 근대의 합리적 자본주의를 잘 설명하고 있다.

③ 프랭클린의 성공 윤리

프랭클린은 미국 역사상 자수성가의 가장 대표적인 인물로 불리는 사람이다. 그는 발명가로서 그리고 과학자로서 많은 업적을 남겼으며, 미국의 정치적 국부로서 추앙받고 있는 사람이다.

그러나 그의 아버지는 양초와 비누를 만들어 팔았으며, 그는 10살 때부터 아버지를 돕기 위해 학교를 그만 두었다. 그는 1723년 인쇄공으로 일하기 위해 필라델피아로 떠난다. 결국 그는 1723년 『필라델피아 공보지』라는 신문사를 인수한다. 그 신문사는 1730년 이후 널리 알려져 유명해지게 되는데, 그것은 그의 상식과 철학, 그리고 문필력이 큰 호소력을 갖고 있었기 때문이다. 그리고 그것은 그가 외국어와 철학, 과학을 끊임없이 연구함으로써 자신의 지식을 꾸준히 늘려갔기 때문이다.

프랭클린은 『젊은 상인에게 주는 조언』이라는 책에서 부를 획득할 때 지켜야 하는 기본원리에 대해 말하고 있다. 그는 거기서 "명심하라, 시간은 돈이다. 명심하라, 신용이 돈이다. 명심하라, 돈은 돈을 낳을 수 있다. 그 자식들은 더 많은 자손들을 보게 될 것이다."라고 쓰고 있다.

또한 그의 유명한 저서 『가난한 리처드의 책력』에서 그는 "당신이 부자가 되고자 한다면, 돈을 모으는 것만큼, 절약에 대해서도 신경을 써라. 그리고 돈을 빌린 사람은 잊기 쉬워도 돈을 빌려준 사람은 결코 잊지 않는다는 것을 명심하라. 가난하면 힘이 빠지고 부덕해지는 경우가 많다. 빈 자루가 설 수는 없는 것이다."라고 쓰고 있다. 그는 부자가 되기 위해 필요한 것은 근검절약하는 것이라는 것을 설파하고 있다.

프랭클린은 1730년 무렵, 도덕적 완성에 이르기 위한 방안을 마련한다. 그리고 좋은 습관을 익히고 나쁜 습관을 버리기로 다짐한다. 그는 다음과 같은 13개의 덕행 목록을 작성해서 자신의 마음에 새기고 차례로 몸에 익히기로 하였다. 그 13개의 덕목은 아래와 같다.

· 절제: 취기가 오를 때까지 술을 마시지 마라.
· 침묵: 사소한 논쟁을 피하라.
· 질서: 모든 물건을 제자리에 두어라.
· 결심: 결심한 일은 실수 없이 해라.
· 절약: 쓸데없이 낭비하지 마라.
· 근면: 시간을 허비하지 마라.
· 성실: 거짓말 절대 하지 마라.
· 정의: 남을 해치는 일을 하지 마라.

· 중용: 극단을 피하라.
· 청결: 몸, 의복, 주거를 깨끗이 하라.
· 평온: 사소한 일로 골머리를 썩이지 마라.
· 순결: 성생활을 자제하고, 탈진, 쇠약을 경계하라.
· 겸손: 예수와 소크라테스를 본받아라.

■ 미국의 초봉 높은 전공

미국에서는 컴퓨터 공학 졸업자의 초봉이 가장 높다고 한다. 미국 경제 전문지인 포브스의 인터넷판은 2013년 1월 24일 미국 대학·고용주협회(NACE)의 연구 결과를 인용해서 각 전공의 초봉을 발표했는데, 컴퓨터 공학 전공자들이 평균 7만400달러(약 7천515만원)으로 가장 높은 연봉을 받는 것으로 조사되었다. (〈연합뉴스〉 2013년 1월 25일자 참고) 그 외 주요 전공의 연봉은 다음과 같다.

· 화학공학 6만6천400달러
· 전산학 또는 컴퓨터학 6만4천400달러
· 우주공학 6천4천달러
· 기계공학 6만2천900달러
· 전자통신공학 6만2천300달러
· 토목공학 5만7천600달러
· 금융재정 전공 5만7천300달러
· 건설사업관리 전공 5만6천600달러
· 정보처리 전공 5만6천100달러

3. 장인 정신

(1) 장인 정신의 의미와 역사

① 장인의 의미와 그 기원

장인(匠人)이란 일정한 직업에 전념하거나 한 가지 기술을 전공하여 그 일에 정통한 사람을 말한다. 그러한 장인들을 우리말에서는 '장이', '쟁이', '전문가', '달인'이라고 부른다. 칼이나 농기구를 만드는 '대장장이'나 도자기를 만드는 '토기장이'가 그 좋은 예라 할 수 있다. 그러한 장인들의 철학은 자기 분야에 철저한 책임감과 전문성을 가지고 최고의 경지에 이르고자 하는 정신(spirit)이며 그것을 '장인 정신'이라 부른다.

그러한 장인 정신의 역사는 서양 중세 금 세공인들에게서 비롯되었다고 할 수 있다. 중세 서양에는 길드(guild)라는 수공업 장인들의 동업 조합이자 자치 단체가 있었다. 그러한 길드가 존속할 수 있었던 것은 대대로 직접 전수되는 지식이 큰 역할을 하였다. 도시 길드는 자율적인 작업장들의 연합체였으며 각 작업장의 소유주, 즉 장인(마스터, Master)이 모든 결정권을 가지고 하급 장인들(저니맨, 도제, 삯일꾼)의 승급 조건을 결정했다.

저니맨(journeyman)은 장인과 도제(apprentice) 사이 단계에 있는 사람으로서, 이리저리 떠돌아다니면서 일감을 받아 일하는 단계에 있는 수공업자를 일컫는다. 도제는 장인이 되길 원해 장인으로부터 훈련을 받고 있는 사람을 말한다. 도제가 되고자 하는 사람은 장인과 수업 계약을 맺고 수업료를 지불했다. 장인의 집에 기거하면서 일을 배우면서 기술 습득을 했다. 그래서 자연스럽게 장인의 가정의 일도 돌보게 되었다. 따라서 도제는 장인으로부터 일상의 옷과 음식은 물론 약간의 용돈도 받고 기술 지도도 받으면서 생활 지도를 받았다.

② 장인의 암묵적 지식

르네상스 시대의 장인 정신을 대표하는 것은 스트라디바리의 작업장이라고 말할 수 있다. 그런데 스트라디바리[25]의 악기 제작의 비밀은 그의 죽음과 함께 영원히 묻혀 버렸다. 작업장에서의 일은 말로 표현되지 않고 체계화되지 않는 **암묵적 지식**[26] 속에 흡수되어 버렸다. 마스터의 개성과 독창성이 좌우하는 작업장에서는 암묵적 지식이 거의 전부였다. 그에게는 두 아들이 있었는데, 그들 중 누구에게도 악기 명인이 되는 방법을 가르치지 못했다.

계몽주의 시대의 장인 정신으로는 프랑스의 계몽주의 철학자인 디드로(Denis Diderot, 1713~1784)의 『백과전서』를 들 수 있다. 디드로는 오늘날의 직무 분석과 같은 작업을 진행했다. 그는 작업장을 일일이 방문해서 질문을 던졌고, 그들이 말하는 대로 받아 적었으며, 그들의 생각을 좇아가며 정의하는 작업을 했고, 각 직종 특유의 용어들을 명확히 하려고 노력했다. 그런데 장인들의 실기 작업은 인간

---

25) 스트라디바리우스는 18세기에 이탈리아의 바이올린 마스터 안토니오 스트라디바리(1644~1737)와 그 일가가 만든 바이올린을 뜻한다. 현재 전 세계적으로 6~700여 대가 남아 있다고 하는데, 보존 상태가 좋은 스트라디바리우스 바이올린은 몇 십 억 원이 넘는 고가에 팔리기도 한다. 2006년 크리스티 경매에서는 스트라디바리우스 한 대가 354만 달러에 거래되었다. (출처: 과학향기, 글: 이식 박사(한국과학기술정보연구원 책임연구원)

26) **암묵적 지식**(tacit knowledge)은 문자나 언어로는 다른 사람에게 전달되기 어려운 지식을 말한다. 반면에 **명시적 지식**(explicit knowledge)이란 말로 표현할 수 있고 성문화할 수 있고 특정 매체에 수록할 수 있는 지식이다. 그것은 즉시 다른 사람에게 전달될 수 있다. 백과사전에 수록된 정보는 명시적 지식의 좋은 예이다. 가장 일반적인 형태의 명시적 지식은 매뉴얼, 문서, 요리 레시피 등이 있다.

이 말로 표현할 수 있는 능력을 넘어서는 기능과 지식의 영역이었다. 즉, 장인들의 실기 작업에서 중요한 역할을 하는 것은 암묵적 지식이었다. 그래서 『백과전서』의 삽화들은 작업자들이 말로 표현할 수 없는 부분을 해결해주는 수단이었다.

③ 현대에도 장인 정신이 필요한가?

이제 현대 사회에서의 장인 정신을 살펴보고자 한다. 컴퓨터로 작업을 많이 하는 현대 사회에서도 장인 정신은 필요할까? 알파고와 같은 인공 지능이 인간이 하는 일을 대신하는 오늘날에도 장인 정신은 필요한가?

우선 현대의 기능 경제의 특징은 손의 작업과 머리의 생각이 분리되어 있다는 것이다. 그래서 기계를 오용하는 일이 많이 있을 수 있다. 그와 같이 기계를 오용하는 사례로 CAD(Computer-aided drafting) 작업을 들 수 있다. CAD는 작업이 빠르고 정확하며 설계 도면을 원하는 대로 회전할 수 있다. 원한다면 화면을 통해 가상 체험도 가능하다. 하지만 건축 설계에서는 컴퓨터로는 할 수 없는 부분이 존재한다. 본래 건축 설계란 도면을 그리는 일과 실제 건축 사이를 계속 오가는 일종의 순환 과정이다. 그 과정에서 건물을 만드는 재료의 물성(materiality)은 CAD로 대응하기가 더 어렵다. 그 과정에는 반복과 연습의 절차가 필요하다. 그러한 반복과 연습의 절차가 바로 장인이 일하는 방식이며, 그것은 생각과 행동을 동시에 하는 것이다. CAD 작업은 이러한 끊임없는 변형의 과정을 중단시킨다. 그래서 컴퓨터화되고 자동화된 현대 사회에서도 장인 정신은 더욱 빛난다고 말할 수 있다.

현대 사회에서도 18대에 걸쳐 세계에서 최고 품질의 칼을 만드는

가문이 있는가 하면, 자손대대로 100년이 넘도록 최고의 맛을 이어가는 음식점이 있다. 이러한 것들은 바로 장인 정신이 없이는 설명할 수 없는 사례들이라 할 수 있다.

(2) 장인 제도

산업이 발전하면서 세계 여러 나라들은 장인 정신을 고양시키고 있다. 그것은 장인 정신이 산업 발전의 근간이며 국가 발전의 근본이 되기 때문이다. 그래서 선진국들은 장인 제도를 만들어 장인들을 선발하고 지원함으로써 산업 발전에 이바지하고 있다. 여기서는 그 대표적인 예로 우리나라의 명장 제도와 독일의 마이스터 제도, 그리고 일본의 명공(名工) 제도가 어떻게 운영되고 있는지 알아보고자 한다.

① 한국의 명장 제도

우리나라의 명장 제도는 크게 품질 명장 제도와 기능 명장 제도의 두 가지가 있다. 첫째, 품질 명장 제도는 현장 근로자들의 귀감이 되는 모범 근로자를 국가에서 『품질 명장』으로 지정하여 격려하기 위한 것이다. 그것의 법적 근거는 정부에서 1991년에 마련된 제도인 '품질경영 및 공산품안전관리법 시행령'에 있다.

품질 명장의 자격 요건은 1) 산업 현장 동일 기업의 생산 현장에서 대기업의 경우 10년 이상(중소기업 5년 이상) 근속하고 품질 경영 혁신 분임조 활동 경력이 5년 이상인 현장 근로자 및 현장 지도 사원이어야 한다. 2) 신청 기한일 기준 만 35세 이상인 자이어야 한다.

둘째, 기능 명장 제도는 장인 정신이 투철하고, 그 분야의 최고 수준의 기능을 보유하고 있는 명장과 기능인을 우대하고 기능 장려에 모범이 되는 사업체를 기능 장려 우수 사업체로 선정한다. 그 법적 근거는 '기능장려법 제8조(명장 등의 선정) 및 제8조의2(기능 장려 우수 사업체의 선정)'에 있으며 매년 35명 이내로 선발한다.

기능 명장의 자격 요건은 장인 정신이 투철하며 당해 분야 최고 수준의 기능을 가지고 산업 현장 동일 분야 직종에서 20년 이상 종사하여 기술 발전에 크게 공헌한 자이다. 그 구체적인 내용을 살펴보면 다음과 같다.

- 기능 수준 및 품성이 다른 기능인의 귀감이 되는 자.
- 공정 · 품질개선 실적 및 사회 기여도 등이 남보다 뛰어난 자.
- 명장선정 직종 및 관련 직무에 해당하는 국가기술자격법에 의한 기능장.
- 산업 기사, 기능사 · 보 자격 취득자, 기능 경기 대회 입상자, 기능 전승자(단, 접수 개시일 현재 만 50세 이상인 자는 자격 취득 등의 유무에 관계없이 신청 가능).

기능 명장이 되기 위한 절차는 다음과 같다.

각 분야별 기능 명장 선정 현황은 다음 표와 같다.

표 9 분야별 기능 명장 선정 현황 (1996~2007)

(합계 436명)

분 야	인 원	분 포
기계	138	31.6%
금속	43	9.8%
화공 및 세라믹	18	4.1%
전기	19	4.3%
전자	9	2.1%
통신	4	0.9%
조선	14	3.2%
항공	4	0.9%
건축	8	1.8%
섬유	40	9.2%
농림 및 해양	9	2.1%
안전관리	4	0.9%
산업응용	5	1.1%
공예	91	20.8%
서비스	20	4.6%

표 10 1996년~2016년 기능 명장 수여 현황

구분	1996~2007년	2008년	2009년	2010년	2011년	2012년	2013년	2014년	2015년	2016년	합계
남	413	13	11	21	22	23	23	17	17	0	560
여	23	1	1	0	2	4	0	0	1	0	32
합계	436	14	12	21	24	27	23	17	18	0	592

② 독일의 마이스터 제도

첫째, 마이스터(Meister)의 개념은 다음과 같이 정의된다.

㉠ 독일 수공업에서 가장 높은 수공업 자격을 가진 사람

ⓛ 이론적 지식과 수공업의 실질적 능력과 경영자적 능력 및 교육 능력을 가진 사람

ⓒ 수공업 기업을 직접 운영하며 자신의 기업 내에서 실습생을 교육할 수 있는 사람

둘째, 마이스터는 수공업 마이스터와 산업 마이스터로 분류된다.

㉠ 수공업 마이스터는 중세의 귀족, 상인, 농민, 수공업자의 4대 사회계층 중 한 수공업자에 해당한다. 그들은 수공업 조합인 길드를 조직하고, 도제 훈련을 통하여 기술을 전수하였다. 수공업 마이스터의 자격 부여는 지역에서 수공업 협회가 운영하는 시험에 합격한 '장인'(Geselle)이 마이스터 교육을 받고 시험에 합격하면 부여한다. 마이스터 학교의 운영 주체는 수공업 회의소 및 동업 조합이다.

ⓛ 산업 마이스터는 1950년 도입했다. 1978년 독일 연방 정부 차원에서 통일적인 산업 마이스터 자격을 인정하였다. 산업 마이스터의 양성 목적은 다음과 같다.

· 작업 공정의 계획, 관리 및 감독
· 신규 제품 개발 및 기존 제품의 발전
· 시장 전략 개발
· 고객 요구에 대한 이해 증진
· 근로자 의욕을 고취시키는 경영 스타일 개발

특히 대기업에서 직제상 마이스터로의 승진 과정에서 이 자격의 취득을 중시함으로써 희망자가 증대하고 있다. 이 자격의 시험 운영

주체는 독일상공회의소이다.

셋째, 마이스터가 되는 과정은 다음과 같다.

㉠ 어린 시절부터 마이스터 밑에서 견습공으로 일하면서 기술을 익힘.
㉡ 준 마이스터 3년 반, 마이스터 3년의 엄격한 수련 과정
㉢ 중학교 3년 졸업 후, 기술 기업에서 3년간 훈련
㉣ 일주일에 하루는 이론 수업, 나머지 4일은 마이스터로부터 실습 훈련
㉤ 3년 간 훈련 후 시험에 통과하면 공인기술자 자격 게젤레(Geselle) 수여
㉥ 그 후 2년 이상 기술 연마, 그 후 다시 2년 과정의 마이스터 과정에 들어감.
㉦ 마이스터 과정에서 최종 기술 작품을 인정 받으면 비로소 독일 정부로부터 '마이스터' 칭호 부여

넷째, 마이스터의 우대와 권한은 다음과 같다.

㉠ 마이스터 시험에 합격한 자는 법령에 따라 해당 직종에서 경영자로 일할 수 있는 권한 부여
㉡ 숙련을 필요로 하는 직종에서 법적으로 창업과 사업 운영의 필수 요건
㉢ 산업체 훈련 과정에서 도제를 교육시킬 수 있는 권한 부여
㉣ 각 분야의 마이스터들은 일주일의 나흘을 학생들과 생활하면서 기술 전수, 생활 및 진로 상담

③ 일본의 명공 제도

㉠ 일본 장인 정신의 기원

- 15~16세기 일본에서는 상공업자, 운수업자, 예능인 등이 결성한 특권적인 동업자 단체가 있었다.
- 막부 시대 조정이나 귀족, 신사 등에 편의와 이익을 제공하고 판매 독점권, 과세 면제 등 특권 보장
- 각 지방의 권력자인 다이묘들은 상인과 장인에 대해 각별히 대우
- 에도 시대 후반기 상인계급은 무사 계급(사무라이)과 동등한 반열에 오름
- 공업화를 동반한 근대화 과정에서 동업자 단체는 더 높은 사회적 평가를 받음
- 기술 존중의 사회적 풍토 형성

㉡ 일본의 기능 장려 정책

- 일본은 자격증 시스템을 통해서 기능 인력을 양성하고 기능 장려
- 기능인들이 회사에서 승진하는 데 사무직과 괴리가 크지 않다.
- 기능인들을 위한 창업 보육 센터를 갖춤
- 기능인 제도: 명공, 고도 숙련 기술자, 고도 숙련 기능자 제도

㉢ 명공 제도의 취지와 선발 방법

- 기능존중의 풍토 조성
- 기능자의 지위 및 기능 수준 향상
- 청소년들이 적성에 따라 기능자가 되도록 장려

㉣ 명공의 자격 요건

· 기능의 정도가 탁월하여 해당 기능에 대해 제일인자라고 할 수 있는 자
· 해당 직업에 관련되어 15년 이상 경험을 가진 35세 이상인 자
· 기능을 통해 근로자의 복지 증진, 산업 발전에 기여한 자
· 다른 기능자의 모범이라고 인정할 수 있는 자

㉤ 명공의 선발 방법

· 전국적인 규모의 사업을 실시하는 사업주단체와 해당 표창을 받은 자가 추천한 자로부터 추천을 받은 후
· 자격 요건의 모든 요건을 만족하는 사람 중에서 후생노동대신이 기능자 표창 심사위원의 의견을 들어 결정

㉥ 명공의 현황

· 1967년 제 1회 명공을 선발 표창한 이래 2005년 제 39회 표창에 이르기까지 총 4,388명에게 자격 수여

㉦ 명공 우대와 지원 사항

· 명공 패 및 휘장 수여
· 포상금 10만 엔 수여
· 명공심사위원으로 위촉
· 창업 보육 센터에서 창업 지원

4. 일과 여가

(1) 일과 여가의 관계

① 마리엔탈의 사례

1930년대 오스트리아의 작은 산업도시 마리엔탈은 도시 전체가 실업 상태에 빠졌다. 불경기 이전에는 일뿐만 아니라 여가 활동에도 활발히 참여했다. 그런데 불황이 닥치자 공장이 문을 닫아 모든 사람들은 실직 상태에 빠졌다. 그들은 일과 외부 세계로부터 차단당했고, 자신들의 시간을 사용하려는 물질적, 도덕적 동기를 잃었다. 그들은 이제 아무런 압력도 받지 않고 있다. 새로운 것을 전혀 시도하지 않으며, 점차 무질서하고 공허한 존재로 변화한다. 마리엔탈의 시민들은 일뿐만 아니라, 여가를 즐길 수 있는 능력 또한 잃었다. 결국 실직자들이 여가를 갖지 못하는 이유는 그들이 일을 갖고 있지 않기 때문이다. 그들에게는 '구속된' 시간이 없기 때문에 '자유로운' 시간 또한 없었던 것이다.

② 스파르타의 사례

전쟁이 벌어지는 동안 번성했던 스파르타는 평화가 찾아오자 몰락하고 만다. 평화가 찾아오자 규율과 절제의 결여, 혼돈이 찾아온다. 그것은 스파르타인들 이 전쟁에서 맞섰던 어떤 적보다도 나쁜 것이었다.

이러한 스파르타의 사례에 대해 철학자 아리스토텔레스는 다음과 같이 말한다. "그것은 스파르타의 통치 방식이 여가를 즐기는 삶을 장려하지 않았기 때문이다. … 인간은 물질적 필요, 책임에서 벗어나면 여가를 통해 스스로를 계발하는 자유를 누릴 수 있어야 한다."

인간과 동물을 구별 짓는 것은 여가를 위한 교육을 통해 스스로 유익한 학습 활동에 참여하는 것이다. 평화롭고 자유로운 사회에서 살아가는 데 필요한 교양과 학예의 연마가 필요하다. 읽기, 쓰기, 미술, 신체 훈련, 음악 등과 같은 공부를 해야 한다. 교양은 일하는 방법이 아닌 여가를 사용하는 방법을 배우는 것이다. 여가는 일에 대한 욕구와 필요성에서 자유로운 상태이다. 따라서 일할 자유를 갖지 못한 사람은 여가를 누릴 자유 또한 없다.

(2) 여가의 의미

① 여가의 어원적 의미

여가의 영어 표현인 '레저(leisure)'는 라틴어 리케레(licere)에서 나왔다. 그 말은 '허락되다', '자유로워지다'라는 의미를 갖는다. 즉, 속박과 억압으로부터의 탈피를 의미한다. 그것은 일이나 노동에서 독립된 자유로운 시간, 일이나 노동의 반대편에 있는 여유로움, 한가로움을 뜻한다. 그래서 일이나 노동에 지친 사람들은 여가를 강렬하게 희망한다.

그리스어에서는 여가를 'schole'라고 쓴다. 그것은 라틴어와 비슷하지만 좀 다른 의미를 갖는다. 우선 그것은 자유 시간, 마음의 자유, 즐거움 그 자체, 자기완성 등의 의미로 쓰인다. 그런데 그 말은 schola로 쓰이다가 school의 어원이 된다. 그래서 그리스에서는 여가가 요즘의 학문, 학교를 의미한다. 그런 의미에서 볼 때 본래 학문이란 일이나 노동으로부터 구분된 자유로운 활동을 의미한다. 여가로서의 학문이나 공부는 기본적으로 자유로운 시간이 주어져야 하고 외적인 압박이나 요구사항이 없어야 하는 것이다.

② 아리스토텔레스의 여가의 의미

아리스토텔레스는 여가에 대해 다음과 같이 말한다.

> "노동과 여가는 둘 다 필요하지만, 여가가 노동보다 더 바람직하다. 그리고 여가는 노동의 목표이므로 여가가 날 때 무엇을 해야 하는지 검토해 보지 않으면 안 된다. …. 여가는 즐거움과 행복과 복된 삶 자체에 내포되어 있는 것으로 생각된다. 이것은 노동하는 자가 아니라 여가를 즐기는 자에게 주어진다."27)

또한, 아리스토텔레스는 여가에 대해 다음과 같은 말도 남겼다. "전쟁의 목적이 평화에 있는 것처럼 일의 목적은 여가에 있다….우리는 여가를 갖기 위해 여가 없이 바쁘게 움직인다." 그렇다면 우리가 일을 열심히 해야 하는 이유는 여가를 갖기 위해서라고 말할 수 있다.

(3) 동양의 여가의 의미

동양에서 여가의 개념은 餘(남다, 넉넉하다)의 의미와 暇(겨를, 틈, 느긋하게 지내다)의 의미가 합쳐진 것이다. 그것은 한가하게 보낼 수 있는 시간, 여유롭고 느긋하게 지내는 일이라는 의미다. 즉 그것은 일을 하거나 어떤 책무를 수행하는 일과 대비되는 개념이다. 장자(莊子)의 소요유(逍遙遊) 편에 나오는 유(遊)는 여가의 의미를 잘

---

27) 아리스토텔레스 『니코마코스 윤리학』, 강상진 외 옮김(길, 2011), 429쪽.

말해준다.

> "구분된 것이 아무것도 없는 동네에서 여가를 보낸다(遊無何有之鄕)" - 『장자』, 응제왕(應帝王)
> "천지의 통일적 기운 속에서 여가를 보낸다(遊乎天地之一氣)" - 『장자』, 대종사(大宗師)

장자는 이상적 인간상을 지인(至人)이라고 불렀는데, 그는 그 지인에 대해 다음과 같이 말한다.

> "옛날의 지인은 인(仁)을 일시적인 것으로 빌려 쓰고, 의(義)를 일시적인 주막 삼아 들었을 뿐, 유유히 소요할 수 있는 텅 빈 곳에서 여가를 보내며 … 유유히 소요하며 어떤 작위도 하지 않소."

여기서 지인은 유유히 여유 있게 여가를 즐기며 억지로 어떤 일을 하지 않는 사람이다. 그런 지인이야말로 최고의 인격성을 지닌 사람으로서 천인합일(天人合一)의 상태에 이른 사람이다. 즉 그는 하늘의 경지에 도달한 사람이다. 그래서 그는 사람이나 상황을 있는 그대로 받아들일 줄 아는 사람이다. 즉 자신의 좁은 시각으로 세상을 보지 않는다는 뜻이다.

그래서 지인은 인위적이고 부분적인 체계에 갇히지 않는다. 그는 사회적 제도, 사물 등과 같은 제한적인 인식에서 벗어나 "세상을 있는 그대로 받아들인다." 그것은 좁은 시각으로 세상을 보지 않는다는 뜻이다. 마음속에 빈 공간, 즉 여유가 있다는 것을 의미한다. 그래서 자기 뜻대로 세상이 돌아가지 않는다고 불평할 필요도 없다.

세상을 있는 그대로 받아들이고 세상과 함께 살아가는 지혜로운 사람이다. 그러기 위해서는 마음에 여유가 있어야 하고 여가를 즐길 줄 알아야 한다.

그는 사물의 사실적인 움직임을 그대로 따르고, 거기에 자신의 개인적인 기준을 적용하지 않는다(順物自然而無容私焉, 『장자』, 응제왕). 그에게는 드러나는 세상을 그대로 받아들일 줄 아는 텅 빈 마음을 지녔다.

여가는 지배적인 (고정) 관념에서 벗어나게 하는 힘이 있다. 그래서 세상 사람들이 보지 못하는 것을 볼 수 있다. 세상 사람들은 고정 관념을 가지고 사물이나 사람을 보지만 여가를 갖는 사람은 그러한 고정 관념에서 벗어나는 힘이 있다. 다음 『장자』의 소유요 편에 나오는 이야기를 살펴보자.

> "혜자가 장자에게 말했다. '위나라 왕이 큰 박씨를 주기에 그것을 심었더니 자라나 다섯 섬이나 들어갈 정도의 열매가 열렸소. 물을 담자니 무거워 들 수가 없고, 둘로 쪼개서 바가지로 쓰자니 납작하고 얕아서 아무것도 담을 수가 없었소. 확실히 크기는 컸지만 아무 쓸모가 없어서 부숴버리고 말았지요.…..
>
> 장자가 말했다. 지금 당신에게 다섯 섬이나 드는 박이 있다면 어째서 그 속을 파내 큰 술통 모양의 배를 만들어 강이나 호수에 띄워 타고 즐기려 하지 않고, 납작하여 아무것도 담을 수 없다는 걱정만 하시오. 역시 선생은 좁다란 쑥대 대롱만한 마음을 가지셨군요."(『장자』, 소유요)[28]

---

28) 철학연구회, 『'여가'에 관한 철학적 성찰』(2013년 추계학술대회), 36쪽에서 재인용.

위의 사례에서 혜자의 생각은 기존의 지식과 이론이 지배하고 있다. 그런데 장자의 생각은 여가(놀이)의 태도를 취하고 있다. 즉, 물을 떠먹는 '박'의 정해진 역할을 벗어나서 물 위에 띄워 놓고 노니는 새로운 역할을 부여하고 있다. 이와 같이 여가(놀이)의 활동은 인간으로 하여금 기존의 체계에서 벗어나 아직 정해지지 않은 어떤 것으로 나아가게 한다. 그러한 관점에서 보면 이 세상에 쓸모없는 것은 아무 것도 없을 것이다.

예를 들어 사람들은 곧게 뻗은 소나무를 집을 짓는 재목으로 생각한다. 그래서 굽어진 소나무는 쓸모없는 것이 된다. 그러한 그것은 세상의 고정 관념으로 소나무를 보는 것이다. 그것은 앞에서 본 혜자의 입장에서 본 것이다. 그러나 그런 고정 관념에서 벗어나 굽은 소나무를 보면 어디엔가 쓸모가 있다. 굽어 있는 것을 그대로 활용하면 집을 지을 때 대들보로도 쓸 수 있게 된다. 그래서 세상에는 어떤 것도 쓸 모 없는 것이 없다.

(4) 여가 교육

① 여가 교육의 필요성

여가 교육은 왜 필요한가? 그것은 한마디로 여가 문화가 방탕하거나 타락하지 않도록 하기 위해 필요하다. 아리스토텔레스는 다음과 같이 말했다.

> "전쟁은 자동적으로 절제와 정의를 강제하지만 넉넉한 재산과 평화로운 여가는 사람들을 오만하게 만든다. 그러므로 보다 많은 정의와 절제가… 세상 사람들이 행복이라고 여기는 모든 것을 누리는 자들에게는 더욱 필요하다."[29]

여가 교육이 없이 주어진 여가는 오히려 사람을 망칠 수 있다. 그래서 아리스토텔레스는 여가 교육의 필요성을 주장했다. 그리고 여가 교육의 대상은 시민이며 따라서 그것은 곧 시민 교육이다. 그래서 여가 교육은 다수의 올바른 시민을 양성하기 위한 것이었다.

② 여가 교육의 내용

고대 그리스에서 여가 교육은 다음의 4가지 교육 과목을 통해 이루어졌다. 읽기와 쓰기, 체육, 음악, 그리기가 그것이다. 읽기와 쓰기, 그리기는 일상생활에 쓸모가 있어 가르쳤으며, 체육은 용기를 길러주기 위한 것이었다. 결국, 위의 4가지 교과목은 오늘날의 교양 교육에 해당한다.

이러한 교육은 돈벌이나, 가정 경영, 정치적 활동 등을 위한 유용성 때문에만 가르친 것은 아니다. 읽기와 쓰기는 많은 다른 배움들이 그것들을 통해서 가능하기 때문에, 그림 그리기는 아름다움을 관조하게 만들기 때문에, 그리고 음악은 카타르시스와 휴식과 긴장의 완화를 위해 가르쳐야 한다.

생각할 문제

1. 일이란 무엇인지 그 사전적 의미를 찾아보자.
2. 일은 왜 고통스러운 것인지에 대해 생각해보자.
3. 일을 왜 하는지, 그리고 무엇을 위해 일을 해야 하는지 생각해보자.
4. 육체노동에 대한 편견은 어디에서 비롯되었는지 생각해보자.

---

29) 아리스토텔레스, 『정치학』, 1334a II.

5. 중세 수도원 운동이 일의 의미를 어떻게 변화시켰는지 생각해보자.
6. 종교 개혁은 일의 의미를 어떻게 변화시켰는지 생각해보자.
7. 근대 노동 윤리와 자본주의 정신이 어떻게 형성되었는지 생각해보자.
8. 장인 정신의 의미와 각국의 장인 제도를 생각해보자.
9. 일과 여가는 어떤 관계이며 여가의 의미에 대해 생각해보자.

Ⅳ. 현대 사회의 직업윤리

Ⅳ. 현대 사회의 직업윤리

◆ **학습 목표**

1. 현대 사회의 특성을 이해한다.
2. 직업윤리의 정의와 기본 원리를 이해한다.
3. 직업윤리의 특성을 이해하고 특히 막스 베버의 자본주의론을 안다.
4. 동아시아의 전통적인 직업윤리를 안다.
5. 현대 사회의 직업윤리를 안다.
6. 엔지니어 윤리와 구체적인 사례를 안다.
7. 기업 윤리를 안다.
8. 부패에 대해 이해하고 청렴을 실천할 수 있는 조건을 안다.

1. 현대 사회에 대한 이해

(1) 현대의 시대적 기원

'근대' 혹은 '현대'라고 번역되는 'modern'이라는 용어는 유럽에서 중세 시대가 끝난 이후 나타났다고 한다. 즉 르네상스와 근세 초의 사람들이 종교 시대 때의 사람들과 자신들이 사는 시대를 구분하는 기준으로 '새로운 시대'라는 의미로 이 말의 사용을 시작했다는 것이다. 그래서 현대를 지칭하는 영어 〈모던 타임스(modern times)〉와 프랑스어 '탕 모데르느(temps modernes)'는 1800년경을 중심으로 이전의 3세기를 포함한다.30) 이러한 등장 배경으로 미루어 보아 이 용어는 점차로 종교로부터 벗어나는 '세속적', 혹은 마술이나 미신으로부터 멀어진다는 의미에서 '합리적', 그리고 합리적 사고와 행동의 결과로 등장하게 되는 '과학적'이라는 의미를 함축한다. 그래서 '모더니티(modernity)'라는 표현은 모던(modern)의 다양한 의미를 집약해서 그 총체적 성격을 담고 있다.

탈전통화, 즉 전통으로부터 벗어나게 되는 시대정신으로서의 모더니티의 등장은 단적으로 유기론적 세계관으로부터 기계론적 세계관을 구축하는 모습으로 드러나게 된다. (유기론적 세계관과 기계론적 세계관의 비교는 다음 절을 보라.) 이러한 모습은 과학과 기술이 무지와 몽매를 깨우쳐 준다는 의미에서 '계몽'이라는 이름으로, 또한 시대사조의 맥락에서 합리적인 지식의 지속적인 증대 운동을 통해 인간과 사회를 변하게 한다는 의미에서 '계몽주의'라고 명명하게 된다. 이 시기 안에서는 종교 개혁과, 과학 혁명이라고까지 말할 수 있는 여러 가지 발명과, 남·북 아메리카 대륙과 남태평양의 여러 제도 등의 지리적 발견, 그리고 중세적 계급 사회의 해체와 더불어 시민 사회의 출현과 근대 국가의 수립 등의 여러 사건들이 일어났다. 모던이라는 용어가 담고 있는 시대적 기원은 한 마디로 그 당시의 인간들의 의식 측면에서 바라보았을 때 그 전에는 전혀 보지 못

30) 위르겐 하버마스, 『현대성의 철학적 담론』, 이진우 옮김(문예출판사, 1996), 23쪽 참조. R. Koselleck, *Vergangene Zukunft*(Suhkamp: Frankfurt am Main, 1979), 참조.

했던 크기로 점차 '확대되는 세계'[31]를 경험하게 되는 인류사의 기점이라고 정의할 수 있을 것이다.

(2) 현대의 역사적 전개

서구에서 모더니티 성격이 함축된 현대가 구체적으로 출현한 것은 대략 1800년에서부터 1850년 사이의 시대라고 본다. 그 시간과 공간은 그전의 세계와는 확연히 대별되는 '새로운 의식'이 창출된 시대라고 연구가들은 정의한다.[32] 이러한 변모의 밑바탕에는 영국에서 시작된 '산업 혁명'의 여파가 전 유럽에 걸쳐 진행되었다는 사실에 놓여 있다.

산업 혁명은 단지 기술의 변화만을 가져 온 것이 아니라 산업 조직의 양적·질적 변화를 가져 왔으며, 더 나아가 인간 삶의 구조를 완전히 바꾸어 버리는 계기가 되었다. 대략 1760년에서부터 1820년 사이 노동의 방식은 가정으로부터 공장으로 옮아가게 되었으며, 마침내 모든 사람들은 자기 자신의 가정 내에 일거리를 가져오는 것이 아니라 공장에 와서 일을 하는 것이 노동의 표준이 되었다[33]는 것을 당연하게 받아들이게 되었다. '획득적 지위'였던 직업이 점점 '귀속적 지위'로 변했으며, 증기 에너지는 석탄을 캐고 철강을 생산하고 섬유를 짜고 또한 잡다한 일상 용품을 대량으로 생산하게 되었다.

---

31) 브로노프스키·매즐리슈, 『서양의 지적 전통』, 차하순 옮김(홍성사, 1980), 25~199쪽 참조.

32) M. Theunissen, *Selbstverwirklichung und Allgemeinheit: Zur Kritik der gegenwärtigen Bewuβtsein*(Berlin/New York: de Gruyter, 1981), p. 1~15 참조.

33) 브로노프스키·매즐리슈, 앞의 책, 385~386쪽 참조.

산업 혁명에 의한 기술 발전으로 점차로 왕과 영주로부터 종교적·경제적·정치적 자유를 획득한 농노들은 부르주아(시민) 계층을 형성하게 되었으며, 그 발전에 상응하는 사회적 지위를 누리게 되었다. 시민 계층의 이러한 지위 향상의 이념은 미국의 독립 선언과 프랑스 혁명의 구호—자유와 평등 그리고 박애—로부터 출발하는데, 그 이념을 구체화하는 원동력은 '세속화된 기술 천국의 이상'이었다. 서구의 전통 사회가 지니고 있었던 천국과 영원한 구원이라는 신학적 사고의 패턴은 마침내 '기술-유토피아적 비전'[34]이라는 패러다임으로 변화하게 되었던 것이다.

이러한 기술의 실천은 현실에서 당연히 노동 환경 안에서 기계에 대한 인간의 적응 여부가 가장 중요한 덕목으로 드러나면서, 효율성이라는 가치는 노동 세계가 지향해야 하는 궁극적 목표로 등장하게 되었다. 효율적으로 노동한다면 작업을 수행하는 과정에서 노동의 시간을 단축시키면서 더 많은 돈과 자유 시간을 얻을 수 있다는 주장은 이제 단순한 구호를 넘어 노동자들의 규범으로까지 고착되었던 것이다. 시장은 이제 점점 더 사회 전반에 걸쳐 있는 경제적 연관을 기획할 뿐만 아니라 조정하면서 기계를 활용한 효율을 최고의 가치로 여기게 만드는 신기술의 세계, 즉 '엔지니어링 유토피아'라는 '세속 신학'[35]을 만들게 되었다.

이른바 '기계적 사고의 틀'은 미국을 중심으로 한 서구인들을 교회를 중심으로 한 공동체적 삶으로부터 시장을 중심으로 한 삶의 형태로 바꾸어 놓았다. 즉 일이라는 행위가 새로운 노동 형식이라는 기준에 정확히 일치되는 형태로 변화되었던 것이다. 그러한 결과로 19

34) 제레미 리프킨, 『노동의 종말』, 이영호 옮김(민음사, 1998), 69쪽 이하 참조.

35) 같은 책, 72~78쪽 참조.

세기를 넘어서 20세기 초 효율성에 대한 예찬은 그 열풍을 넘어 소소한 일상적 생활까지 침투하면서 '효율의 도그마'로까지 드러나게 되었다. 이러한 실례들은 미국 사회의 일상적인 풍속에서 가장 두드러지게 나타났다.[36] 1912년 미국의 한 잡지는 "꼬리를 물고 나타나는 집 안 일을 위치에서 위치로, 일에서 일로 신속히 끝낼 수는 없을까?"라는 물음을 던지면서, "수 년 동안, 설거지 거리를 분류해 닦아 옆에다 놓는 동작들을 세지 않더라도 씻기에서만 80가지의 잘못된 동작을 하고 있다는 것을 알지 못했다."라고 짐짓 주부들을 비난하면서 주방 시설의 "배열이 잘못된 주방에서 걷게 됨으로써 시간을 낭비하지 않습니까?"라고 반문한다. 가사의 비효율성은 돈으로 환산될 수 있는 귀중한 시간을 낭비하는 것이며, 국가 및 가정을 포함한 사회 모든 영역은 효율 이념과 밀착된 관계를 유지해야 함을 교훈으로 삼아야 한다는 점이 강조되었던 것이다. 그 당시의 세태에서는 또한 이른바 엔지니어 만능을 꿈꾸면서 "침대 제조업자를 '수면 엔지니어'로, 미용사는 '외모 엔지니어'로, 쓰레기 청소부는 자신들을 '위생 엔지니어'로 부르는 일" 등이 결코 이상한 일이 아니었던 것이다.

그 이후 현대화(modernization)의 전개 현상은 1945년 2차 세계대전이 끝난 시점으로부터 이른바 전자화 시대의 도래에서 확인할 수 있다. 전자화되고 자동화를 통해 진행되는 현대화는 지속적으로 진일보하는 컴퓨터의 존재로 상징될 수 있다.

과학 저널리스트인 켈리(Kevin Kelly)는 이렇게 '테크놀로지화'한 현대 세계를 전통적인 테크놀로지 개념으로 포괄하여 파악하기는 부족하다고 진단하면서 과학·기술과 더불어 정신문화까지를 포함하는 '테크늄(technium)'이라는 용어를 창안한다. "우리 주변에서 요동치는

36) 같은 책, 79~83쪽 참조.

더 크고 세계적이며 대규모로 상호 연결된 기술계(system of technology)를 가리키는 단어"[37]가 필요하다는 이유에서다. 그런데 현시점의 현대화는 맹목적인 발전보다는 "기술이 우리에게 개인적으로 가져다주는 것은 자신이 누구인지 그리고 우리가 어떤 존재가 될지라는 더 중요한 사항을 발견할 가능성"[38]을 더 진지하게 탐구해야 한다고 켈리는 조언한다. 왜냐하면 나날이 진화하는 소프트웨어와 더불어 인간의 계산 능력을 훨씬 더 뛰어 넘게 수행할 뿐만 아니라, 더 나아가 인간의 사고 전체를 대체할 수 있는 인공 지능의 등장은 경제의 효율적 생산의 문제를 넘어서 인간 존립 자체의 위기를 언급할 수밖에 없는 현대화의 시점에 이르렀기 때문이다.

이러한 의미에서 현대를 사는 모든 사람들에게 던지는 과제는 단지 과거를 극복해서 현대를 완벽하게 구축하는 것이 아니라 도래할 '현대의 미래'를 진단하고 그 전망을 예측해야 한다는 사실을 인식하는 일이다.

(3) 현대의 미래적 전망

20세기가 시작된 1900년부터 21세기가 시작된 2000년 사이의 꼭 절반의 시점에서 현대(modern), 현대화(modernization), 현대성(modernity), 현대주의(modernism) 전체에 대한 반성적 관심이 사람들에게 일어나기 시작했다. 즉 "지금까지의 현대적 전개가 과연 어떤 의미가 있는 것일까", 혹은 "현대화의 과정은 꼭 이러한 방향으로만 가야만 하는 것일까?"라는 물음이 촉발되고 격렬한 토론으로 내

37) 케빈 켈리, 『기술의 충격』, 이한음 옮김(민음사, 2011), 21쪽.

38) 같은 책, 423쪽.

달리게 된 시점은 1950년대 말부터 시작해서 1980년대 후반에 그 절정을 이루었다. 이른바 '포스트모더니즘(postmodernism)'[39]에 대한 논쟁은 1950년대 말에서 1960년대 초반에 현대화에 관한 관심에서 비롯되었고, 그 이후 포스트모더니즘이라는 표현은 정치, 경제, 문화, 교육, 예술 등 사회의 전방위에 걸쳐 적용되고 논의될 수 있는 담론을 형성했다.

인류 역사 안에 존립했던 수많은 왕조, 국가, 혹은 사회는 미래에 대한 유토피아적 이미지를 창조했고 또한 창조하고 있다. 현재의 시점에서 짧게는 산업 혁명 이후 200여년, 길게 본다면 르네상스 이후 약 500년 동안에 진행된 현대화의 끝에서 바라보는 오늘의 현대가 그리는 미래의 모습은 과연 어떤 것일까? 물론 이러한 물음은 지구상의 모든 지역에 똑 같이 적용되어 제기될 수는 없다. 서구에서 일어난 현대의 문제는 비서구적 전 지역에 걸쳐 있는 현대의 문제가 결코 될 수 없다는 말이다. 다시 말해 현대화의 과정이 각 지역에서 다르게 전개되었고, 그 내용 자체도 역사와 문화에 따라 천차만별이기 때문이다. 현대화의 과정은 강도의 차이 혹은 시차의 차이는 있지만, 그럼에도 불구하고 지구상의 모든 나라들은 공업화에 기초한 산업의 확산이라는 '서양적 모형'을 추종하고, 더 나아가 '서양적 모델'에 의존하는 것이 너무나 상식처럼 되었음을 우리는 부인하기 어렵다.

미국의 미래학자인 토플러(Alvin Toffler)는 『제3의 물결』에서 원

---

39) 포스트모더니즘 용어는 문맥에 따라 여러 가지 의미를 지니고 있다. 말 그대로 '현대 이후'나 '후기 현대', 혹은 현대에 대한 비판을 담는다는 의미에서 '반(反)현대', 혹은 '초(超)현대', 또는 현대를 극복 혹은 초극한다는 의미에서 '탈(脫)현대' 등으로 번역 가능하다. 송두율, 『역사는 끝났는가』(당대, 1995), 46~69쪽 참조.

시로부터 농업을 위주로 한 세기들을 '제1의 물결', 18세기 중엽부터 시작된 산업 혁명을 기점으로 20세기까지를 '제2의 물결'로 규정하면서 도래하게 될 삶의 양식을 '제3의 물결'로 예측하고 있다.[40] 물론 토플러의 주장 모두가 그 예측처럼 변하고 있지는 않지만, 산업 사회 형태의 제2 물결이 생성한 부정성이 극복되어야 제3의 물결이 순탄하게 진행될 수 있다는 점으로 미루어 볼 때 그의 진단에 귀를 기울여 볼 만하다. 1980년대 토플러의 미래적 조망은 21세기 현재에 이르러서 본다면 제3의 물결은 이미 시작되었다고 볼 수 있다. 하이테크를 통한 산업화의 변모 형태로 미루어 볼 때 그것은 산업 혁명 이후 가장 큰 변화 양상을 보이고 있기 때문이다. 이러한 현대화의 지형 변화가 오기 전까지의 과정을 토플러를 통해 살펴보기로 하자.

무엇보다 먼저 농경을 위주로 한 제1 물결로부터 제2 물결로의 변화는 노동의 방법이나 규모가 양적으로나 질적으로나 매우 거대해졌다는 점을 지적할 수 있다. 특히 노동이 순수한 인력과 가축으로부터 얻었던 에너지원의 사용이 제2 물결에서는 석탄, 석유, 가스 따위의 화석 원료로 바뀌었다는 점에서 큰 변화의 모습을 살펴 볼 수 있다. 그런데 그 변화는 소나 말처럼 새끼를 쳐서 재생되는 것과는 다르게 땅에서 캐거나 퍼 올려 사용하고 나면 그 재생이 전혀 불가능하다는 점에 심각한 문제가 들어 있다. 토플러는 제2 물결의 단계에 이르러 "유사 이래 처음으로 단순하게 자연이 만들어 내는 이자만으로 인간 문명이 살아가는 것이 아니라 자연이 축적해 둔 자본을 잠식하기 시작한 것이다."[41]라고 평한다. 이러한 불편한 진실은 제2 물결 안에서 꼭 지켜야 할 고유한 규범을 만들 수밖에 없었다. 토플

40) 앨빈 토플러, 『제3의 물결』, 원창엽 옮김(홍신문화사, 2008).

41) 같은 책, 45쪽.

러는 생산과 소비 그리고 교환, 더 나아가 노동을 기초로 한 삶의 양식 안에 들어 있는 '은폐된 코드'가 겉으로 드러난 것을 다음과 같이 6가지의 규범으로 제시한다.

- 규격화(standardization)
- 분업화(specialization)
- 동시화(synchronization)
- 집중화(concentration)
- 극대화(maximization)
- 중앙 집권화(concentralization)

그러나 이 규범들은 현재 진행형으로 도래하고 있는 제3의 물결의 진입을 위해 우리가 극복해야 할 부정성으로 드러나기도 한다. 그래서 우리는 현재 아직 현대 끝자락에 서 있지만 이러한 제2 물결의 규범 안에서 결코 자유로울 수 없다. 노동 실천과 노동 윤리를 포함한 모든 인간의 삶 역시 이렇게 암암리에 은폐된 코드의 영향권 안에 있음을 부인하기는 어렵다. 토플러는 새로운 기술, 새로운 생활양식, 새로운 가치관들이 서로 충돌하면서 잠정적인 혼돈이 예상되지만, 문제는 제3의 물결로의 진입에 상당한 난관이 있음을 지적한다. 그러한 우려는 물론 나의 문제가 아니라 지구상 모든 곳에 사는 우리들의 문제이지만, 중요한 사실은 후기 현대가 만들어 가고 있는 자연 지배의 강화가 좀처럼 자연과의 화해의 방향으로 개선되어 가고 있지 않다는 점이다. 또한 구소련과 동유럽의 사회주의 계획 경제가 붕괴된 이후 자본주의적 시장 경제의 상황은 냉전 시대에 살던 때보다 그리 희망적인 전망을 지니지 못하고 있다. 더 나아가 현재의 상황은 "군비 경쟁의 악순환, 핵무기의 통제 불가능한 확산, 개발도상국들의 구조적 빈곤, 선진국에서의 실업과 증가하는 사회 불평등, 재앙을 불러 올 것처럼 작동하는 거대 기술 공학 등은 공포의 파노라마처럼 매스컴을 통해 거창한 표어들"[42]이 사람들의 의식에 파고들면서 디스토피아에 대한 암울한 예측을 양산하고 있다.

독일의 철학자 하버마스(Jürgen Habermas)는 이러한 정황을 현대화의 과정에서 그 한계를 노정하는 "새로운 불투명성"이라고 규정한다.[43] 즉 후기 현대를 사는 사람들은 확실히 제3의 물결에 진입할 수 있는 새로운 '관심', '감수성', '감각'을 선취하고는 있지만, 자본주의의 경제 공간인 시장의 구조—탐욕을 제어할 수 없는 비합리성—때문에 여전히 제2의 물결에 머무는 답보 상태를 유지할 수밖에 없다고 하바마스는 진단한다. 또한 그는 맹목적으로 추진되고 있는 현재 진행형의 현대화가 '경제와 국가'를 한 묶음으로, 또한 '과학과 기술'을 또 다른 한 묶음으로 하는 굳건한 동맹 체제를 구축시키면서 그 어떤 사회적 영역의 영향력도 침투할 수 없는 힘으로 현대 사회 전체가 나갈 방향을 임의적으로 설정하고 그 방향으로만 기능적으로 작용한다는 점을 비판한다.[44]

다음 장에서는 현대 사회의 이러한 부정적 성격을 세 가지의 측면으로 나누고 그 구체적 내용을 규명해 보기로 한다.

42) 위르겐 하버마스, 『새로운 불투명성』, 이진우 · 박미애 옮김(문예출판사, 1995), 164쪽.

43) 같은 책, 159~185쪽 참조.

44) 하버마스, 『현대성의 철학적 담론』, 21쪽.

2. 현대 사회의 부정적 성격

(1) 기계론적 세계관의 팽배

모던 시대 이전의 사회에 살았던 사람들은 대체로 **유기론적 관점**으로 세계를 파악하고 있었을 것이다. 그 시대의 사람들은 산과 바위 그리고 모래와 같은 무기물 자체에도 생명을 지니고 있거나 또는 생명과 연관을 지니고 있다고 생각했을 것이다. 그러나 현대적 관점에서 보면 그런 종류의 생각은 단지 그 시대 사람들의 상상력에 불과하다고 판단한다. 현대의 여러 과학들은 간단히 그러한 현상들을 애니미즘(animism), 페티시즘(fetishism, 물신 숭배), 물활론(hylozoism) 또는 샤머니즘(shamanism)으로 치부한다.

이러한 과학적 판단이 일반적 상식으로 변하게 된 것은 중세 이후 근세 초에 계몽주의가 도래한 이후일 것이다. 상상력은 대체로 감정의 소산으로 간주되고 비생산적인 공상과 동일시되었다. 특히 베이컨의 경험론을 기점으로, 홉스의 자연주의, 그리고 로크의 경험론적 인식론은 상상력을 판단력의 하위 개념에 놓인 능력으로 간주했다. 특히 홉스의 『리바이어던』에서는 "상상이란 '쇠퇴하는 감각(decaying sense)'일 뿐이다"[45]라는 점을 전제한다. 그는 "스콜라 학파는 무거운 물체가 낙하하는 것은 휴식의 욕구 때문"이라는 주장을 "한 마디로 터무니없는 주장"[46]이며, 불필요한 상상력의 소산이라고 반박한다. 홉스는 이러한 발상은 상상의 실체를 허깨비 혹은 환각(fancy)으로 보았던 고대 그리스인보다 오히려 열등한 것이며, "미신을 조

45) 토마스 홉스, 『리바이어던 1』, 진석용 옮김(나남, 2008), 32~33쪽.

46) 같은 책, 31~32쪽.

장"[47]하는 것으로 빠진다고 역설한다. 더 나아가 홉스는 꿈을 "잠자는 동안에 생기는 상상"이라고 못 박으면서 이것 역시 "다른 상상과 마찬가지로, 전체적으로 또는 부분적으로 감각 속에 이미 존재했던 것"[48]이라고 잘라 말한다. 홉스에서 확실히 드러나는 점은 상상력이 수사적인 기능에만 간여하는 것이고, 사고의 논리적인 기능과는 관련이 거의 없는 것으로 생각했다는 사실이다. 바로 이러한 관점이 **기계론적 세계관**이다. 이러한 세계관은 인간은 원초적으로 자연에 대한 두려움이 있었는데 그것을 극복하기 위한 수단은 오직 과학과 기술의 개발이라는 생각이 밑바탕에 깔려 있었다.

독일의 철학자들인 호르크하이머(Max Horkheimer)와 아도르노(Theodor W. Adorno)가 공저한 『계몽의 변증법』은 이러한 의미를 계몽 개념에 적용시켜서, "계몽은 예로부터 인간에게서 공포를 몰아내고 인간을 주인으로 세운다는 목표를 추구해 왔다."[49]라고 말한다. 초기 계몽주의의 원조인 베이컨은 "권력과 인식은 동의어다.", 즉 "아는 것이 힘이다."라고 주장했는데, 이 구호는 지금까지 과학을 탐구하는 데에 가장 유효한 동기 부여로 작용하고 있다. 그리고 베이컨의 말 그대로 인식의 탐구 방법에서 "중요한 것은 사람들이 진리라고 부르는 만족이 아니라 '조작', 즉 효율적인 처리 방식"이며, "학문의 진정한 목표나 사명은, 그럴듯하고 온화한 즐거움을 주며 가슴에 와 닿는 품위 있는 말이나 그 어떤 일깨움을 주는 논리가 아니라, 생활에 도움을 주는 활동이나 작업"[50]이라는 생각이었는데, 그런

47) 같은 책, 39쪽.

48) 같은 책, 35쪽.

49) M. 호르크하이머 · Th. W. 아도르노, 『계몽의 변증법』, 김유동 옮김(문학과 지성사, 2004), 21쪽.

생각은 현대화(modernization)의 과정 안에서 각인된 채로 변함없이 전수되어 왔다고 할 수 있다. 특히 19세기 이후 마침내 '기계론적 세계상을 받아들이는 환경'이 만들어지게 되었는데, 다름 아닌 그것은 '근대 자본주의의 등장'이다. 즉 "자본주의가 훌륭한 기계 톱니 장치로 확립"되면서 그 이후 사람들에게 "기계론은 말하자면 공기처럼 자명한 것"[51]으로 되었던 것이다.

톱니바퀴처럼 움직이는 근대적 자본주의의 작동 원리는 산업화의 구조에 따라 움직이고 있고, 그 움직임의 장소는 시장이라는 경제 공간이다. 소비자와 생산자를 연결하고, 상품을 소비자에 전달하는 시장은 그래서 필연적으로 중요해지는 것이며, 누가 시장의 주도권을 잡느냐에 따라 이윤 추구의 성패가 갈리게 된다. 문제는 시장의 '거래 행위'가 전 지구상에 사는 인간과 전 지구상에 존재하는 상품의 관계뿐만 아니라, 인간과 인간의 관계에서도 직접 적용되어 사용되는 데에 있다. 즉 인간의 가치가 단지 시장에서 정해진 가치에 의해 기계적으로 판단되고 결정된다는 것이다. 더 나아가 '기계론적 거래 행위'의 영향력은 결국 혈연관계의 애정, 이성 간의 사랑, 친구 간의 우정, 직장 동료 간의 의리 등의 인간관계에까지 깊숙이 개입하면서, 단번에 "등가 법칙에 의해 지배"[52]받게 만들고 있는 것이다. 다시 말하자면 제각기 다른 양과 질의 애정, 사랑, 우정은 동일하게 환원될 수 있는 재화의 크기로 환원될 수 있다는 것이다. 사랑의 결실인 결혼의 상대를 정할 때 연봉이 가장 중요한 고려 요소가 되는 것이 그 단적인 예이다. 기계론적 세계상을 지니고 사는 모든 사람

50) 같은 책, 23쪽.

51) 이마무라 히토시, 『근대성의 구조』, 이수정 옮김(민음사, 1999), 128쪽.

52) M. 호르크하이머 · Th. W. 아도르노, 앞의 책, 28쪽.

들은 모든 것을 "동일하지 않은 것을 추상적인 크기로 환산함으로써 비교 가능한 것"53)으로 만들어야만 하는 것이다. 간단히 말해서 인간의 모든 것을 돈의 크기로 환원시켜야 한다는 것이다. 만일 기계론적 세계 안에서 어떤 사람들의 행위가 "계산의 가능성과 유용성의 척도에 들어맞지 않는"다면 단번에 그 사람들의 태도 평가는 사회적 일탈의 행위로 간주되어 "의심스러운 것으로 여겨진다."54)

이러한 측면에서 사회 심리학자 클라크(M. S. Clark)는 현대인의 인간관계는 나와 타인과의 '상호의존적 관계'로 이루어진 "공유적 인간관계"로부터 '거래와 교환의 공정성'에 기초한 "교환적 인간관계"로 점점 더 빨리 바뀌고 있다고 진단한다.55) 한마디로 시장 가치가 공동체적 삶의 가치를 지배한다는 것으로 표현할 수 있을 것이다. 기계론적 세계상이 전형적으로 보여주는 현대화의 부정적인 한 측면이라고 할 수 있을 것이다.

(2) 도구적 이성의 횡포

앞 절에서 살펴 본 것처럼 기계론적 세계상이 보여주는 것은 산업화를 기저로 한 '도구주의'의 실상이라고 할 수 있을 것이다. 인류의 발전은 손으로부터 출발해서 도구의 발명과 그 사용으로 점철되어 왔다는 것은 널리 알려진 사실이다. 그러나 현대화 이전의 전통 사회에서는 "도구를 사용하고는 있었지만 그 도구로써 자연을 변혁시킨다는 발상법"은 없었기 때문에 "자연의 운행에 자신을 순응시키고,

53) 위의 책, 같은 곳.

54) 위의 책, 25쪽.

55) 권석민, 『인간관계의 심리학』(학지사, 2004), 40~41쪽 참조.

자연의 위협이 오면 그저 그것이 지나가기를 기다린다고 하는 형태"[56]에 삶을 맡기고 살고 있었다. 그러나 현대화의 여파는 인간으로 하여금 드디어 무엇을 "만드는 정신, 제작의 정신에 의해 자연을 변혁시킨다든지", 더 나아가 "지배"[57]해야 한다는 생각을 하게 되었던 것이다.

무엇이 이런 발상의 전환을 가져오게 만든 것일까? 이성 개념의 연관의 관점에서 말하자면 한마디로 '이성의 가치적 측면보다는 도구적 측면'이 현저히 강조되어 온 결과라고 할 수 있다. 현대라는 시점은 널리 알려졌다시피 '지식 기반의 시대'이고, 이 시대가 요구하는 것은 이성의 가치적 기능보다는 지식의 측면을 증강시켜야 한다는 주장이 사회의 목표로 설정되어 있다. 그런데 문제는 이성의 지식적 측면은 오로지 도구적인 눈높이에 의해 기능하고 있다는 점이다. 그러한 이성의 도구적 사용은 마침내 '기술적 합리성'이라는 현대화의 큰 목표에 합류된다는 것을 현대 사회는 극명히 보여주고 있다. '기술적 합리성'의 전형적 산물인 디지털 시대의 메커니즘은 이러한 부정성을 보여주는 적확한 실례라고 할 수 있을 것이다.

프랑스의 철학자이며 사회학자인 보드리야르(Jean Baudrillard)는 시뮬라크르(simulacre)의 개념—실제로 존재하지 않는 대상을 존재하는 것으로 만들어 놓은 인공물—을 제시하면서, 이미지를 통해 굳혀진 현실화된 가상이 현실보다 더 강력하게 작용하게 되는 과정을 이렇게 설명한다.

---

56) 이마무라 히토시, 앞의 책, 128쪽.

57) 같은 책, 같은 곳.

> 이미지는 깊은 사실성의 반영이다.
> 이미지는 깊은 사실성을 감추고 변질시킨다.
> 이미지는 깊은 사실성의 부재를 감춘다.
> 이미지는 그것이 무엇이건 간에 어떠한 사실성과도 무관하다.
> 이미지는 자기 자신의 순수한 시뮬라크르이다.[58]

이런 단계로 진행되는 과정을 보드리야르는 디즈니랜드의 상상 세계에 비유한다. 즉 디즈니랜드는 "환상과 공상의 유희"이자 "모든 종류의 얽히고설킨 시뮬라크르들의 완벽한 모델"[59]이라고 그는 전제한다. 위에 제시된 이미지와 사실 간의 관계에서 파생되는 과정은 다음과 같이 구체적으로 설명될 수 있다. '미키마우스는 살아 있는 쥐의 반영이다.' → '미키마우스는 살아 있는 쥐의 사실성을 감추고 변질시킨다.' → '미키마우스는 쥐의 존재 사실을 감춘다.' → '미키마우스는 살아 있는 쥐가 있든지 없든지 간에 쥐의 존재라는 사실에 무관하게 된다.' → '미키마우스는 그 자체로 미키마우스가 된다, 생명 있는 쥐를 능가한 채로.'

보드리야르는 그 "상상의 세계는 참도 거짓도 아니"지만, "그로부터 이 상상 세계의 허약함과 백치성이 나온다."라고 비판한다. "이 세계가 어린애 티를 내려 하는 이유"를 "어른들이란 다른 곳, 즉 〈실제의〉 세상에 있다고 믿게 하기 위하여, 그리고 진정한 유치함이 도처에 있다는 사실을 숨기기 위해서이며, 어른들의 유치성 그 자체가 그들의 실제 유치성을 환상으로 돌리기 위하여 여기서 어린애 흉내를 낸다."[60]라고 보드리야르는 설명한다. 결과적으로 후기 현대

---

58) 장 보드리야르, 『시뮬라시옹』, 하태환 옮김(민음사. 2001), 27쪽.

59) 같은 책, 39쪽.

사회 안에 사는 어린이들은 살아 있는 쥐가 아니라 미키마우스를 통해 쥐의 존재를 인식하게 되고, 어쩌면 '낫 놓고 기억 자를 모른다.'가 아니라 '기억 자는 알지만 낫이 무엇인지는 모른다'는 비유로 보드리야르의 주장을 이해할 수 있을 것이다. 아마도 이 지점에서 우리는 과학 기술의 최첨단에 서있는 디지털의 메커니즘을 단지 인간의 해방이 아닌 도구적 이성이 만들어 낸 산물로 이해할 수 있을 것이다.

여기서 도구적으로 변질된 이성의 실천적 이념은 이른바 '디지털 가상'으로 바뀌어 나타난다. 체코 출신의 디지털 사상가인 플루서(Vilém Flusser)는 이러한 현대의 정황을 다음과 같이 설명하고 있다.

> 르네상스 이래로 '정신적인 엘리트'의 일부, 곧 식자들의 일부는 담론적 · 역사적으로 사고하는 대신 형식적 · 계산적으로 사고하고, 문자 텍스트 대신 알고리즘으로 표현하기 시작했다. … 과학과 기술의 관계는 반전되기 시작했고, '순수' 학문들은 기술의 '시녀'가 되었다.[61)]

테크놀로지를 통한 가상은 조작성을 적극적으로 합리화하는 매체로 등장한다. 실례로 알 파치노와 캐서린 키너가 출연하는 영화 〈시몬〉(2002)은 가상과 현실을 분별할 수 없게 하는 조작 메커니즘의 테크닉 구사가 예술에서 가능하다는 것을 유감없이 잘 보이고 있다. 즉 실제로 살아 있는 것처럼 보이는 사이버 여배우 '시몬(Simone)'은 이름이 단지 'simulation one'의 약자이며 가상으로만 존재한다. 즉

---

60) 같은 책, 39~41쪽.

61) 빌렘 플루서, 『피상성 예찬』, 김성재 옮김(커뮤니케이션북스, 2006), 296쪽.

그 이름만 있는 가상 인물은 관객 대중을 기만하면서, 암암리에 대중 내면의 미적 기준으로 자리 잡으면서 대중의 '감성적 주체'로 행세하게 된다. 이 사실은 바로 영상 예술이 대중의 생각과 느낌을 조작하는 데에 대리역을 맡게 된다는 것을 깨닫게 해 준다. 물론 이 영화는 테크놀로지의 극단화된 역기능성만을 보이고 있지만, 이런 영화가 지시하는 메시지는 사이버 매체를 통해 실재를 조작하는 일이 얼마든지 가능하다는 사실일 것이다. 도구적 이성의 획책이 확장해 가고 있는 현대 사회의 부정성이 확실하게 드러나는 한 측면이라고 말할 수 있을 것이다.

(3) 사회 · 경제적 불평등의 심화

경제적으로 잘 살기 위해 우리가 치러야 할 대가는 과연 무엇일까? 클린턴 대통령 시절 노동부 장관으로 일했던 라이시(Robert Reich)는 '열심히 일하는 것과 잘 사는 것'을 구분해야 한다고 주장한다. 즉 현대인들이 잘 살기 위해, 즉 더 많은 부와 소비를 충족하기 위해 열심히 일하는 까닭은 "심리적으로 그렇게 '하고 싶기' 때문이 아니라, 매우 역동적인 시장 속에 살아가고 있기 때문"[62)]이라는 것이다. 즉 현대 사회 안에서의 삶은 예측 불허의 변동으로 가득찬 시장의 압력으로 인해 '미래의 수입이 과거보다 전망이 불투명하고, 경쟁이 더 치열하고 수입의 불균형이 더 심화된다는 전제'에 서 결코 자유로울 수 없다는 것이다. 어쩌면 '잘 살기 위해 열심히 일해야 한다'는 구호는 현 체제의 시장 구조 안에서 잘 맞지 않을 직업윤리의 규범일 수 있다. 그러한 규범은 현대의 후기 자본주의 체제 안에

62) 로버트 라이시, 『부유한 노예』, 오성호 옮김(김영사, 2001), 184쪽.

서는 모순으로 드러난다. 즉 모두 열심히 일한다고 하지만 그럴수록 "사회적 분화성의 심각성"[63]은 심화되는 경향이 있다. 경쟁에 이기기 위해 자영업이나 대기업은 혁신적 아이디어 창출을 강조하지만, 경쟁이 치열해진다면 훌륭한 안목과 우수한 생각을 지닌 사람들에 대한 수요는 점점 더 높아진다. 그런데 이런 사람들에 대한 공급보다는 수요가 더 빠른 속도로 늘어나면서 이 사람들의 몸값은 상승하게 된다. 그러나 치열해진 경쟁 구도 안에서 단순직에 일하는 사람들에서는 그러한 혁신적 아이디어를 회사가 차용함으로써, 예를 들어 매우 효율적인 인공 지능 프로그램이나 로봇을 투입함으로써, 임금이 오히려 더 떨어지게 된다. 결과적으로 이런 양극화의 현상은 소득의 격차를 만들고 사회적 분화를 조장하면서, 결국 인간 소외의 문제를 양산할 수밖에 없다.

이런 소외의 현상은 말 그대로 물질적인 측면과 더불어 정신적이고 의식적인 측면까지 영향을 미친다는 점에서 심각하다고 할 수 있다. 호르크하이머와 아도르노는 원시 시대의 "애니미즘이 사물을 정령화했다면 산업주의는 영혼을 물화한다."[64]라고 주장한다. 즉 원시인들이 주변의 산이나 강 또는 바위 등에 영혼이 있다고 생각하여 무생물에 영혼의 의미를 부여했다면, 그를 단순히 미신이라고 치부하는 현대인은 그 반대로 보이지 않는 모든 것을 간단하게 물질적인 것으로 환원시킨다는 것이다.한 걸음 더 나아가 살펴본다면 현대화의 이 지점에서 선 인간들은 "단순히 지배된 객체들로부터 소외되는 데서 그치는 것이 아니"라 "정신이 물화되면서 사람들 간의 관계나 개개 인간 자신의 관계도 악령(악한 관계, 혹은 원한의 관계를 유지

63) 같은 책, 16쪽.

64) 호르크하이머 · 아도르노, 앞의 책, 59쪽.

하는 것)에 사로잡힌다."[65]라고 말할 수 있다. 결국 인간의 말과 행위 그리고 가치 판단 모두는 '악령이 폭발하여' 물리적 다툼으로 가지 않을 만큼의 외교적 제스처를 넘지 않으면서 "기계적으로 기대되는 인습적 반응과 기능들이 모이는 지점으로 축소"[66]된다는 것이다. '기계적으로 기대되는 인습'이라는 것은 가족이나 이웃의 조언 혹은 견해 등과 같은 인간적 가치가 전혀 들어 있지 않은 바로 '경제적인 가치로의 환원'이라는 것은 두 말할 나위가 없다. 즉 "경제적인 장치"는 "인간의 행동 방식을 결정하는 '가치'를 자동적으로 상품이 갖도록 만든다."[67]라는 것이다.

이와 같이 강력한 현대화가 추진한 결과 얻어내는 물질 증강에서 오는 혜택이 있는 것만큼 우리 삶은 상실하는 것이 너무 많다는 사실을 부인하기는 어렵다. 나 자신과 가족, 친구, 이웃, 직장 동료와의 관계는 과연 어떠한가? 돈 혹은 물질로 표상되는 '사물을 지배하는 관심'이 커지면 커질수록 그 사물은 더욱 더 나 자신을 지배하고 나 이외의 타자를 지배하는 길로 나아갈 것이다. 인류는 그런 지배의 형식이 개인을 넘어 사회와 세계에로 확대 와중의 앞에 서 있다. 자유와 평등 그리고 박애를 '현대화'가 추구할 최고의 가치의 덕목으로 삼았던 '서구 모더니티'는, 드디어 '선한 가면을 쓰고 숨어 있었던 가혹한 권력'으로 이제 '후기 현대주의'와 '금융 자본주의'라는 '맨 얼굴로 드러났다'고 할 수 있을 것이다. 여기에서는 결코 '도덕적 고귀함'[68]이라고는 찾아 볼 수가 없다. '최소한의 도덕성'에 따르면 박애

65) 같은 책, 같은 쪽.

66) 같은 책, 같은 쪽.

67) 같은 책, 같은 쪽.

68) S. 바우만, 이수영 옮김, 『새로운 빈곤』, 서울: 천지인, 2010, 67쪽 참조.

가 실현되는 사회가 되어야 하지만, 박애는 아직 실현되지 않은 채로 매우 추상적이고 형이상학적인 개념으로 남아져 있다.

3. 현대 사회 직업윤리의 정의와 원리

(1) 직업윤리의 정의

요즘 젊은 남녀들의 배우자 선호도 조사에 의하면, 남녀 모두 상대방의 경제적 능력을 제1순위로 뽑았다. 경제적 능력은 물론 안정된 직장과 여유로운 경제생활 수준을 말한다. 이러한 선호도는 현재 한국의 경제 상황이 각종 지표에서 드러나듯이 여전히 호전되고 있지 않으며 불경기와 고용 불안 등으로 침체의 늪을 벗어나지 못하고 있다는 신호이기도 하다.

그러나 평생을 같이 할 배우자를 경제적인 기준으로만 선택한다면, 결혼 생활의 안정성은 경제적 여건에 따라 무너지기 쉬울 것이다. 결혼 생활은 경제력뿐만 아니라 서로에 대한 가치관의 존중과 이해 그리고 사랑과 같은 정신적인 요소가 복합적으로 연관될 때 유지될 수 있기 때문이다.

직업 선택도 이와 마찬가지다. I장에서 설명했듯이 직업은 일차적으로 생계유지 수단이지만, 경험을 넓혀 주고 대인관계를 폭넓게 할 수 있으며, 성취감과 자아실현의 공간이기도 하다. 그러한 요소들을 가급적 다양하게 충족시켜 주는 직장이 좋은 직장이다. 그런데 요즈음의 취업 환경은 자신이 원하는 직장에 취업할 수 있을 만큼 여유롭지 않다. “이태백”이라는 신조어가 등장할 만큼 대졸자들의 취업률은 낮다.

■ **취업 관련 신조어**

- '이태백': 20대 태반이 백수
- '삼팔선': 38세 즈음 퇴직
- '사오정': 45세 정년
- '오륙도': 56세까지 일하면 도둑
- '육이오': 62세까지 일하면 오적.
- '3포 세포': 취업난으로 연애, 결혼, 출산을 포기한 세대. 내 집 마련, 인간 관계, 건강 등 더 많은 것을 포기하면 N포 세대라고 한다. 심지어 삶까지 포기하면 전포 세대가 된다.
- '캥거루족': 취직하지 않고 부모에게 기대어 사는 젊은이들

취업 전쟁이라 할 만큼 대학생들도 1학년 때부터 취업 준비를 서두르지만 졸업생들 중 많은 수가 백수 신세를 면하지 못하고 있다. 이럴 때일수록 자신의 확고한 인생관과 직업관을 가질 필요가 있다.

직업윤리란 직업 선택의 기준뿐만 아니라 직장인이 지녀야 할 바람직한 가치 규범을 말한다. 직업의 선택과 직업관 그리고 직업의식과 같은 주관적인 원리뿐만 아니라, 권리와 의무, 효율성과 평등성, 개인과 전체, 동기와 결과 사이의 갈등에 대한 합리적 해결책 등과 같은 객관적 원리를 포함한다.

직업윤리에는 직업의 종류와 관계없이 공통적으로 요구되는 행동 규범인 '직업 일반의 윤리'와 특정한 직종별로 사회적으로 기대되는 행동 규범인 '직업별 윤리'가 있다. 직업별 윤리에는 근로자의 윤리, 기업가의 윤리, 법조인의 윤리, 상인의 윤리, 의사의 윤리, 공직자의 윤리, 방송인의 윤리, 엔지니어의 윤리 등이 이에 해당한다. 경제적 의무를 넘어서서 사회의 보편적 가치나 역할을 수행해야 하는 사회

적 책임이 강조된다.

(2) 직업윤리의 기본원리

일반적인 윤리적 토론 상황에서도 자주 거론되지만 특히 직업윤리에서 자주 논의되는 개념들이 있다. 지금부터 살펴볼 개념들은 그 하나하나는 중요한 개념이지만 그 개념들끼리 충돌을 일으키는 경우가 많다. 그렇기 때문에 우리는 거기서 선택을 해야 하는 갈등 상황에 처하는 일이 잦다.

① 권리와 의무

권리(rights)란 '생명', '자유', '재산'에 대한 권리처럼 법이나 도덕 및 전통에 의해 인간이 부여받은 것을 뜻한다. **의무**(obligations)란 인간이 자신의 권리를 지키기 위해 서로에 대해 갖는 일종의 책임을 말한다. 권리와 의무는 상대적인 개념인데 누군가가 권리를 가지면 다른 사람은 그 권리를 존중해 주어야 할 의무가 있다.

모든 인간은 자신의 생명이나 신체나 자유에 대한 권리를 갖지만, 이러한 권리들 중 생명권 정도를 제외하면 어떤 것도 절대적인 것은 아니다. 가령 우리는 신체에 대한 권리가 있지만 이것은 의무 복무기간 동안에는 제한이 되고, 자유롭게 의사 표현을 할 수 있는 권리도 타인의 권리나 공중도덕을 침해할 때는 제한된다. 직업윤리에서도 이런 권리들 사이의 갈등을 볼 수 있는데, 상인은 자유롭게 영업할 권리가 있지만 그 권리에 고객에게 정직할 의무까지 저버려도 되는지는 의문이다.

권리들 간의 충돌은 어떤 권리를 절대적인 것으로 간주함으로써 해결되기보다는 오히려 권리들 간의 우선권의 체계를 세우거나 합리적인 정당화나 일정한 상황에 따라서 갈등하는 권리들을 조정함으로써 해결될 수 있다. 이런 해결 과정은 직관에 의존할 것이 아니라 앞 장에서 설명한 윤리 이론에 바탕을 두어야 한다. 예컨대 고객에게 정직해야 한다고 의무가 자유롭게 영업할 권리보다 앞선다고 할 때, 의무론적 윤리 이론은 그 의무 자체가 옳기 때문이라고 주장할 것이고 결과론적 윤리 이론은 고객에게 정직하지 않으면 신용을 잃기 때문이라고 주장할 것이다.

② 효율성과 평등성

효율성(efficiency)은 일정한 투입으로 최대의 생산물을 획득하는 것을 뜻한다. 시장 경쟁을 통해 생산성을 높일 수 있는 이 원리는 다른 한편 소득 격차나 빈익빈 부익부 현상을 초래하기도 한다. **평등성**(equality)은 효율성의 원리로 야기된 소득 격차와 불평등을 줄이기 위한 원리이다. 그러나 이 원리도 열심히 일하려고 하는 동기 유발을 가로막아 생산성을 떨어뜨리는 문제를 야기한다. 어떤 사회도 효율성을 희생하고 좀 더 많은 평등성을 제공하는 선택지를 택할 것인지 아니면 평등성을 희생하고 좀 더 많은 효율성을 제공하는 선택지를 택할 것인지에 직면할 수밖에 없다.

시장 경제는 자유로운 경쟁을 원칙으로 한다. 자유로운 경쟁을 하기 위해서는 평등한 기회가 보장되어야 하며 공정한 경쟁이 전제되어야 한다. 성별이나 학력, 출신 지역과 상관없이 누구에게나 공평하게 취업이나 승진의 기회가 주어져야 한다는 원리가 기회의 평등성의 원리이다. 우리 사회는 적어도 법적으로는 기회의 평등이 보장되고 있다. 그러나 형식적인 기회의 평등만으로는 실질적인 기회의 평등이 확보되지 못한다. 기회가 평등하게 주어지더라도 출발점이 다르다면 공정한 경쟁은 기대하기 힘들기 때문이다. 예컨대 경제적으로 강자인 부모의 자녀들과 경제적으로 약자인 부모의 자녀들의 학업 환경이 다른데, 그들에게 진학의 기회가 똑같이 주어졌다고 말하는 것은 어불성설인 것이다.

그래서 우리 사회는 사회적으로 소외받는 계층에게 무상 교육을 실시하고, 여성고용 할당제나 장애인 고용 촉진제 등과 같은 제도를 통하여 실질적인 기회의 평등을 제공하려는 노력을 진행하고 있다. 더 나아가 이런 기회의 평등만으로는 사회적 불평등을 바로 잡을 수 없으므로 사회 복지 제도를 확대하고 최저 임금을 평균 생계비 수준으로 높여야 소득 격차와 불평등을 줄일 수 있다는 주장이 제기된다. 그러나 다른 한편으로는 국가의 재정과 기업에 큰 부담이 되어 경제가 어려워진다는 비판의 목소리에 직면하게 된다. 국가의 간섭을 배제하고 시장의 자율성을 존중하는 것은 경제 발전의 가장 중요한 전제라는 것이다.

분배적 정의에서는 한정된 자원을 어떻게 나누어야 정의로운가가 문제된다. 자유로운 경쟁을 강조하기 위한 효율성과, 출발에서 뒤쳐진 계층에게 실질적인 기회를 제공하기 위한 평등성은 직업윤리에서 중요하면서도 상충하는 개념이다.

③ 개인과 전체

가부장적 유교주의 이념이 지배적인 과거에는 개인의 이해관계보다 국가나 민족과 같은 전체의 이해관계가 더 중시되었다. '멸사봉공'(滅私奉公)이라는 말이나 '… 국가와 민족을 위해 몸과 마음을 바쳐 충성을 다할 것을 맹세…' 한다는 과거의 '국기에 대한 맹세'는 개인보다는 전체를 중시하는 상징적인 기호였다. 그러나 오늘날 그 무게 중심은 개인 쪽으로 서서히 옮겨지고 있다.

얼마 전 어느 여론 조사 기관의 조사에 의하면, 한국의 대학생들은 전쟁이 일어났을 때 국가의 소집에 응하겠다는 대답보다는 개인의 안전을 중시하겠다는 의견이 절반이 넘었다고 한다. 이러한 가치관의 변화의 옳고 그름을 따질 일이 아니다. 다만 개인의 자유와 주체성과 책임을 강조하는 개인주의(individualism)와 자기 자신에 안주하여 자신의 안락함과 이익만을 추구하는 이기주의(meism) 정도는 구별할 필요가 있다. 전체의 이익을 추구하면서도 개인의 자유도 실현할 수 있는 지혜가 필요하다.

그러나 전체라고 해서 꼭 국가와 민족만을 가리키는 것이 아니라 한 개인이 속한 단체가 전체가 되기도 한다. 특정 직장에 속한 사람은 직업인으로서 전체에 속한 한 개인인데, 개인의 신념과 직장의 이해관계가 충돌을 벌이는 일은 흔하다. 직장에 대한 충성심과 개인의 양심이 갈등을 빚을 때 그 중 어느 쪽을 선택하는 것이 윤리적인지는 V장에서 자세히 다루어질 것이다.

④ 동기와 결과

요즘 많은 기업들은 이른바 연봉제를 선택하고 있다. 과거의 연공서열별로 일괄적으로 급여를 지급하는 연공급제 대신 연봉제를 채택하게 된 가장 큰 배경은 생산성 향상에 있다. 그런데 직원들의 생산성을 평가하는 기준은 수량화된 일의 결과이다. I장에서 연봉제를 설명할 때 연봉제에는 모든 직무를 수량화하기가 어렵다는 문제가 있다고 지적했다. 연봉제는 그 문제 외에도 일을 처리하고 결과에 이르는 과정이나 동기보다 결과를 중시하는 결과주의와 연결되기가 쉽다. 그것은 목적을 위해서는 수단과 방법이 어떤 것이어도 좋다는 목적 지상주의를 낳게 된다.

성실하고 근면하게 일해서 돈을 버는 것보다는 부동산 투기나 복권 당첨을 통해 일확천금을 노리는 한탕주의는 결과주의의 비극이다. 동기의 선악이나 수단과 방법의 신뢰성을 고려하지 않는 결과주의는 성과만을 중시함으로써 직장인들의 자율성을 제한한다. 결과에 의한 강제적 규제가 아니라 직장인들의 자율적이며 자발적인 동기 유발을 시킬 수 있는 방안이 모색되어야 한다. 그러나 직무의 결과를 일률적으로 평가하기가 어렵다는 문제가 있다고는 했지만, 관찰이 불가능한 동기는 결과에 달리 근본적으로 평가하기가 어렵다는 문제가 있다. 능력, 결과, 필요 등이 위에서 말한 분배의 정의의 기준으로 흔히 거론되지만 노력은 거론되지 않는 것은 그런 이유 때문이다. 학교의 시험이든 직장의 업무 평가든 얼마나 어떤 마음가짐으로 열심히 일했나보다 얼마만큼의 성과를 냈느냐를 가지고 평가하는 것은 자연스럽다.

(3) 직업윤리의 대상

위에서 설명한 직업윤리의 개념들을 가지고 직장 생활의 구체적인 윤리적 갈등 상황을 분석할 수 있다. 다음에서 거론할 직업윤리의 주제들은 특정 갈등 상황에 처했을 때의 문제이다. 이러한 갈등 상황을 해결하기 위해서는 위에서 설명한 기본 개념들을 재검토하고 그것들을 상황에 맞게 적용할 필요가 있다.

① 직업에 부여된 사회적 가치

직업마다 사회가 기대되는 역할과 의무가 존재한다. 그러한 역할과 의무가 사회적 기대에 미치지 못했을 때는 비난을 받기도 한다. 공무원은 사회적 공인으로서 시민들의 생활의 편리를 위해 최선을 다해야 하며, 부당한 영향력을 행사하고 불법적인 이득을 취해서는 안 된다. 교사는 단순한 직업인 이상으로 학생들의 지적 성숙과 인격 형성에 심혈을 기울여야 한다. 의사라면 환자를 돈벌이의 수단이 아니라 동등한 인격체로 대하고 질병을 치료하고 건강을 회복해야 하는 의무를 지닌다. 언론인은 진실을 보도하고 대중의 알 권리를 충족해 주어야 하므로, 항상 중립적이고 비판적인 자세를 가져야 하며 정부나 기업 등의 권력과 밀착해서는 안 된다. 따라서 자신의 직업에 대한 확실한 직업윤리를 정립하고 사회적 역할을 충실히 해야 한다.

② 개인의 직업관

인간이 일에 대한 태도나 가치관을 직업관이라고 한다. 사람마다 가치관이나 세계관이 다르듯이 직업관도 다양하다. I장에서 살펴본 여러 가지 직업관 중에서 사람들은 여전히 '보수 지향적 직업관'을 가장 중요하게 생각하는 것이 현실이지만, '자아실현 지향적 직업관'이나 '기여 지향적 직업관'이 없다면 직업은 단순히 밥벌이의 수단이 되어 일의 즐거움이 사라지게 된다. 개인이나 사회가 어떠한 직업관을 가지는가는 개인의 직업 선택뿐만 아니라 사회의 발전에 커다란 영향을 미친다. 정경유착으로 생기는 정치인들이나 공직자들의 뇌물수수 혐의나 은행 직원들의 고객 정보 도용 등은 올바른 직업관의 부재에서 오는 결과들이다. 따라서 직업을 단순히 출세나 이익의 수단으로 보는 직업관이 아니라 일에 대한 성취감과 소질과 능력을 발휘할 수 있는 직업관이 필요하다.

③ 고용인과 피고용인간의 관계

권리와 의무의 관계에서 알 수 있듯, 고용인은 자신의 수입 창출이라는 권리를 보호하기 위해서라도 피고용인과 맺는 계약은 반드시 이행해야 한다. 또한 피고용인도 자신의 직장 내의 권리를 추구하기 위해서라도 고용인과 맺는 계약과 의무는 이행해야 한다. 근로 현장에서의 노사 관계는 적대적이고 대립적인 관계보다는 상호 협력 관계를 유지하는 것이 필요하다. 노조의 파업은 법에 보장된 권리 주장이라는 점에서 정당하다. 문제는 그러한 권리들이 다른 권리들과 충돌할 때 발생한다. 상호 대화와 토론에 의한 합의의 정신이 필요한 이유가 바로 여기에 있다. 근로 조건의 파기나 노사와의 약속을 어긴 회사가 정당한 권리 주장을 할 수 없듯이, 노조도 자신들의 주장의 설득력과 정당성을 확보하도록 해야 한다.

④ 직장 상사와 부하 및 동료 간의 관계

과거에는 직장 상사와 부하가 의견 충돌이 일어날 경우, 무조건 부하가 상사에게 복종하였으나 오늘날에는 비교적 부하의 의견이 반영되고 있는 추세이다. 어떤 사회나 조직이건 의견 충돌과 갈등이 일어날 수밖에 없다. 갈등을 사전에 방지하려는 노력도 중요하지만 갈등이 일어났을 때 상호 신뢰와 이해로 신속하게 합의점을 찾는 게 중요하다. 과거처럼 일방적으로 상사가 부하에게 명령을 내리는 상황은 오히려 생산성이 떨어진다. 그보다는 상사와 부하간의 자율적인 의사 교환이 중요하다. 이러한 태도가 새로운 아이디어 창출과 회사발전에 도움이 되기 때문이다. 직장 동료 간의 관계도 선의의 경쟁 관계가 되어야 한다. 승진하기 위해 "너 죽고 나 살자."라는 일방적인 경쟁은 서로를 죽이는 행위다. 나도 살고 너도 사는 윈-윈(win-win) 전략이 필요하다.

⑤ 생산자와 판매자 그리고 소비자 간의 관계

생산자와 판매자와 소비자 간에는 특히 신뢰와 정직이 전제되어야 한다. 소비자가 생산자를 믿지 못하고 생산자나 판매자가 정직하지 못하면 그 피해는 결국 생산자나 판매자 그리고 소비자 모두에게 돌아오기 때문이다. 유통기한이 지난 식품을 날짜 표기를 새롭게 바꾸는 식으로 판매하여 이익을 얻는다거나, 이른바 짝퉁이라고 하는 유사 상품 제조나, 생산가에 비해 터무니없이 높은 가격으로 이윤을 남긴다거나 하는 행위는 정직이라는 의무의 원리에 위배된다. 불량공정을 하지 않는 정직한 생산자와 공정한 판매자가 있을 때, 소비자들도 물건을 신뢰할 수 있는 것이다. 소비자들도 자신들의 권익을 위해 노력해야 한다. 요즈음 각종 소비자 단체에서 소비자들의 피해를 구제하기 위한 노력들이 활발하다. 소비자들의 건전한 소비 의식도 생산자와 판매자의 직업윤리 의식 못지않게 중요하다.

그러나 소비자가 생산자에게 어느 정도 수준의 안전성을 요구할 수 있는지는 논란이 될 수 있다. 지금 당장 위험 요소가 없는데 위험이 예측된다는 이유로 항의하는 것은 과도한 요구처럼 보이기 때문이다. 이 점에 대해서는 IV장의 위험 논의가 도움이 될 것이다.

■ **신입 사원에게 바라는 것**

기업의 인사담당자들을 대상으로 한 조사를 살펴보면 기업들이 신입 사원들에게 어떤 것을 요구하는지 알 수 있다.

2012년 취업 포털 잡코리아가 인사 담당자 220명에게 '회사생활을 하는 데 있어 신입 사원이 반드시 지켜야할 사항'을 물었다. 그 결과 '인사 잘하기'가 56.4%로 가장 많은 응답률을 보였다. 그 다음에는 '대답은 크고 자신감 있게'(41.8%) '미소 띤 얼굴하기'(35.9%) '불평, 불만하지 않기'(30.5%) '복장과 용모는 깔끔하고 단정하게' 순이었다. 주로 업무 능력보다는 인성, 예의범절과 관련된 것을 요구하는 것을 알 수 있다.

업무에 있어 명심해야 할 것도 물었는데, '업무파악은 빠를수록 좋다'가 60%로 가장 높은 응답률이었다. 이어서 '보고를 잘해라', '절대 지각하지 마라', '의욕만 앞세우지 마라', '질문은 일목요연하게 핵심만 말해라' 순이었다.

인사 담당자들이 신입 사원들에게 불만족스러워하는 것을 알며 그것을 고칠 수 있을 것이다. 취업 포털 잡코리아가 2012년에 국내 기업 인사 담당자 391명을 대상으로 신입 사원들에게 가장 불만족스러운 부분을 물었는데 '인내심과 끈기'가 33.5% 비율로 뽑혔다. 이어서 '업무 능력'(15.3%), '소통 능력'(14.6%), 일에 대한 열정(14.1%), '모든 것을 상사의 지시만 따르려는 자세'(12.0%), '앞뒤 안 가리는 넘치는 의욕'(3.8%) 순이었다.

의사소통 능력은 인사 담당자들이 아주 중요하게 생각하는 능력이다. 오히려 외국어 구사 능력보다 국어 사용 능력을 더 중요하게 생각한다. 우리나라 회사의 가장 기본적인 의사소통은 우리말로 이루어지기 때문이다. 취업 포털 잡코리아가 2005년에 인사 담당자

728명을 대상으로 '신입 사원들에게 가장 부족하다고 생각되는 업무 능력'을 물었는데, '업무의 전문성'(48.2%), '대인관계 능력'(31.9%)이 1, 2위였고, 그 다음이 '국어 관련 능력'(5.6%)이었다. 이것은 '외국어 능력'을 꼽은 응답자(5.1%)보다 많았다.

그리고 국어 능력 중에서 가장 부족하다고 생각하는 부문은 '쓰기나 말하기 등 표현 능력'(39.7%)가 가장 많았으며, '창의적 언어 능력'(20.6%), '논리력'(17.7%), '문법 능력'(13.0%), '이해 능력'(6.6%), '국어 관련 교양 지식'(1.9%) 순으로 나타났다. 또 국어와 관련된 업무능력 중 가장 부족하다고 생각하는 부문은 '기획안 및 보고서 작성 능력'(53.2%)가 가장 높았으며, 그 다음으로는 '대화 능력'(31.6%), '프레젠테이션 능력'(12.8%), 'e-메일 작성 능력'(1.6%)이었다. 한편 면접 시 평가하는 지원자의 화술 능력을 물었는데, '논리적으로 말하는 능력'(63.5%)이 가장 응답률이 높았고, '이해 능력'(17.3%), '상대의 말을 경청하는 자세'(12.4%), '풍부한 어휘 선택 능력'(3.7%), '표준어 구사 능력'(2.9%)이 뒤를 이었다.

4. 현대 사회 직업윤리의 특성

(1) 직업윤리의 특성

일반적인 윤리와는 달리 직업윤리에는 특별하게 요구되는 몇 가지 규범이 있다. 특히 직업이 단순히 생계유지나 출세의 수단이 아니라 사회적 책임과 봉사 그리고 자아실현의 공간으로 간주될 때에는 이러한 규범이 준수되어야 한다.

① 천직 의식과 직분 의식

무엇보다도 자신의 직업이 하늘이 내려준 천직이라는 의식과 자신이 맡고 있는 일을 최선을 다해 수행해야 한다는 직분 의식이 필요하다. 직업에 대한 강한 신념과 소명 의식이 없다면 직업 활동에 따른 각종 유혹에 쉽게 넘어갈 수 있다. 이러한 직업의식은 서양의 그리스도교적 직업윤리의 오래된 전통이며 동양의 유가에서도 강조된 규범이었다. 루터는 "각자는 그가 부름을 받은 소명에 따라 그대로 지내라."는 『성경』의 구절에 근거해서 직업이란 신의 부름 또는 소명으로 여겼다. 개인적인 실리나 이해관계에 따라 직업을 선택하는 것이 아니라 그 직업이 나의 삶이고 영적 생활의 기반이라는 믿음이 루터의 직업관의 특색이다.

공자는 『논어』 〈안연(顔淵)〉편에서 "임금은 임금답게, 신하는 신하답게, 아버지는 아버지답게, 아들은 아들답게 자기 행동을 하라."(君君 臣臣 夫夫 子子)고 말하였다. 공자의 정명(正名)론은 각자가 맡고 있는 사회적 역할과 의무를 충실히 이행할 때 사회 질서가 유지됨을 강조한 것이다. 오늘날 사회적으로 만연하고 있는 각종 부정부패는 자신의 직업에 대한 천직 의식과 직분 의식이 결여된 데에 기인한다.

② 근면성과 성실성

변증법을 창시한 독일 관념론 철학자 헤겔(Georg Wilhelm Friedrich Hegel, 1770~1831)은 『역사철학강의』에서 "세상의 어떤 위대한 업적도 인간의 열정과 근면 성실이 없이는 이루어질 수 없다."고 역설했다. 아무리 사소한 일도 인간의 노동과 근면함이 없이는 성취될 수 없듯이, 인생의 원대한 꿈을 갖고 자신의 목표를 성취하고 직업적 성공을 이루기 위해서는 소와 같은 근면함과 성실함이 요구된다. 이러한 노력을 회피하고서 직업적 성공을 거두기란 어렵다.

근면 · 성실은 강제적인 것이 아니다. 고용주와 맺는 계약 관계 때문에 의무적으로 해야 하는 일은 즐겁지 못하다. 의무감에서 하는 직업 활동은 만족과 성취감을 달성하기 어렵다. 물질적 욕구를 넘어서 정신적이며 문화 사회적 욕구에서 비롯되는 자발적인 근면 성실이야말로 개인이나 직장 더 나아가 사회와 인류의 발전에 필요한 규범이다.

③ 지적 호기심과 성취욕

일 자체에 몰입하는 데서 오는 지적 호기심과 성취욕도 직업윤리의 규범으로 들 수 있다. 직장 생활을 단순히 생계유지 수단으로 여긴다면, 일과 노동이란 창조적이며 건설적인 것이 아니라 반복적이며 기계적인 것이 될 것이다. 직장이 인생의 대부분을 차지한다고 볼 때, 직장 생활이 기계적인 생활이 된다면 자신의 인생도 새롭고 건설적인 것이 되지 못할 것이다.

아리스토텔레스는 『형이상학』이라는 책에서 "인간은 본성상 알고자 하는 욕구를 가지"고 태어났으며, 사물에 대한 놀라움과 호기심이 철학의 출발점이라고 하였다. 지적 욕구와 호기심을 가지고 일에 몰두하고 거기에서 성취감을 느끼는 일이야말로 창조적이고 생산적인 직업의식이라고 할 수 있다.

④ 전문성과 봉사 정신

현대 사회의 직업들은 전문화되고 있는 추세이다. 과거의 단순 기능에 의존하는 산업 사회의 직업과는 달리 현대 사회는 고도의 폭넓은 지식과 전문 기술을 필요로 하는 전문직이 늘어나고 있다. 이러한 변화된 직업 환경에 적응하기 위해서는 고도의 전문성이 요구된다. 더구나 정보의 생산과 유통과 소비가 주가 되는 정보화 사회에서의 직업 환경의 다변화로 인해 정보 지식 산업의 요구가 커지고 있다. 전문적 지식과 기술, 경험, 방법 및 순서를 습득하지 못한 전문 직업인들은 고객이나 사회로부터 신뢰를 받지 못할 것이고 이로 인한 피해도 클 수밖에 없다.

이 전문성은 곧 유능함을 뜻한다. 아무리 정직하고 근면한 직업인이라고 하더라도 일에 대한 전문성과 능력이 없으면 고객으로부터 신뢰를 얻을 수가 없기 때문이다. 따라서 모든 직업인은 주기적으로 자신의 전문 분야에서 뒤떨어지지 않도록 전문 지식을 쌓아야 한다. 전문 직업 집단은 재교육이나 면허 갱신을 통해 그런 것을 제도화하기도 한다.

아울러 사회에 대한 봉사 정신도 직업윤리의 특징이다. 직업을 통해서 사회에 봉사하고 기여하는 사회적 책임이 있다는 통찰이야말로 간과해서는 안 될 직업 정신이다. 어떤 직종에 종사하든 자신이 하고 있는 일로 인해 다른 사람들이 행복한 삶을 영위할 수 있고 안정된 사회생활이 가능하다는 것을 알아야 한다. 봉사 정신은 타인의 행복과 사회 안녕을 통해서 자신의 행복과 안녕도 보장된다는 이타주의 정신에 다름 아니다.

⑤ 인내심과 책임감

가치 있는 일을 달성하는 데 필요한 인내심과 자신의 인생은 자신이 개척한다는 책임감도 중요한 직업윤리 규범이다. 어렵고 힘든 노력을 통해 얻은 것일수록 더욱 값어치가 있는 것이다. 자신에게 주어진 일이 아무리 어렵더라도 그 일이 사회에 이바지하며 인류의 평화에 기여한다는 점을 알고 그 일을 끝까지 달성하기 위한 인내심이 필요하다. 또한 자신이 이 세상의 주인이며 자신의 인생과 일은 스스로 개척한다는 도전 정신과 책임 의식이 필요하다. 도전하지 않는 자에겐 새로움이란 없다.

⑥ 정직과 비밀 유지

정직은 직업인과 고객 사이의 신뢰감을 쌓기 위해서 중요한 규범이다. 의도적으로 거짓말을 하거나 충분한 정보를 제공하지 않은 직업인은 좋은 평판을 얻을 수 없고, 그것은 고객이 스스로 판단할 수 있는 자율성을 해치는 것이다.

고객의 비밀을 유지하는 것도 역시 신뢰감을 위해서이다. 의사나 변호사부터 부동산 중개인까지 고객의 질병, 의뢰 내용, 주택 거래 내용을 공개하는 것은 고객의 기대감을 저버리는 행동이다. 이러한 이유로 많은 전문 직업에서는 고객의 비밀 유지를 윤리 강령으로 강제하고 있다.

■ 직업에 관한 격언

· 사람은 일하기 위해서 창조되었다. 명상하고 느끼며 꿈꾸기 위해서만은 아니다. – 카알라일
· 노동은 모든 것을 정복한다. – 베르질리우스
· 자기 아이에게 육체적인 노동을 가르치지 않는 것은 그에게 약탈, 강도 같은 것을 가르치는 것과 마찬가지이다. – 탈무드

- 일이 즐겁다면 인생은 극락이다. 괴로움이라면 그것은 지옥이다. – 고리키
- 노동은 생활의 꽃이요, 삶의 보람이요, 마음의 기쁨이다.
  – W. N. L. 영안
- 굴러가는 돌에는 이끼가 끼지 않는다. – 헤이우드
- 백년을 살 것같이 일하고 내일 죽을 것같이 기도하라.
  – B. 프랭클린
- 육체적 노동은 정신적 고통을 해방시킨다. 그러므로 가난한 사람이 행복해진다. – 라 로시푸코
- 수면은 노동하지 않아도 신이 우리들에게 주신 유일한 선물이다. 그러나 노동한다면 그것은 두 배나 달콤하게 된다. - 웨벨
- 세상에서 제일 즐겁고 훌륭한 일은 한 생애를 통해 일관된 일을 가지는 일이다. – 올리버 골드스미스

(2) 막스 베버가 보는 자본주의의 본질과 그 기원

앞 장에서 제시된 직업윤리의 정의와 원리 그리고 규범 등은 구체적으로 어떠한 경제적 제도를 전제하고 있는 것일까? 그것은 두 말할 나위 없이 자본주의라는 제도일 것이다. 자본주의의 상대어라고 할 수 있는 봉건주의나 공산주의에서는 직업 선택의 자유가 없거나 제한되므로 직업윤리라는 개념도 낯설다는 것을 생각해 보면, 자본주의의 시장경제 체제에서 직업윤리가 특히 중요함을 알 수 있다. 따라서 현대 사회의 직업윤리에 대한 충분한 성찰과 준비를 위해서라도 자본주의의 본질과 기원에 대한 이해는 꼭 필요하다.

자본주의의 기원과 역사적 변모에 대한 논의는 아직도 현재 진행

형이다. 다시 말해서 자본주의라는 경제 메커니즘의 성격과 그 정체는 지속적으로 밝혀야 할 학문적 탐구의 과제로 남아져 있다. 분명한 것은 현재 우리가 목격하고 몸소 체험하고 있는 현대 자본주의는 근세를 거쳐 산업 혁명 이후 등장했다는 사실이다. 그러므로 이 사실로부터 잠정적이나마 우리는 현재 작동 중인 자본주의의 문제점을 드러다 볼 수 있고, 그 미래적 전망의 윤곽을 그려 볼 수 있을 것이다.

앞 절에서도 보았듯이 유럽의 산업 혁명을 통한 18세기의 기술 혁신은 서구에 풍요한 물질문화를 가져다주었다. 그와 동시에 19세기의 서구 사회는 사회 계층 간의 빈부 격차를 심화시킴으로 인해 양극화의 구조가 두드러지게 나타나게 되었다. 그 결과 개인적 이기주의와 더불어 도덕적 타락이 만연된 사회상이 전개되었다. 그러한 이유로 초기 자본주의 안에 내재된 극단적 개인주의와 무분별한 자유주의에 반성을 촉구하는 여론이 일기 시작하였다. 그래서 경제학을 중심으로 한 많은 사회 과학자들은 그러한 문제를 풀기 위한 이론 개발에 관심을 가지게 되었다. 그 구체적 내용은 경제 행위는 지금까지 사람들이 생각해 왔던 것처럼 단지 경제 메커니즘의 문제뿐만 아니라 윤리의 문제를 수반한다는 것이다.

당시 독일의 경제학자 슈몰러(Gustav von Schmoller)를 대표로 브렌타노(Lujo Brentano), 그리고 뷔헤르(Kahl Bücher) 등은 인간의 경제적 행위는 도덕적 행위의 일부임을 강조하면서 경제학을 윤리적 과학으로 승화시켜야 한다고 주장하면서, 경제학은 경제 현상을 단순히 기술하고 설명한다고 주장하는 역사학파 경제학에 맞서 신역사학파 경제학을 창시하였다. 또한 마르크스(Karl Marx, 1818~1883)를 비롯한 사회주의 학자들은 근대 자본주의 사회 안에서 드러난 풍요

속의 빈곤의 현상을 반윤리적인 것으로 간주하고, 그러한 현상은 자본주의 사회가 원래부터 배태하고 있는 구조적인 산물이라고 주장하였다. 이러한 분위기로부터 자본주의의 본질에 대한 탐구에 대한 관심은 더욱 증폭되었다.

베버는 이러한 관심의 연장선상에서 서구의 근대 문화의 특징 안에서 자본주의의 성격을 역사 탐구를 통한 방법에 의해 탐구하였다. (베버의 노동 윤리에 대해서는 III장을 보라.) 그는 자신의 탐구 방향을 넓은 의미의 역사학파를 계승해 수행했지만, 그들과 다른 점은 근대 서구 문화가 역사적으로 유일무이한 것이라고 특징화하였다는 사실에 있었다. 베버는 자본주의의 틀이 동서고금 어떤 시간 공간에도 존재하지 않았으며, 원초적으로 서구적 맹아를 통해 서구의 근대 이후 비로소 역사의 장에 등장한 것이라고 주장하였다. 그는 이러한 근거를 '서양의 과학 발달, 역사 연구, 정치사상, 법률 제도, 그리고 종교와 예술' 등을 예로 들면서 근대 자본주의가 서양에서 등장할 수밖에 없었다라고 주장한다. 다시 말해 베버는 서구의 역사 과정 안에서 "아무튼 이것들이 '보편적인' 문화 현상으로, 즉 지배적인 것이 되었다는 사실을 지적"[69]하고 있다.

1905년에 출간된 『프로테스탄티즘의 윤리와 자본주의 정신』은 서구의 근대 자본주의의 본질과 그 기원을 집중적으로 탐구한 베버의 대표 저서라 할 수 있다. 핵심적인 내용은 역사에 대한 유물론적 해석에 반해 초기 자본주의 체제의 형성 과정 안에서 정신적인 요인이 얼마나 크고 또 결정적인 역할을 했는가를 실증 과학적 논증을 통하여 시도한 것이다. 더불어 중요한 점은 그가 유물론적 역사 결정론

69) 김성은, 『근대인의 탄생: 프로테스탄티즘의 윤리와 자본주의 정신』 (아이세움, 2010), 38쪽.

에 반대했을 뿐만 아니라, 서구 근대 자본주의 사회의 형성에서 정신적 요인을 이기적인 개인주의에서 찾는 스미스(Adam Smith, 1723~1790)를 위시한 고전학파 경제학자들의 견해에도 결코 공감하지 않았다는 사실이다.

베버는 자본주의 정신은 이기심이나 공리주의적 발상으로부터 출현한 것이 아니라, 그 기원은 프로테스탄트의 정신, 특히 개신교의 칼뱅주의(Calvinism)에서 유래한 것이라고 주장한다. 칼뱅주의 종교 지도자들은 가톨릭의 전통적 신학 이론뿐만 아니라 동일한 프로테스탄트인 루터파와도 다르게 급진적인 새로운 신학 이론을 제시하였다. 그 이론의 핵심 내용은 '신의 예정설'이었으며, 그 실천은 바로 '성실한 직업 노동'이었다. 그리고 칼뱅주의자들은 스스로를 그런 신학 이론의 틀에 합당한 '구원의 확신'을 수여받은 사람들이라고 믿으면서, 가장 철저하게 삼라만상 모든 사물과 활동에 대해 종교적 가치를 부여하고 윤리적 지침을 마련했던 것이다. 베버는 이러한 관점에 착안하여 칼뱅주의의 직업 정신이 바로 근대 자본주의를 성공적으로 형성시킨 원인이라고 주장했던 것이다. 다시 말해 근대 자본주의는 인간의 이기심에 의한 욕망의 확대가 아니라 오히려 근면, 성실, 금욕, 절약, 경건한 자기 극복이라는 프로테스탄트의 윤리관에 기초한 직업관과 생활태도에서 창출된 것이라고 주장하고 있다. 자본주의의 주역인 근대 시민 계층은 종교적 성실성과 더불어 일상생활을 근면성으로 이끌어 가면서 재화를 획득하고 축적할 수 있었다는 것이다. 그에 따르면 프로테스탄트들의 종교적 금욕, 즉 말 그대로 '청교도적' 경건한 자기 극복은 일상적 삶 안에서 사람들에게 불필요한 낭비를 억제시키면서 자본을 축적하게 만드는 동기가 되었다는 것이다.

■ 캘빈과 홉스

이 만화 캐릭터를 한 번씩은 봤을 것이다. 미국의 만화가 빌 워터슨이 그린 네 컷 만화 〈캘빈과 홉스〉이다. 남자 어린이가 캘빈이고 호랑이(사실은 호랑이 봉제 인형)가 홉스인데, 캘빈은 프랑스의 종교 개혁가인 칼뱅(1509~1564)의 영어식 발음에서 가져왔고, 홉스는 영국의 철학자 토머스 홉스에서 가져왔다. 만화가가 철학자를 좋아하여 캐릭터에 철학자 이름을 붙였다고 한다. 그래서 그런지 이 만화는 철학적인 대사가 많이 나온다.

이러한 베버의 주장은 근대 자본주의를 형성한 주역들은 탐욕스러운 고리 대금업자나 지대(地代)에 기생하는 지주나 또는 권력에 의지하여 치부하는 특권 상인이 아니라는 점을 명시적으로 담고 있다. 즉 근검절약을 통해 저축하여 자본을 축적하고 새로운 기업을 일으켜 합리적으로 운영하여 나간 혁신적이고 창의적인 정신은 바로 프로테스탄트들이고, 또한 그들은 중산 시민 계층이라는 주장을 정형화했다. 더 나아가 베버는 서구 근대 자본주의 정신을 추구하는 태도는 합리성을 추구하는 서구 전통의 합리주의[70]를 실천하는 일환이며 바로 그것은 프로테스탄트의 생활 이상과 합치되는 것이라고 주장한다. 즉 프로테스탄트의 생활 이상은 인류가 원초적으로 의·

70) 막스 베버, 『프로테스탄티즘의 윤리와 자본주의 정신』, 김덕영 옮김(길, 2010), 26쪽 이하 참조.

식·주의 합리화를 위해 노동 행위라는 메커니즘을 창출한 이래 자연스럽게 도달한 역사적 귀결이라는 점을 역설하였다. 그러므로 베버는 프로테스탄트의 합리적인 생활 태도가 근대 시민 계층으로 하여금 현대 자본주의의 등장을 직접적으로 촉발시켰다는 사실을 명시적으로 전제한다. 물론 베버는 자신의 주장이 독단적으로 평가될 것을 우려해서 합리주의와 칼뱅주의 그리고 자본주의 정신의 관계가 인과 관계가 아닌 '선택적 친화력'[71]이라는 개념을 통해 해명한다. 즉 두 개 이상의 원소가 화합하기 쉬운 상대끼리 결합하는 화학 작용의 현상처럼 베버는 합리주의의 보편적 인류 역사의 전개 안에서 칼뱅주의와 자본주의의 관계는 단순한 인과 관계가 아닌 친화력의 결합관계로 규명했던 것이다.

중요한 사실은 베버에서 서구 근대 자본주의가 기독교의 신교도적 삶의 양식에서 출발한 것이므로 그가 힘써 역설하는 자본주의 정신이라는 것은 벌써 전형적인 서구의 윤리적 가치와의 연관을 명시적으로 내포하고 있다는 점이다. 그러한 전제로 베버는『프로테스탄티즘의 윤리와 자본주의 정신』을 통해 서구 근대의 부와 경제의 문제를 물질의 관점이 아닌 윤리적 관점에 기초한 정신적 태도로 보았다는 점에서 우리는 그의 주장을 '유심론 또는 이상주의'[72]로 이해하고 평가할 수 있을 것이다.

---

71) 같은 책, 138, 231쪽 참조.

72) 같은 책, 599쪽, 역자 해제,「종교·경제·인간·근대: 통합과학적 모더니티 담론을 위하여」.

(3) 서구 세계의 시선에서 막스 베버를 넘어서기: 보보스

베버가 저술한 『프로테스탄티즘의 윤리와 자본주의 정신』의 요점은 프로테스탄티즘의 한 일파인 칼뱅주의가 근대 서구 자본주의를 형성시킨 사상적 기초가 된다는 점이다. 즉 베버는 그 책 안에서 근대 자본주의의 작동 원리인 합리주의가 칼뱅이 주장하는 신교도적 금욕주의로부터 나온 것이라는 사실을 논증하려고 시도하였던 것이다. 이러한 점은 베버에서 특히 칼뱅이 주장한 '예정설'에 의거한 직업윤리 관점에서 집약적으로 드러난다. 직업은 더 이상 생계유지나 부의 축적을 위한 단순한 노동이 아니라, 신이 인간에게 내린 신성한 소명(Berufung, calling)의 실천으로 간주된다.

이러한 관점에서 베버는 "'윤리'의 옷을 입고 등장하며 규범에 구속된 특정한 생활양식이라는 의미에서 자본주의 '정신'이 일차적으로 투쟁하지 않으면 안 되었던 적수는 전통주의라고 부를 수 있는 의식과 행동방식"[73]이라고 주장한다. 더 나아가 베버는 전통주의의 행태, 즉 "봉건 귀족들의 고상한 태만"뿐만 아니라 일부 신흥 시민 계층의 부정성, 즉 "졸부들의 천박한 허식"은 프로테스탄트의 금욕적 윤리의 관점에서는 똑같이 증오의 대상이었다라고 단언한다.[74]

이러한 맥락에서 베버는 근대 이전의 역사적 시·공간을 '전통주의'라고 상정하면서 구체적으로 '전(前)자본주의'라고 지칭하며 그 성격을 비조직적, 비효율적이라고 규정한다. 그는 『프로테스탄티즘의 윤리와 자본주의의 정신』에서 그 사실을 다음과 같이 해명한다.

73) 같은 책, 82쪽.

74) 같은 책, 343쪽.

> '전(前)자본주의'라는 말은 합리적인 기업적 자본 이용과 합리적인 자본주의적 노동 조직이 아직 경제적 행위의 지향점을 지배하는 힘이 되지 못했음을 의미한다. 그런데 바로 이러한 태도야말로 인간이 시민 계층적·자본주의적 경제 질서의 제(諸) 전제 조건에 적응하는 것을 도처에 가로막는 가장 강력한 내적 저해 요소 가운데 하나였다.[75]

베버는 이러한 전통주의 의식, 혹은 비윤리적 가치관 안에 자리잡고 있었던 유형의 자본주의를 한마디로 "천민자본주의"[76]라고 명명하고 있다. 베버는 천민자본주의에서 나오는 행태를 청교도적 정신에 의거하면서 '합리적인 시민 계층'이 주체가 되어, "합리적인 노동 조직의 에토스"를 지닌 근대 자본주의 정신과 대비시키면서, 그것은 "정치나 투기에 의존하는 모험가 자본주의"[77]를 배경으로 한 사회 병리학적 현상으로 파악한다.

베버는 새롭게 드러난 자본주의의 윤리에 의거해서 부와 부의 축적, 그리고 직업 정신을 다음과 같이 정의하고 있다: "… 부는 단지 나태한 무위와 죄악적인 삶의 향락으로 유혹하는 경우에만 의심스러운 것이며, 부의 추구도 단지 후일 근심 없고 안일하게 살 수 있게 하기 위해 행해지는 경우에만 의심스러운 것이다. 이에 반해 직업 의무를 수행하는 것으로서의 부의 추구는 도덕적으로 허용될 뿐만 아니라 또한 절실히 요구되기도 한다."[78]

---

75) 같은 책, 82쪽.

76) 같은 책, 345쪽.

77) 같은 책, 같은 쪽.

78) 같은 책, 342쪽,

그러나 현실 속의 자본주의는 영구히 이러한 직업윤리관을 지니면서 영속적인 발전의 길로만 갈수 있을까? 현세의 자본주의는 일단 칼뱅주의적 금욕주의로부터 그 '자본주의적 정신'을 얻었지만, 이후 자본주의는 더 이상의 금욕주의적 가치관을 지니지 않는다고 베버는 진단한다. 즉 자본주의는 이제 금욕주의 정신이 아닌 물질 자체의 동력을 통해 작동되면서 새로운 천민자본주의로 빠질 위기에 처하게 된다고 베버는 경고한다.

금욕의 정신이 상실된 자본주의 자체의 메커니즘은 재화를 통해 인간을 통제하게 되고, '마침내는 도저히 벗어날 수 없는 힘으로 인간을 지배'하게 된다는 것이다. 베버는 대면하기 괴로운, 그러나 잘못하면 도래할 수 있는 이러한 인간의 운명을 "쇠 우리"[79]에 갇힌 상황으로 묘사하고 있다. 그는 현재도 계속 움직이고 있는 자본주의의 메커니즘이 만약 금욕주의 정신과 같은 강력한 내면적 가치를 소유하지 못한다면 미래의 자본주의 안에 사는 "마지막 단계의 인간들"은 단지 "정신없는 전문인, 가슴 없는 향락인"[80]이 될 것이라고 진단한다.

이러한 베버의 종교적 금욕주의의 연관에서 본 '직업 의무'의 사상은 대체로 제2차 세계대전 이후 서구의 자본주의 체제 국가 안에서 직업윤리의 이념으로 수용되었다. 특히 청교도 정신을 건국이념 안에서의 핵심적 요소로 간주하는 미국에서는 베버의 종교와 연관시킨 자본주의 정신에 대한 해석이 직업윤리의 핵심적인 목표로 등장하게 되었다. 즉 근면, 성실, 금욕, 절약, 그리고 경건한 자기 극복으로 정신 무장을 한 시민 계층이 주체가 되어 열심히 직업에 임하게 될 때

79) 같은 책, 365쪽.

80) 같은 책, 367쪽.

자본주의의 지속적인 무한 성장은 가능하다는 것이었다.

그러나 이러한 낙관론은 20세기를 보낸 후기 현대에 들어 비관론으로 바뀌게 되었다. 어쩌면 이러한 비관론은 베버의 우려가 사실로 드러난 것이라고 할 수도 있다. 물론 현대를 가로 질러 후기 현대를 목도하는 우리는 신경제가 주는 우월한 물질적 성장의 결과를 부인하기는 어렵다. 즉 전례가 없었던 많은 상품의 생산과 다양한 투자의 기회, 필요한 재능과 기술을 갖춘 사람들을 위한 많은 일자리의 창출 따위는 인류 역사상 이렇게 많은 사람들에게 이렇게 많은 기회가 찾아와 준적은 없었다고 보인다. 그렇지만 족쇄가 풀린 후기 자본주의의 위험, 특히 다국적 기업과 국제 금융의 탐욕스러운 파워 등에 의해 조정되고 통제되는 후기 자본주의 구조 안에서는 베버가 규정한 자본주의 정신과 직업윤리의 가치가 과연 하나의 이념으로 여전히 힘을 발휘할 수 있는 것일까?

여기서 제기되는 무엇보다 중요한 문제는 '금욕주의적 시민 계층이 여전히 현재의 자본주의를 선도하는 주역인가'라는 물음에 답을 찾는 일이다. 베버는 자신의 사후 변화될 소위 '후기 자본주의'의 모습과 그것을 운영하는 직업의 정신을 잘못 예측하지는 않았을까?

후기 자본주의 발달의 새로운 방향은 역설적으로 베버가 말하는 천민자본주의적 성향에 속한 유형의 사람들의 활약에 힘입은 바가 크다. 즉 후기 현대의 많은 연구가들은 베버가 우려했던 건강한 자본주의를 약화시키는 현상들이 오히려 후기 자본주의의 쇠퇴보다는 발전에 더 많이 기여했으며, 더 나아가 세계 경제, 사회, 문화 혁명을 이끌고 있다고 평가한다.[81] 단적으로 후기 현대를 사는 많은 사

81) 윤원근 · 김혜은, 『막스 베버, 프로테스탄트 윤리와 자본주의 정신』(김영사, 2009), 186~203쪽 참조.

람들은 게으름 때문이 아니라, 돈을 덜 벌더라도 느리고 덜 경쟁적이고 단순한 삶을 추구하고 싶은 욕망을 지니고 있다는 것이다. 즉 '다운시프팅(downshifting)'[82]을 통해 삶을 영위하고 싶은 사람들이 많아졌다는 것이다. 말 그대로 '기어를 아래로 내리면서 삶의 속도를 늦추자는 것'이다. 물론 현재 지구상의 대다수의 사람들은 열심히 일해서 많은 돈을 벌어야 한다는 '청교도적 직업윤리'에 더 자신을 맞추는 것을 당연한 사실로 여긴다. 그렇지만 후기 자본주의 안에서 다운시프팅의 현상처럼 '게으름 아닌 게으름'의 욕구가 자본주의 발전의 저해 요소가 아니라는 토픽이 가시화되고 논의 대상이 되었다는 사실은 무엇을 말하고 있는 것일까? 그리고 베버가 진단한 자본주의의 정신과 프로테스탄트 윤리가 계속 통용되기 위해서는 무엇이 필요한 것일까? 후기 자본주의를 설명하기 위해서는 베버가 말한 선택적 친화력의 요소와는 또 다른 '새로운 선택적 친화력 관계'를 만들 수 있는 요소를 더 만들어야하지 않을까? 재숙고가 강력히 요청되는 지점에 우리는 서있다.

〈뉴욕 타임즈〉 칼럼니스트로 유명한 브룩스(David Brooks)는 2000년 부르주아와 보헤미안을 결합한 '보보스(Bobos)'라는 신조어를 만들어 냈다. 보보스는 부르주아(Bourgeois)와 보헤미안(Bohemian)의 합성어로 '부르주아의 야망과 성공에 대한 집착, 보헤미안의 저항과 창조성이라는 특성을 동시에 지닌 디지털 시대의 새로운 중산층'을 지칭한다.[83] 이후 보보스라는 용어는 한 사회에 있어서 특정한 계층을 지칭하는 데 그치지 않고 라이프스타일, 문화 현상에 대한

---

82) 로버트 라이시, 앞의 책, 183쪽 참조.

83) 데이비드 브룩스, 『보보스: 디지털 시대의 엘리트』, 형선호 옮김(동방미디어, 2001), 8~11쪽 참조.

표현으로 확장하여 사용되고 있다. 물론 신보수주의자들에 의한 '부르주아에 대한 옹호와 보헤미안에 대한 비판' 역시 만만치 않았다. 미국의 사회학자인 벨(Daniel Bell, 1919~2011)은 후기 현대 사회에 만연된 향락주의를 제어할 수 있는 메커니즘을 신교도적 윤리로 보고, 베버를 계승하여 그것에 여전히 신뢰를 보냈다. 즉 전통적 시민사회의 모습은 효율적인 도덕적 환경을 제공하고 있었으며, 그러한 도덕적 가치들, 분별, 검소, 정확성, 절약, 경건함, 사교성, 책임감, 그리고 근면을 강조하기 때문에, 시장 경제를 야만 상태로 만들 수도 있는 일부 탐욕적인 열정을 억제할 수 있다고 주장하는 것이 그 요점이었다.[84)]

물론 이러한 비판적 논의에 비추어 보자면 브룩스의 논의의 관점이 너무 미국 사회를 주 대상으로 삼고 있다는 사실이 문제될 수 있다. 그러나 다양한 가치의 공존이라는 현대적 시각에서 보자면, '청교도적 직업윤리'의 틀을 가지고 해명될 수 없는 부분이 너무나 많다는 사실 또한 인정할 수밖에 없다. 브룩스는 자본주의의 본질이 원래 두 가지의 영향 하에, 즉 하나는 노동을 통해 자신을 창조해야 한다는 오래된 직업윤리의 영향과 또 다른 하나는 멋진 꿈을 현실화할 수 있는 기회가 주위에 널려 있다는 기대감을 통해 그 변화를 거듭해 왔다고 주장한다. 이러한 구체적 발현은 바로 후기 자본주의의 시대에 부르주아적 요소, 즉 생산을 통해 자신의 존재를 정당화하려는 청교도적 사명감과 보헤미안적 요소, 즉 좋은 것들을 얻기 위한 풍요로움을 갈구하며 열망을 고수하는 창조성의 결합으로 나타났다는 것이다.

브룩스는 보보스의 개념을 한마디로 '실리콘 밸리의 혼성 문화'만

---

84) 다니엘 벨, 『자본주의의 문화적 모순』, 김진욱 옮김(문학세계사, 1990) 참조.

을 표현하는 것이 아니라, 그 개념을 통해 총체적 후기 현대 사회 성격을 규명을 하려고 시도한다. 더불어 보보스 개념은 한계성에 도달한 청교도적 윤리의 직업 에토스를 초극한 규범으로 대체 가능하다면서 그 사실을 다음과 같이 설명하고 있다.

> (…) 보보들은 노력과 성공이라는 부르주아의 가치를 새로운 감각을 경험하려는 보헤미안의 충동과 결합시켰다. 그 결과는 육체적으로, 영적으로, 그리고 지적으로 유용한 즐거움을 권장하고, 그렇지 않은 즐거움을 억제하는 일련의 사회적 규제들이다. 이렇게 해서 '신교도 근로 윤리(Protestant Work Ethic)'는 '보보 놀이 윤리(Bobo Play Ethic)'로 대체되었는데, 후자의 윤리도 전자의 윤리만큼이나 규제적이다. 우리가 하는 모든 것은 자기 계발과 발전이라는 삶의 소망에 부합해야만 한다.85)

그래서 브룩스는 부르주아는 가시적인 개선을 꼼꼼하게 추구했던 반면, 보헤미안은 자아의 확장이라는 원대한 목표를 열정적으로 과감하게 실천으로 옮긴다는 점을 부각시킨다. 바로 이 두 가지 특징이 결합된 것이 보보스의 구체적 정체성이라는 점을 브룩스는 또한 부기한다. 더불어 그는 베버가 규정했던 본래 자본주의의 주역인 청교도적 시민의 모델 대신에 보보스의 모습을 다음과 같이 전형화하고 있다.

> (보보스처럼) 분업화된 산업 시대에서 무선 유목민들은 완전한 장비를 갖추는 것이 필수적이다. (후기 현대의 모든 사람들은)

---

85) 같은 책, 221쪽.

> 거대한 의사소통의 회오리 속에서 누군가와 연결되어, 디지털적으로 조화를 이룬 사람들과의 대화를 통해 생동적이고 살아 숨쉬는 삶의 에너지를 흡수해야 한다.[86)]

부정적 관점 역시 존재하지만, 결론적으로 베버 이후 변화된 후기 현대 사회는 어떠한 성격을 지니고 있는가? 무엇보다 먼저 모든 사람들은 다양 다기한 신념과 상이한 삶의 양식을 지닌 채로 공존할 수밖에 없는 사회에 도달했다는 사실을 인정해야 할 것이다. 더불어 그러한 이유로 말미암아 보보스의 개념이 보여주고 있듯이 베버가 주장하는 금욕적 직업관에 기초한 획일적 합리주의의 관점에서는 더 이상 후기 현대에 상응하는 직업윤리를 도출하기는 어려울 것이다.

보보스 개념에서 뿐만 아니라 서구 기독교 종교와 더불어 자본주의가 등장하고 발달했다는 베버의 도식에 대한 반론이 만만치 않다. 특히 보보스 개념과 더불어 동아시아 전통 사상의 가치관에 입각한 '유교 자본주의' 담론은 베버에 대항한 반(反) 담론으로 눈여겨 볼 필요가 있다. 더불어 그러한 담론은 동양과 서양을 넘어서 후기 현대의 직업윤리에 새로운 내용을 담을 수 있을 것으로 기대할 수 있을 것이다. 다음 절은 서양과 대비하여 동양의 전통 사상이라는 틀 안에서 직업윤리의 문제를 논의해 보기로 하자.

(4) 동양 세계의 시선에서 막스 베버 넘어서기: 유교 자본주의

서양 이론적 관점으로 보는 세계와 인간에 대한 이해, 즉 서구적

---

86) 데이비드 브룩스, 『보보스는 파라다이스에서 산다』, 김소희 옮김(리더스북, 2008), 282쪽.

가치의 체계 혹은 가치관이 지구상의 모든 문화 및 역사 이해를 통괄하는 만능열쇠(master key)가 될 수는 없다. 이러한 주장의 근저에 놓인 의문은 "근대화, 혹은 현대화는 꼭 서구적 모델을 통한 서구화 과정이어야만 하는가?"라는 물음에 합류될 수 있으며, 또한 그러한 물음은 한 걸음 더 나아가 서구적 합리성의 기준에 대한 비판 작업으로 이어질 수 있다. 또한 이러한 발상의 전환은 서구 합리주의를 기초로 구축된 베버의 직업윤리관의 경직성을 지양할 수 있는 전망을 제시할 수 있을 것이다.

먼저 동양 전통에 입각한 직업윤리의 핵심은 충(忠)·효(孝) 등의 가치를 중시한다는 점에서 **아시아적 가치**(Asian value) 담론에 연결시켜 논의할 필요가 있다. '아시아적 가치(Asian value)' 담론은 1994년 3/4월호 〈Foreign Affairs〉지(誌)의 편집장 파뤼드 쟈카리아와 당시 싱가포르 총리 리콴유의 대담으로 시발되었다. 그 담론이 논쟁의 성격으로 비화되고 특히 한국에서 주목을 받은 이유는 당시 아태평화재단 이사장의 직함으로 김대중 전 대통령이 리콴유의 대담 〈문화는 숙명이다〉라는 제하의 내용을 같은 잡지 11/12호에 〈문화는 숙명인가〉라는 논제로 반문하면서 반박 견해를 발표했기 때문이다. 그 핵심 내용은 "이른바 서구적 가치를 동양 세계에 적용하는 데는 한계가 있으며, 그런 까닭에 서구식 민주주의와 같은 제도의 이식이 강요되어서는 안 된다."는 요지의 리콴유의 견해에 대해, "아시아적 문화적 특수성 때문에 서구적 민주주의가 불가능한 것은 아니다."라는 주장을 담은 김대중의 반박이다. 그 논쟁적 토론이 전방위적으로 그리고 국내외적으로 활성화된 것은 1997년 말 아시아의 금융 위기, 즉 IMF 사태가 발생한 이후부터라고 할 수 있다. 다시 말해서 금융위기의 책임 소재를 놓고 아시아적 가치에 대한 재평가 움직임이 일어났던 것이다.

아시아적 가치라는 개념은 말 그대로 아시아 문화권이 간직하고 있는 독특한 가치 체계라고 정의할 수 있다. 그러나 이 개념은 객관 사실을 있는 그대로 지칭하는 중립적인 개념이 아니라 특정한 시각과 관점에 의해 구성된 담론이라는 사실에 주의할 필요가 있다. 다시 말해 '아시아적 가치'에 대한 평가는 그것이 무조건 좋은 것 혹은 나쁜 것으로 극과 극을 달리는, 즉 말하는 이의 관심과 의도에 따라 180도로 뒤바뀔 수 있다는 것이다. 여기서 중요한 사실은 담론의 주도가 누구인지, 주도하는 측의 의도가 무엇인지를 먼저 인식해야 한다는 사실이다. 이런 전제에 근거하여 충·효 등 '아시아적 가치'의 담론을 주도하는 계기를 비판적으로 분석해 본다면 그 개념은 부정적으로 활용되는 경우에 따라 3개의 범주로 나누어 볼 수 있다.[87]

첫 번째 범주는 앞서 본 리콴유나 혹은 박정희와 같은 억압적 정권을 정당화하는 경우처럼, 개발 독재의 미명 하에 민주주의를 전형적 서구의 산물로 보는 관점이다. 이것은 동양 사회에는 동양적 합의에 의한 가령 '싱가포르적 민주주의' 혹은 '한국적 민주주의'가 최선이라는 시각을 정당화하는 경우인데, 아시아적 가치라는 담론의 주체가 서구 아닌 동양 자체라는 측면에서 그것은 '내재적 제국주의'의 발상이라고 규정할 수 있다. 또한 이러한 발상은 서구에 대항하여 오리엔탈리즘(orientalism)에 극대비되는 옥시덴탈리즘(occidentalism)의 여파와 멀지 않은 발상이라고도 할 수 있을 것이다.[88]

---

87) 이승환, 「아시아적 가치의 담론분석」, 함재봉 외, 『유교민주주의, 왜&어떻게』(전통과 현대, 2000), 35~36쪽.

88) 전석환, 「아시아의 연대 구축을 위한 '한국학'의 과제: Orientalism과 Occidentalism을 넘어서」, 『인문과학논집』(강남대학교 인문과학연구소), 22(2011), 3~25쪽, 전석환, 「한국 신종교의 서구에 대한 인식 및 그 시각의 문제」, 『신종교연

두 번째 범주는 아시아의 문화와 아시아적 행동 방식 때문에 IMF 등의 경제적 위기가 생겼으므로 서구의 문화와 가치가 아시아적 가치와 문화보다 우월하다고 주장하는 유형이다. 이러한 유형은 철저하게 동양 세계의 외적 내적 전통 문화 전반을 서구의 것에 비해 열등하게 보는 기준에 놓여 있으므로 '외재적 제국주의'의 발상이라고 규정할 수 있다.

세 번째의 범주는 현대 서구 사회에서 목격하는 도덕적 공허와 의미 상실을 치유하기 위하여, 즉 과학적인 도구적 이성과 과도하게 세속화된 자본주의 사회에 염증을 느끼고 있는 사람들이 다소 신성한 가치와 감각을 제공해 줄 수 있는 어떤 대안을 아시아적 가치에서 찾는 경우인데, '낭만주의적 관점'이라고 부를 수 있다.

이러한 논의에 덧붙여서 아시아적 가치에 대한 논의를 '탈식민지적 논쟁'에 부쳐서 토착적인 정치 문화와 도덕 교육을 확립시키면서 서구문화의 보편주의적 경향들을 상쇄하려는 시도를 아시아적 가치에 대한 또 다른 담론의 한 방향으로 볼 수 있다. 즉 '또 다른 담론'의 이 방향은 앞 서 제시한 세 가지 범주의 부정적 발상을 극복할 수 있는 대안인 셈이다. 결론적으로 아시아적 가치에 대한 명증한 논의는 이런 분류를 염두에 두고 그러한 논의가 어떤 효과를 얻기 위한 의도인지를 질문해야 하는 고민이 먼저 선행되어야만 할 것이다.

일군의 동양학자들은 이러한 맥락에서 하나의 큰 질문은 서양 자본주의가 중국에 들어오기 이전에 전통적인 종교 윤리가 중국의 자발적인 상업 활동에 궁극적으로 어떤 영향을 끼친 것이 있었는지 없었는지를 살펴보는 것이라고 주장한다.[89] 그리고 베버의 서구적 합

구』, 17(2007), 172~200쪽 참조.

리주의를 해명하기 위해 인식 수단으로서 '이념형(ideal-type)'[90]의 수용은 상상력을 통하여 역사상의 사실 및 그 상호 관계의 연결을 시도한 것으로 '그 자체가 하나의 유토피아이며, 실제 세계에서는 찾아 낼 수 없는 것'이라고 일축한다.

투 웨이밍(Tu Wei-Ming)은 이러한 비판적 의미를 전제로 서구적 모더니티가 유일무이한 것이 아니라, 모더니티는 다수일 수 있다는 '다중 모더니티' 개념을 제시한다. 그는 그러한 개념 제시의 이유를 다음과 같이 말하고 있다.[91]

가) 근대화 과정을 정의하는 데 전통의 지속적인 존재가 적극적인 작인으로 기능한다.

나) 근대 서구를 이해하는 데는 비서구권 문명도 상관이 있다.

다) 지역 지식(local knowledge)이 세계를 이해하는 데 점점 중요해지고 있다.

이러한 아시아적 가치 담론의 등장은 동아시아의 새로운 정치 · 경제 · 문화적 지형을 구축시고 있다.[92] 그러한 변화의 기류는 구체적

---

89) 위잉스, 『중국근세종교윤리와 상인정신』, 정인재 옮김(대한교과서주식회사, 1993), 10쪽 이하 참조. 차오 티엔셍, 『중국 상인, 그 4천년의 지혜』, 김찬호 옮김(가람기획, 2000), 48~58쪽 참조.

90) 예를 들면 '자본주의 정신', '칼뱅주의', '프로테스탄트 윤리' 등의 개념은 '이념형'이라고 할 수 있다. 베버의 연구에서 중요한 역할을 하는 이념형은 현상들을 쉽게 분석하기 위해 만들어 낸 '논리적 도구'라고 할 수 있다. 즉 '이념형은 효율적인 연구를 위해 만든 일종의 약속'인 셈이다. 김성은, 『근대인의 탄생-프로테스탄티즘의 윤리와 자본주의 정신』(아이세움, 2011), 129쪽 참조.

91) 투 웨이밍, 「다중 모더니티: 동아시아 모더니티에 대한 예비적 고찰」, 새뮤얼 헌팅턴 외, 『문화가 중요하다』, 이종인 옮김(김영사, 2001), 390~406쪽 참조.

으로 동아시아의 경제 발전은 전통적인 유교 문화 덕택이라고 보는 **유교 자본주의**의 모습으로 드러났다. 아시아적 가치론의 실제적 구현 모습인 유교 자본주의론이 20세기의 중요한 담론으로 등장하게 된 계기는 1960년대부터 1970년대 유교 문화권의 나라들, 즉 일본 등을 비롯하여 소위 후기 공업 국가들의 비약적인 경제적 발전 현상을 주목하는 것으로부터 시작되었다. 실제로 새롭게 접근하는 서구식의 자본주의와 함께 전래되어 온 유교 전통을 조화롭게 결합하자는 취지의 유교 자본주의는 '4마리의 용'으로 표현된 일본, 한국, 타이완, 싱가포르의 후기 공업 국가들의 도약과 더불어 1945년부터 1975년 사이의 전쟁 폐허를 극복하기 위한 베트남의 '도이모이(Doi Moi)운동'까지 폭 넓은 실천의 모습으로 확인된다. 세계적인 미래학자인 칸(Herman Kahn)은 『미래의 체험』에서 "21세기에는 한계에 부딪힌 서구적 자본주의를 대신하여 유교적 자본주의가 그 자리를 대신할 것이다."라고 예언하면서 유교 정신의 저력을 높게 평가하고 있다.

이러한 정신적 덕목은 이미 공자의 논어 등에서 확연하게 드러나 있다고 할 수 있다. 그런데 서구적 관점, 특히 오리엔탈리즘의 입장에서는 일반적으로 동양 세계의 물질관은 정신 철학의 하위 개념으로 인식되고, 그럼으로써 중국을 위시한 아시아 국가는 자본주의적 시장 경제에서 뒤질 수밖에 없었다고 설명한다. 이러한 측면을 강조하는 사람들은 논어의 옹야(擁也) 편을 즐겨 인용하면서 자신들의 주장을 논증하려고 시도한다. 즉 공자는 제자 안회(顔回)의 요절을 안타까워하면서 안회의 학문 탐구에 대한 열과 성, 그리고 가난으로

---

92) KBS 인사이트아시아 유교 제작팀, 『유교, 아시아의 힘』(예담, 2007), 127~230쪽 참조.

고생을 하면서도 성인의 도를 닦는 즐거움을 잊지 않았다는 점을 높이 칭송한다. 다시 말해 오리엔탈리즘의 서구적 관점은 '안빈낙도(安貧樂道)'와 같은 삶의 태도를 물질적 세계에 무관심할 수밖에 없었던, 그래서 자본주의로 나갈 수 없었던 무기력의 증거로 보았던 것이었다. 아마도 그 영향으로 말미암아 지속적으로 사람들은 공자를 물질을 중요하게 생각하지 않은 사상가로 기억하게 되었을 것이다.

그러나 논어의 다른 편을 보면, 공자가 물질적 세계에 관심이 적었다손 치더라도 경제 그 자체에 대한 관심이 전혀 없었다고는 말할 수 없다. 바로 논어의 자로(子路) 편에 보면 그런 생각은 역전된다.

> 공자가 위나라에 갈 때의 일이다. 변화한 위나라를 보고 공자가 말했다.
> "나라가 번성하고 백성이 많구나."
> 그러자 공자가 탄 수레를 몰던 제자 염유가 물었다.
> "이렇듯 백성이 많아진 다음에는 무엇을 해야 합니까?"
> "그들이 경제적으로 풍족하게 살도록 해줘야지."
> "백성의 생활이 윤택해진 다음에는 또 무엇을 해야 합니까?"
> "그들을 가르쳐야지."

결론적으로 유가적 덕 이론의 틀은 베버가 의존했던 서구적 합리성, 즉 프로테스탄티즘 윤리가 의존하고 있는 '도덕법'에 대한 비판으로 읽혀질 수 있다. 다시 말해 근대 도덕 철학자들이 집중해 왔던 '무엇을 하는 것이 옳은 일인가?'에 대한 논의 대상이 되는 '의무', '책임' 등의 개념들은 베버가 의존했던 합리주의의 속성에 상응한다고 볼 수 있다. 그러한 의미로 베버에 대한 비판적 담론의 하나인 유가적 덕 윤리로의 회귀는 베버를 넘어 설 수 있는 직업윤리의 규범적 대안으로 제시될 수 있을 것이다. 이러한 규범적 대안은 지금까지의 서구적 합리성 개념에 기초해서 전문화를 목표로 했던 직업교육의 발상을 전환시키고 그 한계를 극복하는 설득력 있는 제안이 될 수 있을 것이다.

■ 유상

유가적 가치의 핵심, 즉 아시아적 가치가 특히 동양의 경제적 발전의 이유를 해명할 수 있는 충분한 근거를 지니고 있다고 할 수 있다. 이러한 근거는 무엇보다 먼저 중국 상인(商人)의 역사를 자세히 살펴본다면 드러난다. 즉 중국에 이미 유교가 자리 잡기 훨씬 이전에 자본주의의 싹이 트고 있었다는 주장은 상인의 등장과 발전사에 대한 자세한 연구를 통해 역사적으로 고증된 사실로 드러났다. 상인(商人)이라는 말의 유래는 '商'이라는 글자의 어원에서부터 출발한다. 그 글자는 중국 원시촌락의 지명이며 지금의 하남성 상구(商丘)시 남부 지역을 지칭한다. 원래 그 지방은 시조 계(契)가 우(하 왕조를 열었다는 전설상의 제왕)의 치수 공사에 공이 있어 그 땅을 봉토(식읍)로 받음으로 그 내력이 시작되었다고 한다. 그 계로부터 10대째인 왕해(王亥)는 방목을 생업으로 삼았지만 장사에 뛰어난 수완이 있어서 물건을 사고파는 것에 특출했다고 전해진다. 그 당시 300마리의 소를 가지고 시작한 사업이 거대한 재산을 모으게 되고 그 영향력이 전 중국 안에까지 알려지게 되었다. 기원전 16세기 왕해로부터 4대째인 탕(湯)이 하나라를 멸하고 상 왕조(혹은 은나라라고도 부름)를 세우고 또 은의 멸망 후 주 왕조가 등장하는데 나라가 망했더라도 새로운 왕조는 은의 유민들에게 계속 장사할 것을 권고했다고 전해진다. 그 이후 그 지역에 사는 사람들뿐만 아니라 장사 혹은 교역을 하는 사람들을 은상 혹은 상인이라고 일컫게 되었다고 한다.

이러한 중국의 상인은 수 세기 지난 이후에 유교의 가치관에 의해 더욱 더 발전한 모습으로 역사상으로 드러나게 되는데 그 실체의 모습이 바로 '유상(儒商)'이다. 유상은 유가의 경전을 배워 공명을 떨치고자 했으나, 사정이 여의치 못하여 뜻을 이루지 못하고 할 수 없이 장사를 하고 있었던 사람들을 지칭한다. 즉 유교적 정서 및 그 이념에 기초해서 사업을 하는 이들을 유상이라고 부를 수 있고, 그들은 중국을 위시한 동아시아 전체에 유교적 상업 문화 구축에 기여했다고 할 수 있다. 즉 이러한 배경으로 유학과 상업이 결합된 중국적 상인의 모습이 형성되었고 독특한 유교적 색채가 짙은 상인 문화가 만들어졌다. 특히 이것은 상도덕(商道德)적 측면에서 두드러졌는데, 유상의 대표적 사례로서 휘상(徽商) 혹은 안휘(安徽) 상인은 다음과 같은 특징으로 자신들의 상도덕의 철학을 드러내고 있다.

(가) 성독(誠篤), 성의(誠意): 성실함으로 손님을 대한다.

(나) 입신(立身)=믿음을 세움, 독신(篤信)=믿음을 돈독히 함. 신의를 가지고 사물을 접한다.

(다) "군자는 의를 즐기고, 소인은 이를 즐긴다."(공자): 의(義)로서 이(利)를 얻는다.

(라) "도를 지향하고 덕에 근거하며 인에 의존해 예를 즐긴다."

(공자) "인자는 사람을 사랑한다."(맹자): 인의 마음을 바탕으로 수행한다.

(출처: 차오 티엔셩, 『중국상인, 그 4천년의 지혜』, 김창호 옮김(가람기획, 2000), 48~58쪽 참조.)

5. 엔지니어의 윤리

(1) 엔지니어의 정의와 특성

Ⅲ절에서 일반적인 윤리와는 달리 직업윤리에 특별하게 요구되는 규범들을 몇 가지 이야기했다. 그것처럼 모든 직업에 필요한 보편적인 직업윤리가 있지만, 구체적인 직업별로 특수한 직업윤리가 있기도 하다. 세상에 존재하는 수만 가지의 직업에서 다루는 일의 성격은 각양각색이므로 거기에 요구되는 윤리적인 규범은 다를 수 있기 때문이다. 수많은 특수한 직업윤리 중 흔히 많이 논의되는 것은 의사나 변호사 등의 전문직 윤리, 공무원의 공직 윤리, 교사의 교직 윤리, 언론인의 언론인 윤리, 경영인의 경영 윤리 따위가 있다. 대체로 전문성을 띠는 직업이거나 사회에 끼치는 영향이 큰 직업일수록 특수한 직업윤리가 발전한다. 여기서 특수한 직업윤리를 모두 살펴볼 수는 없다. 그 대신에 엔지니어의 윤리만을 다루어보려고 하는데, 엔지니어는 전문가의 특성을 가지고 있으면서 사회에 끼치는 영향도 매우 크기 때문이다. 엔지니어의 윤리를 살펴봄으로써 다른 특수한 직업윤리에도 응용해볼 수 있을 것이다. 엔지니어의 윤리는 엔지니어 스스로가 반성해 보는 윤리이기도 하지만, 일반인이 엔지니어에게 요구하는 윤리이기도 하다. 엔지니어가 하는 일의 영향을 받지 않는 사람이 없으므로 그런 요구가 가능한 것이다.

엔지니어(engineer)는 공학 기술을 담당하는 주체이다. 우리는 엔지니어라고 하면 공장에서 직접 기계를 다루는 사람을 상상하기 쉽지만, 엔지니어가 수행하는 활동으로는 연구, 개발(R&D), 생산, 판매, 관리 등 다방면에 걸쳐져 있다. 엔지니어는 생산 인력, 판매 인력, 관리 인력 등의 여러 형태를 띠고 있기 때문에 **공학자**와는 다르다. 그리고 엔지니어는 제품을 직접 기획하고 설계한다는 점에서 그 제품을 단순히 설치 · 유지 · 보수하는 **테크니션**(technician)과 차이점을 보인다.

엔지니어는 **전문직**(profession)의 하나이다. 엔지니어뿐만 아니라 변호사, 의사, 교사 등의 전문직은 다음과 같은 특성을 지닌다.93)

첫째, 전문직에 필요한 지식은 장기간의 고가의 공식적인 교육 · 훈련을 통해 획득할 수 있다. 그리고 그 지식은 어떤 형태로든 공식적으로 증명되거나 승인된다. 우리나라에서도 의사는 의과 대학 졸업하고 자격 시험에 합격한 이에게, 변호사는 법과 대학원(로스쿨) 졸업 후 자격 시험에 합격한 이에게 부여된다. 교사는 사범 대학(또는 교직 과정 설치 학과)을 졸업한 이에게 자격증이 부여된다.

둘째, 그 분야에 속한 사람들로 특정한 조직(이익 단체)을 형성하여 회원의 권리 및 의무에 대한 규정을 보유하고 있다. 그래서 내부적으로는 회원들을 결속하고 외부적으로는 해당 전문직을 대변하는 역할을 담당한다. 우리나라에서도 의약 분업 때 의사 단체들이 중요한 역할을 했다.

셋째, 전문직은 다른 직업에서처럼 단지 자신을 위한 영리나 생계유지만을 목적으로 하지 않는다. 개인적인 이익을 넘어 공익을 위해 행동할 것을 요구받는다. 자신들의 특수한 능력을 이용하여 공공 복지에 공헌하고 곤궁에 처한 사람을 도우며 필요한 정보나 지식을 공급하고 사람들에게 위안이나 안녕을 제공한다.

넷째, 바로 그런 특수한 능력과 공공 서비스라는 기능 때문에 전

---

93) 송성수 · 김병윤, "공학윤리의 흐름과 쟁점", 『과학연구윤리』(당대, 2001), 181쪽; 황경식, "전문직과 직업윤리", 『전환기 한국 사회의 새로운 직업윤리 모색』(한국직업능력개발원, 2005), 45쪽 참고.

문직은 일반인보다 더 많은 보수와 존경을 받는다. 그리고 이에 상응하는 의무와 책임을 갖는다. 이들은 국가가 정한 규범을 지키는 것은 말할 것도 없고 스스로가 속한 단체의 윤리 강령을 어길 시에도 경고나 제명 조치를 받는다.

■ 자격증

면허증과 **자격증**의 차이점은, 면허증이 없으면 법적으로 관련된 일을 할 수 없지만 자격증이 없다고 해서 꼭 그 일을 할 수 없는 것은 아니라는 것이다. 자격증은 자신의 실력이 어느 정도 이상이 됨을 공인해서 보여 주는 역할을 한다고 할 수 있겠다. 예를 들어 운전은 면허가 있어야만 할 수 있지만, 워드프로세서 자격증이 없다고 해서 워드프로세서를 다룰 수 없는 것은 아니다. (여담으로 007 시리즈 영화의 15번째 작품은 '살인 면허'이다.)

자유 지상주의적 경향을 띤 학자들은 면허증 제도에 대해 반대한다. 예를 들어 고객들이 어떤 의사를 선택할지는 자유 시장에 의해 결정하도록 해야지, 정부에서 면허를 허용한 의사만 치료 행위를 할 수 있도록 법으로 정한 것은 자유 시장에 대한 국가의 개입이고 독점 서비스라는 것이다. 물론 면허 제도를 운영하는 것은 무능한 행위(가령 돌팔이의 진료) 때문에 생기는 피해를 미연에 막기 위해서일 것이다. 그러나 면허 제도에 반대하는 쪽은, 비록 무능한 직업인이라고 하더라도 비용을 덜 들이고 질 낮은 서비스라도 받으려는 고객의 자유 선택을 존중해야 한다고 주장한다. 유능하면서 높은 비용의 직업인과 무능하면서 낮은 비용의 직업인 간의 구분이 자유 시장에서 자연스럽게 결정되리라는 것이다. 그러나 의료 서비스와 같은 전문적인 영역에서는 소비자가 유능한지 무능한지 판단하기가 굉장히 어렵다는 문제가 있다.

자격증의 종류에는 국가 기술 자격, 국가 전문 자격, 국가 공인 민간 자격, 민간 자격이 있다.

1. 국가 기술 자격

대한상공회의소와 한국산업인력공단에서 관리한다. 2가지 자격 체계가 있는데 먼저 기술계로는 기능사, 산업 기사, 기사, 기술사가 있고, 기능계로는 기능사, 산업 기사, 기능장이 있다.

2. 국가 전문 자격

국가 기술 자격이 주로 산업과 관련이 있는 기술·기능 및 서비스 분야의 자격인 반면에 국가 전문 자격은 주로 의료나 법률 등의 전문 서비스 분야의 자격으로 개별 부처의 필요에 의해 신설, 운영되며 대부분 면허적 성격을 지닌다. 국가 기술 자격과 국가 전문 자격의 목록은 한국산업인력공단 홈페이지에서 확인할 수 있다.

3. 국가 공인 민간 자격

정부가 민간 자격에 대한 신뢰를 확보하고 사회적 통용성을 높이기 위하여 법인이 관리·운영하며, 민간 자격 등록 관리 기관에 등록한 자격 중 우수한 자격을 심의를 거쳐 공인을 받은 자격이다. 공인의 주체는 주무부 장관이다.

4. 민간 자격

국가 외에 개인·법인·단체가 신설하여 관리·운영하는 자격을 말한다. 한국직업능력개발원의 민간 자격 정보 서비스(http://www.pqi.or.kr/indexMain.do)에 보면 자격증 종류가 나온다. 민간 자격을 국가 공인 자격으로 속여서 고소득과 취업이 보장될 것처럼 허위 광고를 하는 경우가 많으므로 주의해야 한다.

엔지니어는 위에서 말한 전문직의 특성을 대체로 가지고 있는 것 같다. 엔지니어가 되기 위해서는 4년 동안의 대학 교육을 필요로 한다. 그리고 우리나라에서는 기사 또는 기술사와 같은 자격증 제도를 두고 있고 분야별로 조직을 두고 있다. 그러나 의사나 변호사와 같은 전문직과 엔지니어와는 다음과 같은 점에서 차이점을 보인다.[94]

첫째, 엔지니어는 의사나 변호사와 달리 자격증의 역할이 그리 크지 않다. 방금 말한 것처럼 우리나라에도 기사나 기술사 같은 자격증이 있긴 하지만 엔지니어로 활동하는 데 이것이 필수적인 것은 아니다.

둘째, 엔지니어의 서비스는 의사나 변호사의 그것과 달리 공공성이 훨씬 크다. 그 이유는 의학이나 법률은 그 서비스가 사람에게 직접 제공되는 데 반해, 공학은 기계, 건물, 설비, 제품 등과 관련된 서비스이므로 그것에 간접적으로 관련을 맺는 많은 사람들에게 영향을 미치기 때문이다. 또 공학의 프로젝트는 많은 경우에 국민의 세금에 의존하여 추진되므로 직·간접적 형태로 국민의 동의를 받아 이루어지고 있어서 공공성이 크기 때문이다.

셋째, 거의 대부분의 엔지니어는 기업의 피고용인으로 활동하고 있다. 그래서 전통적으로 독립적으로 업무를 수행하는 의사나 변호사에게는 생기지 않는, 고용주와의 갈등이라는 윤리적 문제가 생기게 된다.

그래서 엔지니어들에게는 다음과 같은 윤리적 문제들이 제기된다.[95]

---

94) 위의 글, 182~3쪽. 데보라 G. 존스, 『엔지니어 윤리학』(동명사, 1999), 67~8쪽.

95) 송성수·김병윤, 앞의 글, 183~4쪽.

○ 기업에 고용되어 있는 엔지니어가 과연 책임을 질 수 있는 존재인가?
○ 만약 그렇다면 엔지니어에게는 어느 정도의 책임이 있는가?
○ 엔지니어는 고용주에 대한 책임과 사회에 대한 책임 중에서 어떤 것에 더욱 성실해야 하는가?
○ 엔지니어 단체는 구성원의 윤리적 갈등을 조정하는 데 어떤 역할을 할 수 있는가?

이 물음들은 꼭 엔지니어 같은 전문직뿐만 아니라 일반 직업인들에게도 생길 수 있다. 다만 엔지니어들은 전문 지식 때문에 무엇이 문제인지 더 잘 알 수 있는 위치에 있다는 점에서 다르다.

기업에 고용되어 있는 엔지니어는 그 기업에 **성실해야**(loyal, '충실하다', '충성스럽다'라고 번역하기도 한다) 할 의무가 있다. 그래서 회사의 이익에 반하는 행동을 하는 것은 도덕적으로 옳지 않다고 말한다. 그러나 그 회사의 제품의 안전성에 관계된 결함에 관한 비밀이라도 그 비밀을 외부에 알리는 것은 회사에 대한 성실성의 의무를 위반한 것인가? 성실성은 항상 도덕적인가?

변호사는 고객의 불법 행위를 고발할 수 없도록 직업윤리로 규정하고 있다. 그러나 엔지니어는 고용주나 고객의 주문이 공공선(公共善)을 크게 해치는 경우에 거절하거나 고발할 수 있다. 변호사나 의사의 경우에도 성실해야 할 의무가 있다. 그러나 그들의 성실은 고객에 대한 성실이다. 의뢰인이나 환자가 범법자인 경우에도 그에게 최선을 다하고 그의 비밀을 보장해 주어야 할 의무가 있다. (의사는 의료 행위를 통해 알게 된 환자의 비밀을 지킬 의무가 있지만, 단

전염병처럼 공익이 더 큰 경우에는 관련 기관에 통보해야 할 의무가 있다.) 그러나 엔지니어의 성실은 누구에 대한 성실인가? 고용주에 대한 성실인가?

고객이란 자신의 노동에 대한 대가를 지불하는 사람이다. 그렇다면 엔지니어의 고객이 고용주라고도 볼 수 있다. 그러면 엔지니어는 고용주의 요구에 부합하는 행동을 해야 하며 그것이 사회적 이해관계와 상충한다고 해도 그래야 하는가? 그러나 위에서 엔지니어의 서비스는 공공성이 크다고 했으므로 엔지니어의 고객을 불특정 시민이라고 볼 수도 있다. 그렇다면 엔지니어는 고용주에 대한 의무보다는 사회적 차원의 책임을 더 소중히 생각해야 하는 것 아닌가? 조직 폭력배들에게도 '의리'라고 하는 성실성이 있다. 비도덕적인 명분이나 목적에 무슨 일이 있어도 성실해야 한다고 말한다면 고용주에 대한 성실은 조직 폭력배들의 의리와 다를 바가 없을 것이다. 따라서 기업에 성실해야 한다는 의무는 맹목적인 성실성을 말하는 것이 아니라 그 일이 공공선에 부합할 때에 한한다.

그러나 엔지니어의 사회적 차원의 책임을 강조하는 것은 문제를 너무 개인적인 차원으로 환원하고 있다. 대부분의 엔지니어가 피고용인이기 때문에 아무런 보호 장치 없이 저항하거나 불복하기를 기대할 수는 없다. 엔지니어만이 대형 사고의 위험을 사전에 인지할 수 있는 기술 지식을 보유하고 있으므로 사회적 책임을 최우선적으로 고려해야 할 의무가 있다는 말도 맞고, 양심에 벗어나는 부도덕한 행위에 대해서는 문제를 제기해야 한다는 말도 맞지만, 고용이나 승진에서 불이익을 받는 데도 그것을 강요할 수는 없는 노릇이다.

(2) 엔지니어 윤리의 사례

엔지니어의 윤리와 관련해서 보통 다음과 같은 사건들이 사례로 자주 인용된다.

① 포드 자동차 핀토 소송 사건

포드사의 핀토(Pinto) 자동차는 뒤쪽에서 부딪히는 충돌에 매우 취약하다는 엔지니어들의 지적이 있었다. 이는 단 11달러로 수정 가능한 것이었으나 이는 시정되지 않은 채 수년 간 방치되었고, 1978년 8월에 핀토가 추돌하여 연료 탱크에 불이 나 타고 있던 3명이 숨지는 사건이 발생하였다. 결국 포드사는 사고로 인한 '미필적 고의에 의한 살인 혐의'로 기소되었다. 피고용인의 위치의 엔지니어들은 안전장치를 하면 사고를 예방할 수 있다는 사실을 이미 알고 있었으면서도 현실적으로 유용한 행동을 취하지 못했다.

② 성수대교 붕괴 사고

1994년 10월 21일 한강 성수대교가 붕괴되어 32명이 사망하는 사고가 발생하였다. 성수대교는 1970년대에 시공되었으며, 당시 농지 정리를 하던 동아건설은 공화당에 정치 자금을 제공하는 조건으로 공사를 수주할 수 있었다. 공사의 전 과정은 권력층의 비호 아래 진행되었으며, 감리 절차가 생략되고 준공 시의 안전 검사도 실시되지 않았다. 그리고 붕괴될 때까지 15년 동안 단 한 번의 안전 진단도 실시되지 않았다. 붕괴 2년 전인 1992년에 택시 기사들이 이상 징후를 발견하고 서울시에 신고했지만 전문적인 안전 진단은 실시되지 않았다. 성수대교는 시공 당시부터 건설 과정과 준공, 그리고 일반

관리에 이르기까지 지침을 무시하였으며, 이 과정에서 전문직 기술자들의 문제 제기나 폭로는 전혀 없었다.

③ 우주 왕복선 챌린저호 사고

1986년 1월 28일 미 우주 왕복선 챌린저호가 발사 후 75초 만에 폭발하여 승무원 7명이 전원 사망한 사건이 발생하였다. 주 엔진에 부착된 두 개의 로켓 부스터를 조립하기 위한 고무 조각(O-Ring)이 0℃미만의 온도에서는 같은 비율로 팽창하지 않으므로 이음새 사이에 틈이 생기고, 이 사이로 가스가 새면서 화염이 번지게 되어 액체 수소를 실은 연료 탱크가 폭발한 것이다. 그런데 이 부품을 생산한 모턴 티오콜(Morton Thiokol)사의 몇몇 엔지니어들은 1985년 1월에 이미 그 결함을 발견하여 경영진에 보고하였으며, 10월 7일 전문가 회의에서 NASA 측에 보고하고 발사 연기를 건의하였으나 수용되지 않았다. 자사의 제작 장비에 중대한 결함이 있다는 사실을 드러내고 싶지 않았던 티오콜의 경영진은 문제를 제기한 엔지니어들에게 침묵을 종용하였고, 결국 챌린저호는 전 세계인이 지켜보는 가운데 산산조각이 나고 말았다.

위 사례들 중에서 핀토 소송 사건과 성수대교 붕괴 사건에서는 엔지니어들이 위험 사항을 인지하면서도 문제 제기를 하지 않았고, 챌린저 사고에서는 문제를 제기하였으나 그것이 수용되지 않았다. 엔지니어의 사회적 책임이 강조되는 까닭은 바로 기술 문제에 대한 근접성 때문이다. 엔지니어는 현재 사용 중인 기술의 잠재적인 위험을 가장 잘 알거나 쉽게 확보할 수 있으며 그 해결책과 대안을 제안하고 탐구할 수 있기 때문에, 그의 견해는 우선적으로 고려되어야 한다. 그래서 위험이 너무나 크고 급박할 경우에는 부당한 지시를 거부하거나 최종적으로 내부 고발의 방식을 선택할 수 있다.

■ **세계적인 내부 고발자들**

이 사진은 시사 잡지 『타임』에서 2002년 선정한 올해의 인물인데 모두 내부 고발자들이다. 왼쪽은 월드컴의 감사인 신시아 쿠퍼로서 38억 달러에 달하는 회계 부정을 이사회에 고발하였다. 가운데는 FBI 요원인 콜린 롤리인데 FBI가 9 · 11 테러 위험을 감지하고도 수사를 제대로 못했다는 내용을 폭로했다 오른쪽은 엔론 사 부사장인 세런 왓킨스로서 7억 달러의 회계 부정을 폭로했다. (엔론과 월드컴의 회계 부정은 다음 절에서 기업 윤리를 설명할 때 다시 나온다.) 미국의 국가안보국(NSA)과 중앙정보국(CIA)에서 일했던 컴퓨터 기술자 에드워드 스노드은 2013년에 미국이 전 세계인의 통화 기록을 도청하고 인터넷 사용 기록을 감시하는 프리즘 프로젝트를 폭로하였다. 미국 정부는 그를 간첩 혐의로 체포하려고 하자 그는 러시아로 망명하였다. 호주의 저널리스트인 줄리언 어샌지는 내부 고발자 웹 사이트인 위키리크스(WikiLeaks)를 통해 전 세계 정부와 기업 들의 비윤리적인 행태들을 폭로하고 있다.

내부 고발(whistleblowing)이란 조직의 현직 및 전직 구성원이 그 조직의 비리를 폭로하는 행위이다. '고발'이라는 말이 고자질과 같은 부정적인 뜻이 있어서 '내부 고발자' 대신에 '공익 제보자'라고 부르기도 한다. 내부 고발자는 영어로 '딥스로트'(deep throat)라고도 부르고, '휘슬블로어'(whistle-blower)라고도 부른다. '딥스로트'는 1972년에 미국에서 워터게이트 사건이 터졌을 때 기자들에게 정보를 제공했던 사람의 암호명이었다. '휘슬블로어'는 '호루라기를 부는 사람'이라는 뜻이다. 참고로 우리나라의 내부 고발자를 지원하는 단체로 '호루라기 재단'이 있다.

2012년에 개봉한 영화 〈도가니〉는 청각 장애인 학교인 자애학교에서 벌어진 성폭행 사건을 다루고 있는데, 이 영화는 2005년 광주광역시의 인화 학교에서 벌어진 성폭력을 학교 내부의 교사가 외부에 고발해서 알려지게 된 실화를 바탕으로 만들어졌다. 실제 내부 고발 사건은 경제적인 비리와 관련된 것들이 많다. 우리나라의 대표적인 내부 고발 사례를 몇 개 들어보면 다음과 같은 것들이 있다.

① 이문옥 전 감사관은 1990년 재벌의 비업무용 부동산 보유 실태를 언론을 통해 고발했다. 덕분에 재벌의 불법 재산 증식, 재벌과 세무 당국의 유착이 낱낱이 알려졌다. 그렇지만 이 전 감사관은 직장에서 파면당하고 공무상 비밀 누설죄로 구속됐다. 이후 국민의 알 권리 등에 비추어 볼 때 이를 공개하는 것이 정부나 국민에게 이익이 된다고 보기 때문에 무죄 확정 판결을 받았으며 같은 해 10월 파면 처분 청구 소송에서도 승소하여 감사원으로 복직하였다.

② 육군 9사단 소속 이지문 중위가 1992년 3월 22일 제14대 국회의원 선거 군부재자 투표 과정에서 공개 투표, 대리 투표 행위

와 여당 지지 정신 교육이 있었다고 기자 회견을 통해 고발하였다. 국방부는 이 중위를 무단 이탈로 구속하였으며, 해당 부대의 500여명 장·사병들을 대상으로 조사한 결과 이 중위의 증언이 허위라고 밝혔다. 또한 고발 동기에 대해서도 소영웅주의자 등으로 비난하였다. 그러나 공명선거실천시민운동협의회와 언론사 등으로 200여 명의 현역 군인들이 익명으로 군부재자 투표 부정에 대해서 제보를 하였고, 특히 통신사령부의 이원섭 일병의 추가 고발로 국방부는 여당 지지 정신 교육과 대리 투표 행위가 몇몇 부대에서 있었음을 인정할 수밖에 없게 되었다. 이 중위는 기소 유예로 석방된 후, 이등병으로 파면 조치되었으나 4년여의 법정 투쟁 끝에 전역 군인들이 이 중위의 고발 내용이 사실임을 입증하여줌으로써 1995년 2월 대법원으로부터 파면 처분 취소 확정 판결을 받아 중위 신분으로 명예 전역을 하였다. 그는 그 후 내부 고발자 모임인 한국공익신고지원센터 소장과 호루라기 재단의 이사를 맡고 있다.

③ 철도청 서울동차사무소의 5명의 검수원들이 '도시 통근형 동차 및 새마을 열차의 보수품 유용과 하자 보수의 문제점, 축상 발열(기차 바퀴가 돌아가는 축에서 심하게 열이 나고 심하면 바퀴축이 부러져 열차가 탈선하는 사상 사고를 유발할 수 있는 현상)로 인한 열차 탈선 사고 위험이 있다'는 것을 내부적으로 해결을 모색하다 불가능하자 이를 1998년 10월, 12월, 1999년 1월에 시민 단체와 언론사에 제보하였다. 철도청은 이들이 제기했던 문제에 대해 시정 조치보다는 제보자를 알아내는 데 주력하여 결국 근무 태도가 불성실하다는 등의 이유로 파면 조치

를 하거나 감봉과 지방 전출 조치를 취하였다. 이들 중 일부는 2000년 5월 법원에서 해임 처분을 취소 받아 복직하였으며, 또 다른 이는 2001년 3월 서울고법에서 원고 패소 판결을 내린 원심을 깨고 '철도 차량의 안전 문제를 외부에 알린 공익적 제보는 정당하다'는 이유로 원고 승소 판결을 받았다. 그러나 복직했던 이들에게 철도청은 다시 3개월 정직·2개월 정직의 재징계를 하였으며, 감봉·전출 징계를 받았던 한 사람은 자살하는 일까지 발생하였다.

④ 인천 국제공항 터미널 공사 현장에서 3년 간 감리원으로 일하던 정태원 씨가 2000년 7월 경제정의실천시민연합에서 기자회견을 통해 '인천 국제공항 공사 감리 과정에서 내화·불연·방수 처리 자재를 제대로 사용하지 않는 등 부실 사례와 부적절한 설계 변경이 무더기로 발견되었으나 감리단이 이를 덮어왔다'고 하면서, 공사 현장의 자재 샘플과 직접 채집한 비디오테이프 등을 증거물로 제시했다. 그는 2000년 5월 대검찰청 중앙수사부에 관련 자료 일체를 넘겨주고 수사를 요청했지만 이 사실을 안 인천 국제공항 공사 쪽과 시공사는 그를 '왕따'로 만들고, 공사 측에 시정을 요구해왔으나 오히려 교체를 당했던 상황이었다. 공사 측에서는 한 감리원의 제보만 믿고 거대한 국책 사업을 일방적으로 매도한 데 대해 유감을 표시하면서, 공사 과정에서 부분적으로 발견된 하자에 대해서 모두 시정 조치했기 때문에 전체 공정 관리에는 별 문제가 없다는 입장을 밝혔다. 그러나 여객 터미널 방수재 선정의 문제로 인한 방수 기능 결함 등 부실 공사 현장이 그대로 방치되어 있는 것으로

밝혀졌다. 정씨는 고발로 인해 건설업계에서 더 이상 일할 수 없게 되었다.

세 번째와 네 번째는 엔지니어의 사례이다. 위 사례들에서 볼 수 있듯이 내부 고발은 상당한 위험 부담을 안고 있는 용기 있는 행위이다. 2002년 1월 25일부터 공익 제보자 포상 및 보상 규정, 공직자 및 민간인 제보자까지 보호, 보복 행위에 대한 부패방지위원회의 조사권의 제한적 인정 등이 담긴 부패 방지법이 시행되고 있다. 그러나 내부 고발자가 아무리 공식적으로 보호를 받는다고 해도 비공식적으로는 '배신자'나 '고자질쟁이'로 낙인찍히고 '왕따' 등의 엄청난 고통을 감내해야 한다.

내부 고발이 올바른 행동이 아니라는 반론도 있다. 피고용인은 고용주에게 기업 비밀을 지킬 계약적 의무가 있기 때문에 외부적 내부 고발은 옳지 못하다는 것이다. 물론 피고용인은 기업과 관련된 모든 측면에서 고용주를 위해 행동하는 데 동의하고 기업 비밀과 모든 관련 정보를 지키는 데 근로 계약서에 또는 묵시적으로 동의하며 계약을 맺는다. 그러나 피고용인이 고용주에 대해 무제한적인 의무를 지니는 것은 아니다. 개인으로 하여금 비도덕적인 행위를 요구하는 계약은 무효라고 인정되기 때문이다. 그러므로 만약 피고용인이 다른 사람들의 피해를 막을 수 있는 유일한 방법이 내부 고발인 경우 고용주는 고용 계약을 내세워 기업의 비밀을 유지하도록 강요할 수 없다. 결국 부정한 행위를 막을 수 있고 긍정적인 효과를 나타내는 내부 고발은 정당하다.[96)]

---

96) 마누엘 G. 벨라스케즈, 『기업 윤리』, 한국기업윤리경영연구원 옮김(매일경제신문사, 2002), 505~6쪽.

그러나 내부 고발은 최후적인 수단이지만 일반적으로 장려할 만한 것은 아니다. 어떤 형태로든지 고발자는 정신적 부담을 느끼게 되고, 이로 인하여 심각할 정도의 정체성 위기에 빠져들기 때문이다. 그리고 내부 고발이 정당하다고 말하는 것과 내부 고발이 의무라고 말하는 것은 다르다. 내부 고발 행위가 도덕적으로 받아들일 수 있지만, 그렇다고 해서 피고용인이 반드시 그렇게 해야만 하는 도덕적 의무가 있는 것은 아니기 때문이다. 따라서 최악의 고발 사태를 방지하려면 기업에 투명하고 민주적인 의사소통 구조를 유지해야 한다. 피고용인도 참여한 공개 토론을 거쳐서 주요 정책 결정 과정이 이루어져야 하고 피고용인은 자신의 전문적인 의견 개진으로 인하여 어떤 불이익도 받지 않아야 한다. 그리고 관리자는 확인된 실수에 대하여 사실을 인정하고 개선하려는 노력을 기울여야 한다. 이와 같은 신뢰감이 조성될 경우에 엔지니어는 자신의 전문적 견해를 두려움 없이 피력할 수 있으며, 그만큼 더 효과적인 위기 관리를 기대할 수 있게 된다.

■ 엔지니어 윤리 규범(IEEE, 미국 전기 공학 협회)

우리들은 오늘날 기술이 전 세계 삶의 질에 미치는 영향을 인식하고, 우리의 직업, 동료 그리고 우리가 봉사하는 공동체들에 대한 개인적 책임감을 인정하면서, 우리 자신이 가장 고명한 윤리적 그리고 전문적 행동 양식을 취할 것을 다짐하며, 다음과 같이 결의한다.

1. 공공의 안전, 건강 및 복지에 부합되는 공학적 판단을 내릴 것에 대한 책임이 있음을 인정하고, 공공 또는 환경에 위험을 초래할 요소들은 즉각 공개한다.

2. 실제적 또는 인식상의 이해 충돌이 일어나는 상황은 가능한 한 피하고, 이것이 불가피한 경우에는 관련 당사들에게 알린다.
3. 어떤 사실을 주장하거나 데이터에 바탕을 둔 예측을 할 경우에는 항상 정직하게 그리고 현실적으로 한다.
4. 모든 형태의 뇌물을 거부한다.
5. 기술과 기술의 적합한 응용, 그리고 잠재적 결과에 대한 이해를 확대한다.
6. 우리의 기술적 역량을 유지 및 발전시킬 것이며, 훈련 또는 경험으로 수행 자격이 있을 경우 또는 관련 제약을 완전 공개한 경우에만 공학 기술적 과업을 떠맡는다.
7. 기술적 업무에 대한 정직한 비판을 구하고 받아들이고 또 제공할 것이며, 잘못을 시인하고 수정할 것이며, 그리고 타인의 공로를 합당하게 인정한다.
8. 인종, 종교, 성별, 장애, 연령, 국적에 관계없이 모든 사람들을 공평하게 대한다.
9. 거짓 또는 악의의 행동으로 타인을 해치거나, 재산, 명예, 고용에서의 피해를 입히지 않도록 한다.
10. 동료 및 협력자의 직업적 발전을 돕고, 이들이 이 윤리 규범을 따를 수 있도록 돕는다.

(3) 공학 기술에서의 위험

위에서 살펴본 엔지니어의 윤리 사례들은 모두 대형 사고를 불러오거나 그럴 가능성이 높은 것들이다. 공학 기술의 발전은 새로운 기술을 가져오고 새로운 기술은 예전에 없던 새로운 제품, 구조물, 공정, 화학 물질 등의 결과물을 생산한다. 자연 상태에서 접할 수 없었고 그 규모에서 인간의 한계를 뛰어 넘는 기계, 건축물, 약품 등은 인류에게 예전에 맛보지 못한 편리함을 가져다주지만, 필연적으로 어느 정도의 예기치 못한 위험을 낳는다. 우리가 천재(天災)와 비교해 인재(人災)라고 부르는 사고들이 여기에 속한다. 엔지니어의 윤리는 이 위험의 문제를 중요한 문제로 다룬다는 점에서 다른 특수한 직업윤리와 중요한 차이점이 있다.[97]

공학의 각 분야별로 대표적인 위험 사례들을 뽑아보면 다음과 같다.

○ 기계 · 자동차 · 조선 공학: 포드사 핀토 자동차 사례, 챌린저호 사례, 에어백에 의한 사고 사례, 세월호 사건
○ 건축, 토목 공학: 삼풍 백화점 붕괴 사례, 성수대교 붕괴 사례
○ 화학 공학, 재료 공학: 나노 기술의 위험 사례, 대구 가스 폭발 사례
○ 생명 공학: 광우병 사례
○ 전기전자 공학: 전자 제품의 전자기파 사례, 송전탑 사례
○ 원자력 공학: 핵발전소 사례

'위험'이 무엇이냐고 물으면 흔히 어떤 종류의 해로움이 생기는 상태라고 대답한다. 이 대답이 적절한지 검토하기 위해 문구용 칼이나 요리용 칼을 예로 들어 보자. 이 칼들은 위험한가? 애초에 상대에 대한 위해를 목적으로 만들어진 무기용 칼과 달리 그런 칼은 누가 언제 사용하느냐에 따라 위험하기도 하고 안전하기도 하다. 가령 식칼이 정상적인 상황에서는 요리를 하기 위해서 유용하게 쓰이지만

97) 이 절의 내용은 최훈, "공학 윤리 교육에서 사전 주의의 원칙의 적용", 〈인문과학연구〉 42(2014), 41~43쪽에 의존하였다.

주의를 기울이지 않았을 때는 손을 베는 위험한 상황을 가져올 수 있고 어린 아이에게는 그런 가능성이 더 높아진다. 그래서 위험을 어떤 종류의 해로움이 생기는 상태라고 정의하는 것은 적절하지 않다. 『표준국어대사전』에서도 위험은 "해로움이나 손실이 생길 우려가 있음. 또는 그런 상태."로 가능성을 이용해서 정의된다. 위험은 상황에 따라 상대적이고 대상에 따라 주관적이므로 실제 일어나는 해로움이나 손실 대신에 그럴 우려가 있을 가능성으로 정의하는 것이다. 따라서 **위험**은 '원하지 않는 해로움이나 손실이 생길 가능성'으로 정의하는 것이 옳다.

한편 안전에 대한 정의를 '그런 위험이 없는 상태'라고 정의하면 어떨까? 그러나 이러한 정의는 순환적일 뿐만 아니라, 실제 사람들이 위험에 대해서 받아들이는 직관을 충분히 반영하지 못한다는 문제가 있다. 일상생활에서는 위험이 전혀 없는 상태가 가능하지도 않을 뿐만 아니라 안전에 그런 강한 조건을 요구하지도 않는다. 앞서 예로 든 칼을 어린 아이나 미숙한 어른이 사용하지 않는 한, 손을 베는 가능성이 전혀 없는 것은 아니어도 안전하다고 생각한다. 따라서 안전은 '가능한 한 위험이 감소된 상황'이라거나 '수용 가능한 정도로 위험이 감소된 상황'이라고 정의하는 것이 합리적이다. 다시 말해서 위험이 어느 정도 예상된다고 하더라도 그 위험에 대해 근심하지 않을 정도의 상황이라면 안전하다고 말할 수 있다.

어느 정도의 위험을 수용 가능하다고 볼 수 있느냐는 개별적인 위험의 정의만큼이나 상대적이고 주관적이다. 일반적으로 수용 가능한 위험의 기준으로 몇 가지가 제시된다.[98] 첫째는 성인의 경우 위험에

98) 이 기준에 대한 논의로는 Charles E. Harris, Michael S. Pritchard, Michael J. Rabins, *Engineering Ethics: Concepts and Cases* (3rd ed.),(Wadsworth, 2005)(『공학윤리』, 김유신 외 옮김, 북스힐, 2005), 228-239쪽과, Ibo van de

대해 충분한 정보를 제공 받고 자발적으로 동의를 한 경우의 위험은 수용 가능하다. 자발적인 동의에 의한 위험의 수용은 밀의 자유의 원리에 의해 정당화되는데, 이 원리에 따르면 다른 사람에게 해를 끼치지 않는 한 성인들은 자유로운 삶을 영위할 수 있다. 물론 이 때 성인은 생길 수 있는 위해에 대해 충분히 정보를 제공 받았으며 자유롭게 선택했다는 전제가 만족되어야 한다. 앞서 예로 든 칼은 어떤 위험이 있는지 상식적으로 알려져 있기 때문에 소비자가 위험에 대해 자유롭게 동의를 하고 구입한다고 생각된다. 오토바이나 스키를 타는 행위는 사고가 빈발하지만 이 경우에도 그 위험에 대해 충분히 알려져 있고 자발적인 동의를 한 상태이기 때문에 수용 가능한 위험이다. 그러나 의료 수술의 경우에는 위험성에 대해 주지하고 수술에 대해 명시적인 동의를 받지만, 환자가 의사만큼의 전문 지식을 가지지 못하기 때문에 안전사고에 관하여 자발적인 동의가 실제로 이루어졌는지 알기 어렵다는 문제가 있다. 한편 자발적인 동의가 이루어졌다고 하더라도, 직업과 관련된 경우 일자리 때문에 마지못해 동의하면서도 자발적이라고 포장되는 경우도 있고, 아무리 성인이라고 하더라도 잠재적 위험에 대해 과소평가하는 경향이 있으므로, 그 자발성이 진정인지 판단하기 어렵다는 문제도 있다.

둘째는 위험에서 생기는 손해와 이익을 계산해서 이익이 손해를 능가할 때 그 위험은 수용 가능하다. 예컨대 어떤 공장 시설에서 유해한 가스가 분출이 된다고 할 때, 가스를 예방하려고 할 때 드는 비용—시설 수리 비용, 환기 시설 비용 등—과 가스를 예방하지 않았을 때 드는 비용—직원의 노동력 손실 비용, 직원의 건강 및 생명

Poel and Lambèr Royakkers, *Ethics, Technology and Engineering: An Introduction* (Wiley-Blackwell, 2011), pp. 228-235을 보라.

보상 비용 등—을 계산하여 후자가 전자보다 높지 않다고 판단되면 위험을 수용한다. 이러한 **비용-이익 분석 방법**은 최대 다수의 최대 행복을 주장하는 공리주의 윤리관(II장 참고)에 기초하고 있음을 쉽게 파악할 수 있다. 그래서 해리스 등은 “허용할 만한 위험이란 주어진 가능한 선택에서 피해를 산출한 확률이 적어도 이익을 창출할 확률과 같게 되는 것이다.”라고 말한다.[99] 그러나 비용-이익 분석 방법에 따른 수용 가능한 이익의 기준 역시 문제가 있는데, 모든 위험을 비용으로 계산하기가 쉽지 않기 때문이다. 이는 공리주의가 과연 행복을 계산할 수 있느냐는 비판에서부터 지속적으로 제기되어 온 것으로서, 인간의 생명이나 환경의 훼손 같은 것을 어떻게 비용으로 계산할 수 있느냐는 문제이다. 그러나 현대 사회에서는 생명 보험에서 인간의 노동력과 생명에 대한 비용 계산법이 널리 쓰이고 환경 훼손에 대해서도 보상 비용을 계산하고 있는 것에서 보듯이 비용-이익 분석 방법은 위험 계산과 예측에서 보편적으로 인정되고 있는 방법이다. 이 방법은 나중에 사전 주의의 원칙과 대비하여 다시 설명이 될 것이다.

수용 가능한 위험의 세 번째 기준으로는 공정성이 제시된다. 최근에 우리나라에서 논란이 되고 있는 송전탑으로 예를 들어 보자. 정부 입장에서는 방금 말한 비용-이익 분석 방법에 따라 송전탑이 전국적으로 가져오는 이익이 송전탑이 설치되는 지역에 주는 손해보다 크다고 생각하기에 송전탑에서 오는 위험은 수용 가능하다고 판단할 것이다. 송전탑은 안정적인 전력 공급이라는 이익을 가져오지만, 설치 지역에는 전자기파를 발생시킨다는 우려가 있으며 꼭 그것이 아니더라도 해당 지역에 경관 측면에서 그리고 심리적으로 피해를 준다. 송전탑을 설치하려는 당국에서는 전자기파 발생은 과학적인 사

99) Harris, et. als. 앞의 책, 231쪽.

실이 아니라고 주장하며(이런 점 때문에 전자기파 발생은 앞으로 설명할 불확실성의 위험에 속한다), 다른 피해는 설령 있다고 하더라도 거기서 생기는 이익이 능가한다고 생각한다. 그러나 비용-이익 분석 방법의 근간이 되는 공리주의에 대해 흔히 제기되는 비판처럼, 다수의 이익을 위해 소수가 희생되는 것은 공정하지 못하다는 비판이 가능하다. 미국의 정치 철학자 롤스(John Rawls, 1921~2002)에 의해 주장되듯이 공정성은 어떤 복지보다도 더 중요하게 고려해야 되는 가치이기 때문이다.[100] 그리고 공리주의가 결과론의 대표 이론이라면 의무론의 대표 이론은 독일 철학자인 칸트(Immanuel Kant, 1724~1804)의 윤리학인데, 거기서는 "네 의지의 준칙(maxim)이 언제나 동시에 보편적 입법의 원리가 될 수 있도록 행위하라."가 첫 번째 도덕 규칙이다. 다수를 위해 소수가 희생되어도 된다는 준칙이 보편적 규칙이 될 수는 없다. 따라서 어떤 위험이 수용 가능한가를 판단하기 위해서는 그 위험 판단이 얼마나 공정한가 또는 정의로운가를 고려해야 한다. 그러나 이 기준은 어느 특정한 집단에서 위험이 얼마나 공정하게 분배되느냐의 문제이기 때문에 집단에 해당하는 위험에는 적용되지만 개인에 해당하는 위험에는 적용되지 않는다. 위험성이 문제되는 제품의 구매와 같은 상황은 개인의 자발적인 동의와 개인 차원의 비용-이익 분석만이 문제되기 때문이다.

(4) 위험과 불확실성의 윤리

위험이 예측될 때는 그것을 예방하는 것은 당연하다. 문제는 위험의 예측 확률이 낮거나 결과 또는 확률에 대해 전혀 무지하지만 물

---

100) 존 롤스, 『정의론』(이학사, 2003)를 보라.

리적 또는 심지어 논리적인 가능성만으로 위험이 예상되는 경우이다. 위험에 대한 예방은 상당한 비용이 들 뿐만 아니라 과학 기술의 발전을 잠정적으로 유예시키는데, 그런 가능성만으로 사전 주의(事前注意)를 취하는 것이 올바른가? 아니면 위험은 아무리 강조해도 지나치지 않으므로 물리적 또는 논리적인 가능성만 있는 무지의 상황에서도 위험을 강조하여 예방을 하는 것이 옳은가? 이것이 불확실성 또는 무지의 영역에서 생기는 윤리적 딜레마이다.

우리말에는 안전의 중요성을 강조하는 속담이나 격언으로 "돌다리도 두들겨 보고 건너라.", "호미로 막을 것을 가래로 막게 된다.", "유비무환"이 있고 그것과 상반되게 위험에 대한 지나친 걱정을 경계하는 속담으로 "걱정도 팔자다."나 "구더기 무서워서 장 못 담그나."가 있다. 영어에서도 "Better safe than sorry(나중에 후회하는 것보다 조심하는 편이 좋다)."나 "Anounce of prevention is worth a pound of cure(예방은 치료약보다 낫다)." 등과 같은 속담이 안전의 중요성을 강조하고, "If you don't make mistakes, you don't make anything(실수를 하지 않으면, 어떤 것도 이룰 수 없다)."는 그 반대의 뜻을 나타낸다. 이런 속담들은 안전에 대한 철저한 대비와 지나친 대비에 따른 효율성의 상실 중 어느 쪽이 더 중요한지 생각해 보게 한다.

사전 주의의 원칙(precautionary principle)은 바로 이 불확실성이나 무지의 상황에서 사용되는 원칙이다. 이 원칙은 심각한 위험이 예상되는 경우에는 그 위험이 실제로 일어나리라는 확실한 증거가 없어도 예방적인 차원의 조치가 허용된다는 내용이다. 이 원칙은 환경의 영역에서 중요한 원칙으로 국제회의에서 여러 번 제시되었다.[101)]

> [동물 성장 호르몬 사용을 금지하는 1985년 유럽 연합 집행 위원회의 결정] 안전이 결정적으로 증명되지 않았으므로 인간이 먹는 가축에 성장 호르몬을 사용하지 못한다.
>
> [1987년 북해 보호를 위한 런던 회의] 절대적으로 확실한 과학적 증거로 인과적 관계가 확립되기 전이라 할지라도 위험 물질의 바다 유입을 통제하는 조치를 요구할 수 있는 사전 주의적 접근이 요구될 수 있다.
>
> [1992년 환경과 개발에 관한 유엔 회의의 각료 선언(리우 선언)] 환경을 보호하기 위해, 각국은 자국의 능력에 따라 사전 주의적 접근을 널리 적용할 수 있다. 심각하고 비가역적인 피해의 위협이 있을 때는 완전한 과학적 확실성이 부족하다는 점이 환경적 훼손을 예방할 수 있는 비용 효과적인 조치를 연기하는 이유로 사용될 수 없을 것이다.

이 선언들은 모두 불확실성과 무지의 상황이라고 하더라도 위험을 추정하는 것을 허용하고 있다. "안전이 결정적으로 증명되지 않았다"나 "절대적으로 확실한 과학적 증거로 인과적 관계가 확립되기 전"이나 "완전한 과학적 확실성이 부족하다는 점"이 그러한 지식의 부족을 표현한다. 그런 상황에서도 위험을 예방하는 조치가 필요하다는 것을 위 선언들은 역설하고 있다. 그러나 사전 주의의 원칙에 대한 반발도 만만치 않다. 우리는 살아가면서 위험을 어느 정도 감수할 수밖에 없고 예측 가능한 위험에 대해서는 이익-비용 분석에 의해서 예방을 하는데, 확실하지 않은 위험에 대해 사전 주의를 하는

101) 하대청, "사전주의의 원칙은 비과학적인가?: 위험 분석과의 논쟁을 통해 본 사전주의 원칙의 '합리성'", 『과학기술학연구』 10(2)(2010): 143-174쪽 중 147-8쪽.

것은 과학 기술의 발전을 저해하고 쓸 데 없는 자원을 낭비한다는 것이다. 사전 주의의 원칙은 확실한 과학적인 근거에 의해 정책을 수립하는 것이 아니라 위험에 대한 대중들의 두려움에 영합하는 정치적인 전략일 뿐이라고 비판이라는 것이다.

우리는 이제 다음과 같은 질문을 던져야 한다. 불확실한 위험에 사전 주의를 취해야 하는가? 혹은 그런 사전 주의는 자원의 낭비이고 과학 기술의 발전을 방해하므로 중단되어야 하는가? 돌다리도 두드려 건너야 하는가 아니면 구더기 무서워 장 못 담그는 우를 범해서는 안 되는가? 위험을 예방해야 하는데 예방하지 않으면 큰 재앙을 가져올 수 있으므로 이 질문은 윤리적인 질문이다. 여기에 대답하기 위해서는 사전 주의의 개념에 대해 명확하게 할 필요가 있다. 스웨덴의 환경 철학자인 페르 산딘이 그런 작업을 하고 있는데, 그는 사전 주의적인 행동에 대해 다음과 같은 정의를 내린다.[102)]

어떤 행동 a가 사전 주의인 필요충분조건은 다음과 같다.

(1) (a)는 x를 예방하려는 의도에서 수행되었다.

(2) 행위자는 a가 수행되지 않으면 x가 일어날 개연성이 매우 높다고 믿지 않는다.

(3) 행위자는 다음과 같은 믿음에 대해 외적으로 좋은 근거를 가지고 있다. (a) x는 일어나지 않는다고 믿는다. (b) a가 x의 예방에 실제로 최소한의 기여를 한다고 믿는다. (c) a가 수행되지 않으면 x가 일어날 개연성이 매우 높다고 믿지 않는다.

---

102) Per Sandin, "The Precautionary Principle and the Conception of Precaution", *Environmental Ethics* 13(2004), pp. 461-75.

사전 주의의 첫 번째 기준은 **의도성**이다. 예컨대 화재를 예방하겠다는 의도로 소화기를 가지고 있다가 불을 껐다면 그것은 사전 주의이지만, 가장 행렬에서 소화기를 들고 있다가 우연히 불을 껐다면 그것은 사전 주의라고 말하기 힘들다는 것이다.

이 기준은 필요충분조건을 제시하기 위해 나온 것이고, 우리에게 중요한 것은 두 번째와 세 번째 기준이다. 두 번째 기준은 **불확실성**이다. 만약 a가 수행되지 않으면 x가 일어날 개연성이 매우 높다고 믿는다면 그것은 불확실성이나 무지의 영역이 아니라 충분히 예측 가능한 위험의 영역에 속하는데, 그럴 때 하는 행동은 사전 주의라고 부르지 않는다. 산딘은 이것을 구별하기 위하여 곡예 비행하는 사람이 낙하산을 매는 것과 공수 부대원이 낙하산 매는 것을 예로 든다.[103] 곡예 비행하는 사람은 낙하산을 매지 않았을 때 땅으로 추락하는 불상사가 일어날 개연성이 높다고 믿지 않으므로 그가 낙하산을 매는 행위는 사전 주의에 해당한다. 그러나 공수 부대원은 낙하산을 매지 않았을 때 땅으로 추락하는 불상사가 일어나리라고 상당히 그럴 듯하게 믿으므로, 이 경우 낙하산을 매는 행위는 사전 주의가 아니다. 똑같은 행동이 사전 주의일 수도 있고 아닐 수도 있다. 가령 앞서 예로 든 송전탑을 설치하지 못하도록 행동을 했다고 할 때, 그것은 전자기파를 막는 목적도 있고 송전탑이 바람에 우는 소음 공해를 막는 목적도 있다. 전자는 불확실한 위험이므로 사전 주의에 해당하지만 후자는 확실한 위험이므로 사전 주의가 아니다.

세 번째 기준은 **합리성**으로서, 이 기준이 사전 주의 원칙은 쓸데없는 기우에 불과하다는 비판을 막는 역할을 한다. a라는 사전 주의는 원하지 않는 결과인 x를 예방하는 데 기여를 한다고 믿을 외적으

103) 위의 글, p. 466.

로 좋은 이유가 있어야 하기 때문에, 산딘은 부적과 같은 미신적인 행동은 설령 행위자가 x를 예방한다고 믿는다고 하더라도 사전 주의가 아니라고 설명한다. 사전 주의의 윤리적인 질문에 대답하기 위해서는 사전 주의가 합리성의 조건을 만족하고 있는지가 핵심이다. 사전 주의에 대해 회의적인 사람들은 사전 주의를 우리가 속칭 괴담이라고 일컫는 유언비어와 같다고 생각할 것이다. a라는 사전 주의와 원하지 않는 결과인 x 사이에 과학적인 인과 관계가 없는데도 있는 것처럼 여론이 퍼져 있다는 것이다. 그러나 이런 괴담은 합리성 기준에 의해서 사전 주의와 구분 가능하다. 예를 들어 보자. 조류 인플루엔자(AI)가 창궐하면 닭이나 오리, 심지어는 달걀만 먹기만 해도 AI에 걸린다는 괴담이 퍼져 양계 농가에 타격을 준다. 이때 x는 AI의 전염이고 a는 닭이나 오리, 달걀을 섭취하지 않는 행동이 될 것이다. a가 x를 예방한다고 믿을 만한 외적으로 좋은 이유가 있는가? 그렇지 않다. AI 바이러스는 고온에서 살지 못하므로 AI에 감염된 닭이나 오리라도 고온으로 열처리를 하고 먹으면 아무 문제가 없다고 밝혀져 있기 때문이다. 이때 a는 합리적이지 못한 과도한 사전 주의이고, 사전 주의의 원칙이 기우라는 비판을 받게 만든다.

AI 바이러스의 인체에 대한 유해성과 전자기파의 유해성은 어떻게 다를까? 조류를 섭취했을 때 AI 바이러스의 인체에 대한 유해성은 사실이 아닌 것으로 밝혀졌지만, 전자기파의 유해성은 아직 입증되지 않았다. 전자는 알려진 지식의 영역에 속하지만 후자는 무지의 영역에 속한다. 그런데 어떻게 그것에 대한 사전 주의의 윤리적 정당성을 주장할 수 있을까? 그것은 **입증의 책임** 개념으로 설명될 수 있다. 다음과 같은 두 논증을 보자.

나무 뒤에 맹수가 있다는 것이 알려지지 않았다.
따라서 맹수가 없다.

나무 뒤에 맹수가 없다는 것이 알려지지 않았다.
따라서 맹수가 있다.

맹수가 있는지 없는지 불확실한 상황이다. 이때 어느 논증이 더 합리적이라고 생각할까? 이 논증이 어디에서 제시되었는지에 따라 다르다. 가령 도시의 공원이라면 나무 뒤에 맹수가 있으리라고 생각하는 것은 그야말로 기우이기 때문에 두 번째 논증처럼 생각하는 것은 쓸모없는 에너지의 낭비이다. 따라서 이때는 맹수가 있다고 생각하는 쪽에서 입증의 책임을 진다. 가령 동물원에서 맹수 한 마리가 탈주했고 그 맹수가 이 공원으로 왔다는 식의 증거를 제시해야 한다. 그러나 이 논증이 아프리카의 밀림에서 제시되었다고 하자. 그러면 이번에는 두 번째 논증이 합리적이라고 생각되고, 맹수가 없다고 생각하는 쪽이 입증의 책임을 져야 한다. 비록 맹수가 있을지 없을지 불확실한 상황이지만 맹수가 없다는 증거가 없는 이상 있다고 판단하는 것은 에너지를 어느 정도 쏟아도 최악의 상황을 피할 있기 때문이다. 따라서 그 상황에서 두 번째 논증을 제시하고 사전 주의를 요구하는 것은 윤리적으로 정당하다.

위 예를 다음 예와 비교해 보자.[104)]

이 총에 탄알이 장전되어 있다는 사실이 알려져 있지 않다.
그러므로 이 총에 탄알이 장전되어 있지 않다고 추정할 수 있

104) 이 예는 최훈, 『좋은 논증을 위한 오류 이론 연구』(사회평론, 2012), 253쪽에서 제시되었다.

고, 따라서 사람을 향하여 이 총의 방아쇠를 당겨보아도 된다.

> 이 총에 탄알이 장전되지 않았다는 사실이 알려져 있지 않다.
> 그러므로 이 총에 탄알이 장전되었다고 추정할 수 있고, 따라서 사람을 향하여 이 총의 방아쇠를 당겨서는 안 된다.

이 예도 총에 탄알이 장전되어 있는지 없는지 불확실한 상황이다. 그러나 이 논증은 위 논증과 달리 어느 상황에서 제시되든 간에 두 번째 논증이 합리적이라고 생각한다. 장난감 총이 아닌 이상 비록 불확실하다고 하더라도 탄알과의 관련성은 매우 깊기 때문에 총알이 장전되어 있지 않다고 생각하는 쪽에서 입증의 책임을 져야 한다. 따라서 그런 입증의 책임을 다 하지 않은 이상 불확실성 상황이라고 하더라도 "이 총의 방아쇠를 당겨서는 안 된다."라고 하는 윤리적인 명법이 도출된다.

사전 주의와 관련된 상황도 괴담이 아닌 이상, 다시 말해서 사전 주의의 합리성 조건이 만족된다면 입증의 책임은 사전 주의가 필요 없다고 생각하는 쪽에 있다. 특히나 공학 기술이 가져오는 위험은 되돌릴 수 없고 그 피해가 큰 재앙 수준인 경우가 많기 때문에 더욱 그렇다. 따라서 상대방이 위험성이 없다는 증거를 제시할 때까지 사전 주의를 취하는 것이 옳다는 윤리적 명법이 도출된다. 공리주의적 이익-비용 분석법에 따르면 사전 주의는 윤리적으로 옹호될 수 없을 것이다. 가시적으로 확실하게 드러나는 이익이 불확실한 위험보다 우선하기 때문이다. 그러나 롤스가 정의론에서 주장한 것처럼 위해를 최소화하라는 원칙은 이익을 최대화하라는 원칙보다 우선하는 것으로 받아들여진다. "가능한 대안들이 낳을 최악의 결과들 중 최선의 대안을 선택하라."라는 의미의 최소 극대화(maxmin) 접근법은 일상생활에서 채택되고 있는 전략인 것이다.[105] 더구나 그 최악의 결과는 괴담이 아니라 합리성 기준을 만족하고 있다면 사전 주의를 받아들여야 할 윤리적 정당성은 획득된다고 말할 수 있다.

6. 기업 윤리와 청렴의 의무

(1) 기업 윤리

기업 윤리, 윤리 경영 등이 자주 이야기된다. 왜 기업은 윤리적이어야 하는가? II장에서 본 윤리 이론 중 의무론은 기업이 지켜야 하는 절대적인 가치가 있다고 설명하겠지만, 그것보다는 윤리적인 경영이 결국 기업에게 이익을 가져다준다는 결과론의 설명이 사람들에게 좀 더 호소력이 있다. 경제적인 이익을 가져다준다고 해서 꼭 도덕적이라고 볼 수는 없지만, 도덕적으로 행동하는 것이 결국에는 기업에 이익을 가져다주는 경우가 실제로 많다. 따라서 기업의 윤리 경영은 합리적인 타산적 행위라고 말할 수 있다.

화장품이나 의료 용품 제조사로 유명한 미국 기업 존슨앤존슨(Johnson&Johnson)의 타이레놀 독극물 투여 사건은 윤리 경영이 얼마나 중요한지를 일깨워 주는 대표적인 사례로 꼽힌다. 1982년 시카고에서 누군가에 의해 의도적으로 독극물이 주입된 타이레놀을 복용한 7명이 사망하는 사건이 발생했다. 미국식품의약국(FDA)은 즉각 조사에 착수했고 시카고 지역에 배포된 타이레놀을 회수할 것을 권고했다. 당시 존슨앤존슨의 CEO였던 짐 버크는 FDA의 권고를 넘어

105) 롤스, 앞의 책, 216쪽.

서 시카고 지역뿐만 아니라 미국 전역에 배포된 약품 전량을 회수하는 결정을 내렸다. 이로 인해 존슨앤존슨은 시장 점유율과 매출에 막대한 타격을 입었고 원래 수준을 회복하는 데만 3년이라는 긴 시간이 걸렸다. 이 기간 동안 짐 버크는 회사의 윤리 강령에 반하는 주위의 압력을 받았지만 꿋꿋이 원칙을 고수해 나갔고, 그 결과 타이레놀은 이전보다 더 큰 신뢰를 받는 상표가 될 수 있었다. 그리고 이것이 오늘날 윤리 경영의 대표적 기업으로서의 존슨앤존슨을 만들 수 있었다.[106] 존슨앤존슨의 이런 조치는 2011년 200여 명 이상의 사망자가 나온 가습기 살균제 사건과 대비된다. 영국의 생활용품 업체인 옥시레킷벤키저를 비롯한 가습기 살균제 제조사들은 책임을 회피하다가 2016년에 소비자들의 대대적인 불매 운동에 휩싸였다.

국내에는 '착한 기업'으로 알려진 유한킴벌리의 윤리 경영이 대표적인 사례로 꼽힌다. 유한킴벌리는 생산 현장의 4조 2교대 근무제를 도입하여 사원들의 삶의 질을 높이고 있다. 2개조 근무, 1개조 휴식, 1개조 교육식의 근무 방식이다. 교대 시스템에서 발생하는 여유조는 휴무 또는 교육을 통해 재충전과 자기 개발의 기회를 갖게 되어 인간 존중의 기업 이념을 실현한다고 한다. 그리고 일반인들에게 널리 알려진 '우리강산 푸르게 푸르게' 캠페인으로 숲을 가꾸고 보호하는 활동을 통해 환경에 대한 국민적 관심과 참여를 높이는 데에 큰 기여를 해왔다. 유한 킴벌리가 화장지가 대표 상품인 기업이므로 종이의 재료인 나무를 보호한다고 생각하기 쉽지만, 화장지는 재생 휴지로 만들므로 숲 파괴와 직접 관련은 없다고 한다. 그리고 판공비나 기밀비 등의 관행을 모두 없애고 매년 매출의 1%를 사회에 기부한

106) 『이코노믹리뷰』, 2005년 8월 3일자.

다고 한다. 유한킴벌리의 윤리 경영은 경영 성과로 나타나는데, 1990년 1천6백억 원 수준이던 매출은 1996년 3천5백여 억 원, 2002년 7천1백억 원으로 급신장했다. 순이익도 1990년 51억 원에서 1996년 1백44억 원, 2002년 8백44억 원으로 크게 늘었다.

국내외의 이런 대표적 사례들로 볼 때 기업의 도덕적 경영은 이윤을 증대하기 위한 도구적·전략적 의미를 갖는다고 볼 수 있다. 경영자들의 지나친 이윤 추구는 기업의 장기적인 이해관계에 악영향을 끼치게 된다. 예컨대 저임금과 부적절한 노동 조건은 생산성을 하락시키며 원가 절금을 위한 조잡한 상품들은 결국 고객들로부터 외면당하는 결과에 이른다. 그리고 뇌물과 부패에 의한 경영은 기업의 이미지를 떨어뜨릴 뿐이다. 실제로 미국의 7위 기업이었던 천연가스 기업 엔론과 2위 통신 기업이었던 월드컴은 회계 장부를 조작하는 분식 회계 사건으로 2007년 파산하였다.

그러나 눈앞의 손해가 결국에는 이익이 된다는 생각에 호소하는 것만으로는 기업의 행위를 도덕적으로 만드는 충분한 수단이 될 수 없다. 게임 이론에서 널리 알려진 **죄수의 딜레마**를 생각해 보자.

		죄수 B	
		침묵	자백
죄수 A	침묵	1 1	10 0
	자백	0 10	5 5

죄수의 딜레마란 두 사람이 합리적이라고 생각하고 취한 행동이 오히려 두 사람 모두에게 바람직하지 않은 결과를 가져오는 상황을 가리킨다. 범죄를 같이 저지른 당신과 동료가 붙잡혔다. 둘은 서로 의사소통이 불가능한 독방에 각각 갇혔다. 경찰은 당신들의 죄를 입증

하지 못해 석방될 것이다. 그때 경찰이 당신과 동료에게 협상안을 제시했다. "만약 당신이 자백하고 동료가 자백하지 않는다면 당신은 석방되고 동료는 10년 형을 받을 것이다. 당신과 동료가 모두 자백하면 둘 다 5년 형을 받고, 둘 다 자백하지 않으면 1년형에 그친다." 당신과 동료에게 가장 좋은 선택은 자백을 하지 않고 1년 형을 받는 것이다. 그러나 이를 위해서는 동료가 자백하지 않는다는 믿음이 있어야 한다. 문제는 당신과 동료 모두 각자의 이익을 최우선으로 생각하기 때문에 그런 믿음이 없다는 것이다. 당신이 당신의 이익을 최우선으로 생각하는 만큼 상대방도 그렇게 생각할 것이기 때문이다. 결국 당신과 동료 모두 자백을 한다. 바로 여기서 죄수의 딜레마가 발생한다.

함께 죄를 짓고 잡혀온 두 사람의 용의자 모두 범행을 끝까지 부인하면 경미한 처벌로 끝난다. 그러나 죄수의 딜레마에서는 결국에는 두 사람 모두 자백을 하고 훨씬 큰 처벌을 받게 된다. 왜냐하면 내가 범행을 부인하고 있을 동안에 공범자가 자백을 하고 풀려나고 나만 혼자 그 죄를 뒤집어쓸지 모른다는 불안감이 자백으로 이끌기 때문이다. 모두가 약간의 손해를 보는 것이 결국에는 가장 합리적인데 상대방을 믿지 못하니 나만 손해를 볼 것 같은 불안감에 빠지는 것이다.

마찬가지로 어떤 회사가 공해 방지 시설을 하는 것이 장기적으로 볼 때는 이익이 되겠지만 모든 기업이 이런 시설에 투자하게 하는 강제적 장치가 없을 경우에는 투자하지 않는 것이 기업에 이익이 될 수 있다. 또 공사를 수주하기 위해 뇌물을 쓰지 않는 것이 장기적으로는 기업에 이익이 된다고 할지라도 당장 뇌물을 쓰지 않으면 다른 기업이 공사가 수주할 것 같아 불안해진다. 따라서 죄수의 딜레마로부터 벗어나기 위해서는 기업의 책임에 집단적인 행동을 요구해야 한다. 예컨대 기업들의 연합체나 정부에서 공해 방지 시설을 강제하거나 뇌물 수수의 단속을 엄격히 해야 한다. 이러한 집단적인 책임을 통해 무임 편승자(free rider)를 견제하는 길만이 불합리한 딜레마로부터 벗어나게 하는 것이다.[107)]

(2) 청렴의 의무

뇌물은 대표적인 부정부패 사례이다. 반부패 운동을 벌이는 비정부기구(NGO)인 국제투명성기구(Transparency International)는 부패를 '사적인 이익을 위해 권력을 남용하는 것'으로 정의한다. 부패방지 및 국민권익위원회 설치와 운영에 관한 법률 제2조 4호는 부패를 좀 더 자세하게 '공직자가 직무와 관련하여 그 지위 또는 권한을 남용하거나 법령에 위반하여 자기 또는 제3자의 이익을 도모하는 행위'라고 정의한다. 이 법률은 공직자에 한정하고 있지만 일반적으로 부패는 사기업의 임직원에도 해당된다.

2015년도 국제투명성기구의 조사에 의하면 168개국 가운데 한국의 부패 지수는 37위였다. 부패 지수는 국제투명성기구에서 매년 발표하는 국가별 청렴도 순위를 말한다. 덴마크, 핀란드, 스웨덴, 뉴질랜드 등이 가장 투명한 국가로 조사되었고, 북한과 소말리아가 가장 투명하지 못한 국가로 조사되었다. 가장 부패한 국가는 '0'을, 가장 투명한 국가는 100을 기준으로 평가된다. 우리가 선진국이라고 알고 있는 국가들이 대체로 부패 지수가 높음을 알 수 있다. EBS에서 제

107) 황경식, "전문직과 직업윤리", 『전환기 한국 사회의 새로운 직업윤리 모색』(한국직업능력개발원, 2005). 74~5쪽 참고.

작된 〈지식채널e〉의 '대한민국 점수 5.5'에 따르면 부패 지수 CPI의 1점 상승시 1인당 GDP 25% 상승한다고 한다. 그러면 "공해를 증가시키지 않고도, 더 많이 일하지 않아도 경제성장률을 최대 1.4% 높이는 방법"은 부정부패를 없애는 것이다.[108)]

표 11 2015년도 국가별 부패 지수 순위

(100점 만점. 점수가 낮을수록 투명하지 않음)

국가	순위(점수)	국가	순위(점수)
덴마크	1위(91점)	캐나다	9위(83점)
핀란드	2위(90점)	독일 · 룩셈부르크	10위(81점)
스웨덴	3위(89점)	미국	16위(76점)
뉴질랜드	4위(88점)	일본	18위(75점)
네덜란드 · 노르웨이	5위(87점)	대한민국 · 체코	37위(56점)
스위스	7위(86점)	중국	83위(37점)
싱가포르	8위(85점)	북한 · 소말리아	167위(8점)

자료: 국제투명성기구(TI). http://www.transparency.org/

부정부패의 반대말은 **청렴**이다. 청렴을 교육하는 한 가지 방법은 부패의 몰락을 보여주는 것이다. 부정부패를 했을 때 순간적으로 성공하는 것 같지만 결국에는 몰락한다는 것을 보여주는 것이다. 위에서 본 엔론과 월드컴도 부정부패로 몰락한 대표적인 사례가 될 것이다. 세계적인 육상 선수 벤 존슨도 부정한 방법을 사용했을 때 한 순간의 영광이 있지만 결국에는 몰락한다는 것을 보여준다. 그는 '88 서울올림픽 100미터 육상 경기에서 9.79초의 세계 신기록을

108) EBS, 〈지식채널 e〉, '대한민국 5.5'(2010. 9. 21.) 5.5는 2009년의 우리나라 부패지수가 10점 만점에 5.5점임을 뜻한다.

세우며 금메달을 땄지만 사흘 후 금지 약물 복용이 발각되어 금메달이 박탈되었고, 그 후 다시 약물에 손을 대어 영구 자격 정지 처분을 받고 만다.

그러나 우리는 주변에서 부정부패가 의심되는 방법을 쓰면서도 성공한 사례를 더 많이 알고 있다. 따라서 부정부패의 방법을 썼을 때 몰락하는 사례를 보여준다고 해서 사람들이 쉽게 청렴으로 돌아서지는 않는다. 국민권익위원회에서 운영하는 청렴연수원의 사이버교육센터에서는 청렴하기가 왜 어려운지 그 원인을 찾는 방법으로 청렴교육을 시행한다.[109] 그 교육에 따르면 청렴이 어려운 이유를 다섯 가지로 정리해 볼 수 있다.

첫째는 권위에 대한 복종 때문이다. 거스르기 힘든 권위의 명령 때문에 부당한 명령이라도 수행하는 것이다. 미국의 심리학자인 스탠리 밀그램의 유명한 복종 실험은 불법적인 지시라고 하더라도 권위에 저항하지 못함을 잘 보여준다. 밀그램은 '징벌에 의한 학습 효과를 측정하는 실험'이라고 속여 피실험자들을 모아, 학생 역할을 하는 피실험자들이 문제를 틀릴 때마다 전기 충격을 15볼트에서 450볼트까지 올리도록 하였다. 그 전기 충격기는 가짜이긴 했지만, 교사 역할의 피실험자들 중 65%가 학생 역할의 피실험자들이 비명을 지르는 것을 들으면서도 450%까지 전압을 올렸다. 자신의 행동이 잔인하다는 것을 알면서도 모든 것을 책임지겠다는 연구원의 말에 따른 것이다. 특히 우리나라처럼 위계질서가 강한 사회에서는 상관의 명령이라면 아무리 부당한 지시라도 따르기 쉽기 때문에 부정부패가 더욱 만연하게 된다.

둘째는 경쟁에서 우위를 차지하기 위해서이다. 사람들은 아무 보

---

109) "성공조건으로서의 청렴" 강의 참조.

상이 없을 때보다 보상이 있을 때 그 보상을 받기 위해 부정한 방법도 불사하는 경향이 있다. 따라서 승자 독식 사회(the winner-take-all-society)일수록 그 승자의 위치에 오르기 위해 부패에 빠지기 쉬운 것이다.

셋째는 다른 사람도 하기 때문이다. 제임스 윌슨과 조지 켈링의 '깨진 유리창의 법칙'이라는 범죄학 이론에 따르면 사람들은 유리창이 깨진 채 방치된 건물은 관리를 포기한 건물로 간주하여 다른 유리창마저 돌을 던져 깨버린다. 깨끗한 화장실일수록 더 깨끗하게 사용하지만 더러운 화장실일수록 더 더럽게 사용하는 것도 같은 이치이다. 사람들은 자신이 기본적으로 갖고 있는 규범이나 도덕에 대한 생각보다 주변 사람들의 생각이나 상황에 더 영향을 받는다. 따라서 개인적으로 뇌물을 받으면 옳지 않다고 생각하는 사람도 주변 사람들이 모두 뇌물을 받는 것을 보고 거기에 따라가게 되는 것이다.

넷째는 비용 편익적 사고 때문이다. 규범에 따라 옳고 그름을 판단하는 것이 아니라, 뇌물이나 이권을 받았을 때의 이익과 처벌에 따른 손해를 비교하여 이익이 훨씬 크기 때문에 부정부패를 저지르는 것이다. 플라톤의 『국가』에는 양치기 목동 기게스의 반지 이야기가 나온다. 기게스는 어느 날 반지를 우연히 줍게 되는데 반지를 끼고 반지의 거미발(보석이 안 빠지게 물고 있는 부분)을 돌리니 자신의 모습이 안 보이게 되었다. 그리고 거꾸로 돌리면 다시 보이게 되었다. 플라톤은 기게스의 반지와 같은 것이 생겼을 때 과연 도덕적으로 살 이유가 있는지 묻는다. 뇌물을 받아도 들키지 않을 가능성이 더 크다면 사람들에게 부정부패를 해서는 안 된다고 말하기 어려운 것이다.

다섯째는 열악한 보수 때문이다. 보수가 합당한 정도의 생활을 영위할 정도가 되지 않으면 사람들은 부정부패의 유혹에 빠지기가 쉽다.

부정부패의 원인이 위와 같다면 부정부패를 없애기 위해서는 그 원인을 제거하는 방법이 가장 효율적일 것이다.

첫째, 권위주의 문화를 타파하고, 부당한 명령을 수행 시 엄중한 처벌을 하여 부당한 명령을 따르지 않을 이유를 만들어주어야 한다.

둘째, 경쟁을 완화하는 사회 분위기를 조성하고 경쟁에서 얻은 이익을 다른 사람도 공유할 수 있도록 적절한 분배가 이루어져야 한다.

셋째, 잘한 행동에 대해서는 칭찬 받고 잘못한 행동에 대해서는 처벌을 받는 것이 정의이다. 칭찬과 처벌의 정의가 실현되어야 다른 사람도 하기 때문에 따라 한다는 생각을 바로 잡을 수 있다.

넷째, 적발 가능성이나 처벌의 강도 등 부패의 비용은 크게 하고, 뇌물이나 이권과 같은 수익은 적게 해야 한다. 부정부패는 적발 가능성이 높고 처벌의 강도가 높을수록 줄어든다.

다섯 째, 지나친 탐욕까지는 아니더라도 기본적인 욕구는 만족시켜주도록 보수가 지급되어야 부정부패의 유혹에 빠지지 않게 할 수 있다.

위 해결책 중 권위주의 문화를 타파하는 것이나 경쟁을 완화하는 사회 분위기를 조성하는 것은 단시일 내에 이루어지는 것은 아니다. 그러나 부패 적발 확률을 높이고 처벌의 강도를 높이는 것은 의지만으로도 충분히 가능하다. 부패를 저지르면 반드시 적발되고 반드시 처벌된다는 것을 인식시키는 것이 가장 효과적이고 신속한 부패 방지 방법이다.

2016년 9월 28일부터 시행되는 '부정 청탁 및 금품 등 수수의 금지에 관한 법률(이른바 김영란법)은 공직자(언론인 및 사립 학교 교직원 포함)가 직무 관련성이나 대가성에 상관없이 1회 100만원을 넘는 금품이나 향응을 받으면 형사처벌하도록 하고 있다. 그리고 식사, 선물, 경조사비는 각각 3만원, 5만원, 10만원을 넘으면 과태료를 내도록 했다.

생각할 문제

1. 현대 사회의 특성은 직업윤리에 어떤 변화를 가져왔을지 조사해보자.
2. 직업윤리의 기본 원리나 규범 들이 실제 현실에서 어떻게 적용될 수 있는지 그 사례를 찾아보자.
3. 동아시아의 전통적인 직업윤리의 특징을 서술하고 이것이 현대 자본주의 사회에 어떤 윤리적 역할을 할 수 있는지 생각해보자.
4. 현대 자본주의 사회에서 도구적 이성이 사용된 사회 현상을 한 가지 제시해보고 도구적 이성이 작동되는 과정을 설명해보자.
5. 베버가 말한 자본주의의 기원과 유교 자본주의를 비교해보고, 어느 쪽이 자본주의의 현실을 더 적절하게 설명하는지 생각해보자.
6. 엔지니어 윤리의 특성을 서술하고 엔지니어 윤리의 구체적인 사례를 3가지 이상 제시해보자.
7. 내부 고발 사례를 더 조사해보자.
8. 자신의 전공에서 대표적인 위험 사례를 뽑아보고 그에 대한 바람직한 대처는 어떤 것이 있는지 궁리해 보자.
9. 죄수의 딜레마를 설명하고 바람직한 기업 윤리를 모색해 보자.
10. 자신이 부정부패의 유혹을 받는 상황에 빠질 때 어떻게 행동해야 할지 고민해보자.

V. 직업 선택과 적성

V. 직업 선택과 적성

◆ **학습 목표**

1. 직업 선택이 왜 중요한지 이해한다.
2. 직업 선택의 기준으로는 어떤 것이 있는지 이해한다.
3. 다양한 직업 세계가 있음을 이해한다.
4. 직업 적성 검사와 인·적성 검사가 어떤 것이 있는지 알고 검사를 직접 받아 본다.

1. 직업 선택의 중요성

우리의 인생은 선택의 연속이다. 어떤 선택을 하느냐에 따라 인생이 좌우되기도 한다. 인생의 수많은 선택 중에서 '인생관의 선택', '배우자의 선택', '직업의 선택'은 가장 중요한 것이다. 많은 사람들은 치밀한 준비가 되지 않은 상태에서 선택을 하기 때문에 후회를 하기 마련이다. 시간적 여유를 가지면서 자신의 적성에 맞고 자신의 역량을 발휘할 수 있고 장래성 있는 직업을 선택하는 것이 중요하다.

그런데 많은 대학생들이 직업 선택의 어려움을 겪고 있다. 자신의 분명한 직업관과 직업 선택의 기준을 마련하지 않고 친구나 가족의 권유나 분위기에 따라서 직업을 선택하는 경우가 많다. 자신의 적성과 하고 싶은 일이 무엇인지 명확한 답을 내려 보고 직업에 대한 충분한 정보를 가지고 취업 준비를 해야 함에도 이에 대한 관심이 부족하다.

대학생들이 직업 선택의 어려움을 겪는 요인으로 우선 자기 자신에 대한 분명한 인식이 결여되어 있다는 점을 들 수 있다. 자신이 인생에 있어야 해야 할 일이 무엇이고 적성 검사나 심리 검사를 통해서 자신의 취미나 적성이 무엇인지 분명히 인식해야 한다. 대학 부설 학생생활연구소나 노동부의 직업 관련 인터넷 사이트를 통해서 자신의 적성과 흥미가 어디에 있는지 먼저 확인할 필요가 있다.

또한 직업 선택의 중요성을 제대로 인식하지 못하고 있다는 데에도 그 원인을 찾을 수 있다. 대부분의 학생들은 직업 선택은 먼 훗날 이야기로 치부하고 자신과 무관하다는 태도를 취한다. 아니면 군복무 이후로 미룬다. 더욱 문제인 것은 직업에 대한 다양한 정보가 부족하다는 것이다. 다양한 직업에 대한 정보를 많이 접할수록 직업 선택의 폭은 그만큼 넓어진다. 직업은 살아있는 생명체와 같아서 생성하고 소멸한다. 끊임없이 변화하는 직업의 세계에 귀기울이지 않으면 그 만큼 정보에 뒤떨어지고 직업 선택의 폭이 좁아질 수밖에 없는 것이다.

진로 결정은 자신에 대한 이해와 기업에 대한 이해를 바탕으로 이루어져야 한다. 자신에 대한 이해와 기업에 대한 이해가 어느 정도 이루어졌다면, 이제 그 두 가지 정보를 종합하여 진로 결정을 내릴 수 있다. 진로 결정을 할 때 고려해야 할 사항으로 다음을 들 수 있다.[110)]

110) 서울대학교 진로 취업 센터. http://career.snu.ac.kr/plan/04.htm

• **지위 혹은 역할**

어떤 지위나 역할을 찾고 있는지 검토할 것.

• **흥미**

어떤 문제에 가장 흥미가 있는지, 혹은 원하는 직업에 필요한 흥미를 개발할 수 있는 가능성은 얼마나 되는지 고려할 것.

• **능력과 기술**

일에서 가장 자주 이용했으면 하는 자신의 능력은 무엇인지 생각할 것.

• **가치**

어떤 가치가 가장 중요한지? 지금 원하는 직업이 이러한 가치를 만족시킬 수 있는지를 고려할 것.

• **목표**

단기 목표(향후 2-3년) 및 장기 목표(향후 5-10년)를 세울 것.

• **균형**

일과 개인 생활 간에 어떤 식의 균형을 유지하기를 원하는지? 일주일 동안 일에 투자하고 싶은 시간은 얼마나 되는지 생각할 것.

• **작업 환경**

어떤 환경에서 일하고 싶은지 생각할 것.

• **위치**

어디에서 거주하고 싶은지, 도시 혹은 비도시 지역의 선호도가 있는지를 생각할 것.

• **임금**

어느 정도의 임금 수준을 원하는지 고려할 것.

이외 직업 결정에서 중요한 다른 요인이 있으면 다른 요인을 고려하여 지금 생각하고 있는 직업이 이와 같은 다양한 요인을 얼마나 충족시킬 수 있을지 생각해서 받아들일 수 있는 직업의 범위를 선택할 필요가 있다. 대부분의 직업은 자신에게 중요한 모든 요인을 만족시킬 수는 없다. 따라서 직업을 가질 때 지키고 싶은 가장 중요한 요인이 무엇인지 생각해서 중요도가 떨어지는 요인들은 만족시키지 못하더라도 가장 중요한 몇 가지를 충족시킬 수 있는 직업을 고려하면 된다.

■ 취업 관련 포털 사이트

각 학교의 학생생활연구소 또는 취업센터

노동부 워크넷(http://www.work.go.kr)
리크루트(http://www.recruit.co.kr)
사람인(http://www.saramin.co.kr)
스카우트(http://www.scout.co.kr)
에듀스(http://www.educe.co.kr)
인쿠르트(http://www.incruit.com)
잡코리아(http://www.jobkorea.co.kr)
커리어(http://www.career.co.kr)
파인드잡(http://www.findjob.co.kr)
해커스잡(http://www.hackersjob.com)

2. 직업 선택의 기준

마르크스는 "직업 선택에서 가장 중요한 원칙은 인류의 안녕이다. … 사회의 완성과 복지를 위해서 일을 함으로써만 인간은 자기 자신을 완성할 수가 있다."고 말했다. 자신의 안위만을 위한 것이 아니라 인류의 평화와 복지를 위해 기여할 수 있는 직업 선택이 중요함을 강조한 말이다.

그러나 현실적으로는 자신이 하고 싶고 흥미를 느끼는 직업을 선택하는 게 가장 이상적이다. 직업 선택 시 먼저 염두에 두어야 할 부분은 자신의 적성과 흥미이다. 어떤 직장을 선택할 때 검토해야 할 사항으로 조직의 문화나 분위기 파악과 그 직장의 역사나 사회적 기여도 그리고 장래성 등도 중요하다. 다른 사람들의 시선이나 사회적 통념 등과 같이 막연하게 직장을 선택하는 것은 다음에 후회를 할 수 있기 때문에, 자신의 주체적인 선택이 필요하다.

(1) 적성

직업 선택에서 주요하게 고려되어야 할 사항으로 적성을 들 수 있다. 적성은 개인의 선천적인 특성뿐만 아니라 경험을 통한 후천적인 요인으로 이루어진다. 평소 자신의 취미나 관심이나 성취도가 높은 분야나, 가치관, 성격 유형, 신체적 조건과 전공 지식, 자격증, 가정환경이나 외국어 습득 정도를 종합적으로 고려하여 적성을 파악하도록 노력한다. 자신의 적성에 맞는 직업을 선택한 사람은 직업을 통해 행복과 성취감을 얻지만, 적성에 맞지 않는 직업을 선택한 사람은 후회를 할 것이다. 자신이 막연하게 알고 있는 직업이 자신의 적성에 맞지 않을 수 있으며, 사회적 선망이 되는 직업도 자신에게 맞지 않을 수 있다. 따라서 직업 적성 검사나 선호도 검사 등을 통해서 자신의 선호하는 표준 점수를 파악하여 직업 선택에 활용해야 후회 없는 직업을 선택할 수 있을 것이다.

(2) 발전 가능성과 전직 용이도

금융 위기와 신자유주의 제도 도입 이후 직장 선택에서 가장 중요한 요인은 안정성이 되었다. 과거에는 대부분의 직장이 안정적이었기 때문에 높은 보수가 중요하게 생각되었지만, 이제는 보수가 좀 낮더라도 안정성이 있는 직업이 가장 선호된다. 과거에 비해 공무원이나 교사에 대한 인기가 아주 높아진 것은 그런 점 때문이다. 물론 안정성도 중요하지만 그에 못지않게 장래성도 중요하게 고려해야 한다. 사전에 자신이 선택하고자 하는 직업에 대한 충분한 조사로 장래성이 있는지를 확인해야 한다. 무조건 대기업을 선호할 것이 아니라, 중소기업이라도 자신의 능력을 발휘할 수 있는 기회가 보장되며 성장 속도가 빠르고 장래성이 높다고 판단되면 선택하는 것이 현명하다.

다른 직업으로의 전직이 얼마나 용이한가 하는 것은 평생 직업의 관점에서 뿐만 아니라 자신의 몸값과 관련해서도 중요한 기준이 된다. 타 직업으로의 이직 용이도가 높은 직업일수록 생활·경제적인 측면에서 보다 안정적이라고 할 수 있다.

(3) 보수와 근무 여건

높은 보수와 자유롭고 여유로운 근무 여건에 따라 직업 선호도가 높다. 동일한 직장이더라도 전문 지식과 기술이 있느냐에 따라 보수 차이가 크다. 그렇지만 상대적으로 높은 보수를 받는다는 것은 그만큼 노동 시간이 많고 노동 강도가 강하다는 것을 뜻한다. 많은 시간을 일하고 높은 보수를 받는 것과 여유로운 근무 조건에서 좀더 낮은 보수를 받는 것 중의 어느 것을 선택할 것인지는 개인의 직업관에 달려 있다. 근무 여건으로 고려해야 할 사항으로는 통근 시간, 직장 소재지의 사회 문화적 상황, 복지 제도와 인사 관리 제도, 근무 시간 및 여가 선용 가능성, 경영자의 운영 방침 등을 들 수 있다.

(4) 자아실현성

높은 급여와 장래성이 있다는 것만으로 좋은 직장이라고 할 수 없다. 직장은 자신의 삶의 일부이고 자신의 삶을 실현할 수 있는 공간이기 때문에 자신의 능력과 개성을 충분히 발현할 수 있는 곳이어야 한다. 따라서 자아실현이 직업 선택의 가장 중요한 요소라고 할 수 있다. 인간은 물질적인 것으로만 살 수 없고 정신적인 만족과 행복감이 필요하다. 급여가 조금 낮고 근무 여건이 좋지 않더라도 자신의 인생의 목표를 실현할 수 있는 직장이 좋은 직장인 것이다.

■ 과대평가된 직업, 과소평가된 직업

미국의 직업 전문 사이트인 커리어캐스트는 2012년에 과대평가된 직업과 과소평가된 직업을 선정했다. 과대평가된 직업은 주로 드라마나 영화의 영향 때문이다. 급여가 실제로 낮다는 것보다는 경쟁과

스트레스가 아주 심하고 경기의 영향도 많이 받는데, 대중 매체를 통해 멋있는 면만 부각된 것이다. 한편 과소평가된 직업을 보면 일반인들에게는 잘 알려져 있지 않거나 따분한 직업인 것으로 보이지만 사실은 내실 있는 직업임을 알 수 있다.

미국의 사례이다 보니 우리나라와는 상황이 조금 다르다. 우리나라에서는 어떤 직업이 과대평가되었고 어떤 직업이 과소평가되었을까?

과대평가된 직업		과소평가된 직업
광고 제작자	1	컴퓨터 시스템 분석가
기업 고위 임원	2	토목 기사
비행기 조종사	3	수의사
주식 중매인	4	생물학자
외과 의사	5	증권사 애널리스트
변호사	6	회계사
PR 매니저	7	법률 사무소 사무장
스튜어디스	8	경제학자
사진 기자	9	교장
건축가	10	배관공

3. 여러 가지 진로

(1) 창업

흔히 창업이라고 하면 많은 자본을 필요로 하고 중년층에 해당하는 것으로 생각한다. 그러나 청년 실업자가 40~100만명에 육박하고 청년 실업률이 7~9%대로 청년 실업이 심각한 사회문제화 되고 있기 때문에 청년 창업도 취업의 대안이 되고 있다. 정부와 사회 단체들에서도 청년 실업 극복을 위해 일자리 만들기 프로젝트와 함께 청년 창업 프로그램, 청소년 비즈니스 스쿨, 대학 창업 동아리, 실전 창업 스쿨 프로그램을 통해 청년 창업을 지원하고 있다.

그러나 젊음의 패기와 열정만으로 창업에 뛰어드는 것은 위험하다. 특히 청년들의 경험 부족과 자금 부족은 청년 창업의 성공보다는 실패의 가능성이 훨씬 높게 만든다.

새로운 아이디어와 첨단 기술로 창업하는 것을 예전에는 '벤처 기업'이라고 했는데, 요즘은 '스타트업'이라고 한다. 대학생들이 제일 우수한 부분은 역시 톡톡 튀는 감각과 재치가 넘치는 창업 아이디어와 참신성으로 나타났다. 반면에 대학생들이 선정한 창업 업종을 보면 사업성이 낮은 것으로 나타나서 제일 낮은 평가를 받았다. 중년 퇴직자의 창업 업종으로 치킨집이 레드오션인 것처럼, 청년 창업의 레드오션은 쇼핑몰과 애플리케이션이라고 한다. 창업 업종은 사업의 성패를 좌우하는 것으로서 창업 요소 중에서 가장 중요하다. 참고로 창업에 성공하기 위한 창업의 5대 요소는 창업 업종(아이템), 창업자 자질, 창업 자금, 입지 및 상권, 마케팅 전략을 꼽을 수 있다. 그럼에도 불구하고 청년 창업은 매력적인 키워드인 것만은 부인할 수 없다. 국내외에서 성공한 대표적인 사업가는 청년 창업가가 많기 때문이다.[111]

그 유명한 게이츠(Bill Gates)가 마이크로소프트사를 차린 것은 하버드대학교를 중퇴한 만 20세 때인 것은 널리 알려진 이야기이다. 그리고 국내의 다음커뮤니케이션의 이재웅 사장이 5천만 원의 자본

111) 『월간 창업&프랜차이즈』

금으로 회사를 세운 것은 만 27세 때였다.

2004년 미국의 프랜차이즈 초우량 10대 기업 중 25년 맥도널드 아성을 물리치고 1위 자리에 등록한 서브웨이 샌드위치 창업자 드루카(Fred Deluca)는 17세의 나이로 1965년 창업했다. 현재 서브웨이는 전세계 71개국 1만7,500개 가맹점을 거느린 거대 기업으로 성장했다. 미국에서 서브웨이에 이어 베스트 프렌차이즈 2위에 오른 여성전용 헬스클럽 커브즈 2003년에 무려 1,643개의 점포를 열었다. 커브즈는 창업자 개리 헤빈이 20세의 의대 학생이었던 1992년에 시작했다.

세계 최고의 상인, 세계 최대의 기업인 유통업을 대표하는 미국의 월마트 창업자 월튼(Sam Walton)은 27세에 잡화점을 창업하여 20여 년 뒤인 1962년에 44살의 나이로 오늘의 월마트를 오픈했다.

우리나라의 경우 젊음과 열정 하나만으로 1998년 대치동 18평 야채 가게를 창업, 성공한 총각네 야채 가게 이영석 사장은 만 30세에 창업했다. 창업 3년 만에 자본금 30만원, 컴퓨터 1대로 월 매출 최대 3억(일 400~500벌 판매)을 올리는 옥션 매장 남성 의류 제이브로스 김석중 사장은 2002년 23세 때 자본금 30만원으로 인터넷에서 액세서리 판매를 시작했다. 그리고 돈이 없는 노인들을 위해 저가형의 보청기를 개발, 보급하여 연매출 40억 원의 '사회적 기업'으로 성공시킨 '딜라이트'는 2010년에 20대의 대학생들이 창업한 회사이다.

(2) 대기업과 중소기업

2005년 상반기의 인기 드라마 〈신입 사원〉에서 전산 오류로 대기업에 입사한 주인공은 가족과 주위 사람들로부터 고시 합격에 버금

가는 축하를 받는다. 취업난 시대에 대기업 취업은 모두의 축하와 부러움을 받는 일이 아닐 수 없다. 그러나 아이러니하게도 정작 중소기업들은 인력난에 허덕이고 있다고 한다. 취업난과 구직난이 공존하는 이런 모순된 현상은 대기업만 고집하는 청년 실업자들의 마음가짐에 원인이 있을까, 아니면 중소기업의 근무 환경이나 처우가 열악하기 때문일까?

중소기업의 급여나 복리 후생 수준이 대기업에 비해 대체적으로 열악한 것은 사실이다. 그러나 중소기업은 승진 기회, 업무의 다양성, 직원 간 인적 네트워크 등 임금 외적인 보상에서는 대기업보다 유리한 부분도 많다. 대기업에서는 커다란 기계의 톱니바퀴처럼 자신의 일만 하고 전체적인 그림을 그릴 수가 없을 가능성이 큰데, 중소기업에서는 오히려 이른 시기부터 전체적인 경영을 배울 수 있다.

■ 대기업 "연봉이 많아서" vs 중소기업 "역할 커서"

대기업과 중소기업은 어떤 장단점이 있을까? 취업포털 커리어(www.career.co.kr)가 2008년 신입 구직자 및 대졸 예정자 1,042명을 대상으로 조사한 결과를 보면 다음과 같이 정리할 수 있다.

대기업 근무 이래서 좋다		대기업 근무 이래서 싫다
다양한 복리 후생 혜택을 받을 수 있다(34.0%)	1	학벌주의가 심하다(39.3%)
연봉이 높다(27.4%)	2	승진·인사 고과 등 내부 경쟁이 치열하다(27.8%)
기업 안정성이 탄탄하다(18.2%)	3	상대적으로 체감 정년이 짧다(19.8%)
기업 인지도가 높다(14.1%)	4	
자기 계발 여건이 유리하다(4.0%)	5	

중소기업 근무 이래서 좋다		중소기업 근무 이래서 싫다
회사 분위기가 가족같다(30.5%)	1	상대적으로 연봉이 작다(31.0%)
다양한 업무 습득이 가능하다(25.9%)	2	기업 안정성이 상대적으로 불안하다(29.8%)
사내에서 비교적 높은 역할을 차지한다(24.1%)	3	이것저것 일을 맡겨 업무량이 과다되기 쉽다(20.5%)
탄력적 근무가 용이하다(12.7%)	4	복리후생 혜택이 적다(9.4%)
윗사람에게 자신의 의견을 반영하기 쉽다(10.1%)	5	

(3) 외국인 회사

외국인 회사의 정의는 애매하다. 우리는 보통 본사가 외국에 있는 회사를 외국인 회사라고 생각하지만 국내에 들어와 있는 외국인 회사의 경우 거의 대부분 한국인이 근무하는 회사도 많다. 또 국민은행 같은 경우 당연히 외국인 회사가 아니라고 생각하지만, 주식의 70%는 외국인이 소유하고 있다(이름부터 '국민'은행인데!).

어쨌든 외국인 회사는 국내 기업들에 비해 대체로 다음과 같은 장점이 있다고 알려져 있다. 첫째, 국내 기업에 비해 학연과 지연에 의한 인사나 승진이 상대적으로 덜하다. 둘째, 모든 의사 결정을 데이터와 이미 구축된 시스템에 의거하여 내리고 결재 과정이 간결해 일이 신속하고 효율적으로 진행된다. 잡다한 회사 내부 규정과 상사의 눈치를 보지 않고 철저하게 일의 효율성만을 추구할 수 있다. 셋째, 외국인 회사에서는 자율적인 업무가 강조된다. 업무를 스스로 만들어내고 개발하는 데 따른 수많은 결정 사항들을 담당자에게 위임한다. 권한에 대해서는 책임이 함께 따르게 되는 것은 물론이다.[112]

그러나 외국어 소통 능력이 있어야 한다는 것과 서로 다른 문화적인 차이를 극복하고 이해시켜야 한다는 점이 외국인 회사의 가장 큰 단점이다.

따라서 스스로가 창조성 있고 도전적인 인재라는 점을 보여주기만 하면 수많은 학벌과 학점과 지역색을 따지는 국내 기업보다 훨씬 높은 취업 기회를 가질 수 있다. 그리고 영어에 자신이 있고 다른 문화를 이해하고 이해시킬 노력을 꾸준히 한다면 자신의 능력을 최대한 발휘할 수 있을 것이다.

중소기업도 그렇지만 외국인 회사는 규모가 크지 않기 때문에 수시 채용이나 사내 추천을 많이 한다. 외국인 회사들은 입사 희망자들의 지원 서류를 사전에 수시로 접수받아 사람이 필요하면 개별 면접을 통해 선발한다. 따라서 구직자들은 먼저 외국계 회사의 인력풀에 자신의 이력서를 올려 놓아야 한다.

(4) 교사, 공무원

취업난이 갈수록 심화되고 고용불안이 심화되면서 정년이 보장된 공무원의 인기는 갈수록 커지고 있다. 2002년에 조사한 부모와 자식이 바라는 직업에서 교사와 공무원은 부모와 자식 모두에게서 1, 2위를 차지하고 있다. 특히 학벌이나 출신 대학에 얽매이지 않고 누구나 동등한 기준에서 자신의 노력에 의해 임용될 수 있기 때문에 지방대생이나 여성에게 인기가 더욱 높다. 그러나 공무원은 인기가 있는 만큼 그 합격의 길이 결코 순탄하지만은 않다. 언제 합격할지 알 수 없는 상황에서 몇 년 동안 개인적인 삶과 사회 생활을 포기하

---

112) 이형렬, "내가 본 외국인 회사", 『머니투데이』, 2005년 2월 21일.

고 준비해야 한다. 그리고 많은 인재들이 한창 일할 나이에 고시 공부에 매달리는 것은 국가적으로도 큰 낭비이다. 따라서 뚜렷한 목표를 가지고 본인의 적성과 능력, 그리고 오랜 공부를 뒷받침해 줄 경제적 여건을 고려하여 준비해야 한다.

초등학교 교사가 되기 위해서는 교육대를 졸업해야 하고, 중·고등학교 교사가 되기 위해서는 사범대를 졸업하거나 일반학과의 교직과정을 이수해야 한다. 교육 대학원을 나오는 방법도 있으나 교사자격증이 나오는 교육 대학원인지 확인해야 한다. 사립 학교의 경우 교사 자격증이 있으면 공개 채용이나 추천에 의해 교사가 될 수 있으나 공립 학교의 경우 임용 고시를 치러 합격해야 한다. 그 임용고시가 사법 고시나 행정 고시만큼 어렵다고 한다.

지금까지 공무원이 되는 길은 두 가지였다. 경쟁률이 높고 오랜 준비기간이 필요한 5급 공채 시험(이른바 행정 고시)를 비롯, 7급과 9급 등 공채를 거치는 것과, 민간 부문에서 경력을 바탕으로 특별 채용되는 방식이다. 그런데 2005년부터 지방 대학 출신 우수 인재들에게 공직 진출 기회를 확대하기 위해 지역인재추천채용제를 실시하고 있다. 각 대학에서 영어 공인 시험 성적이 일정 점수 이상이고 학과 성적이 상위 10% 이상인 학생을 대상으로 추천을 받아 PSAT(공직적성평가)와 면접 시험을 거쳐 선발한 후, 1년 간의 견습 근무를 한 다음에 7급 공무원으로 임용한다. 서울과 지방의 격차를 해소하고 대학교육을 정상화시킨다는 취지에서 바람직한 제도라고 할 수 있다.

한편 현재 공무원 임용 시험에는 남성이든 여성이든 한쪽 성이 30%가 되지 않으면 부족한 인원만큼 보충하는 양성평등채용목표제가 실시되고 있다.

(5) 대학원

대졸자가 너무 흔해져서 더 높은 학력을 원하고 청년 취업난 때문에 도피처를 찾기 위해 대학원을 찾는 이들이 많아졌다. 그러나 대학원은 기본적으로 학문 탐구의 장이기 때문에 간판을 위해서거나 '취직도 안 되는데 대학원에나 갈까?'라고 생각하여 대학원에 진학하는 것은 시간과 돈만 낭비하는 결가가 된다. 그리고 고학력이 오히려 취업에 걸림돌이 될 수도 있다.

전문 직업인 양성을 목표로 하는 전문 대학원은 직접적인 직업 교육을 하므로 취업의 훌륭한 방편이 될 수 있다. 의·치학 전문 대학원, 법학 전문 대학원(로스쿨)은 4년제 대학 졸업자를 대상으로 선발하고, 약학 대학은 대학 2년 수료자를 대상으로 선발한다.

4. 직업의 종류와 핵심 어휘

통계청에서는 각종 산업과 직업을 통계에 반영하기 위해 한국표준직업분류(http://www.nso.go.kr/newnso/standard/occupations/occupations.html)를 고시한다. 표준직업분류는 11개 대분류, 46개 중분류, 1백62개 소분류, 4백47개 세분류, 1천4백4개 세세분류로 나누어져 있다. 새로 생기는 직업도 있고 없어지는 직업도 있는데 2000년의 고시에는 펀드 매니저, 인터넷 쇼핑몰 구축 전문가, 웹마스터, 치어걸, 애완견 미용사, 노래방 관리인 등이 공식 직업으로 등록됐다. 그러나 타자원, 광대, 만담가, 식자원, 수레 운전원 등은 없어졌다. 그리고 2007년에는 의지 보조 기기사, 헤드헌터, 청소년 지도사, 학습지 강사, 품질인증 심사 전문가, 해외 영업원, 큐레이터, 쇼핑 호스트, 디스플레이어, 활자 디자이너, 프로게이머, 신용 추심

원, 무인 경비원, 간접 투자 증권 판매인, 포스시스템 설치 및 수리원, 고속 철도 기관사 등을 새로운 직업으로 추가했다.

이것은 정부의 공식적인 통계이고, 우리나라에는 실제로 10,000여 종 이상의 직업이 있다고 한다. 그 중에 우리가 알고 있는 직업은 1% 정도밖에 안 될 것이다. 고용노동부에서 운영하는 워크넷의 한국직업사전(http://www.work.go.kr/wnwiWDicSearch)에는 우리나라에 존재하는 12,000여개 직업 명칭을 정리하고 있으며, 각 직업의 직무뿐만 아니라 해당 직업의 직무를 수행하는 데 필요한 교육 및 자격, 작업 강도, 조사 산업 등의 정보를 보여 준다. 그리고 한국고용정보원이 2015년에 발간한 『한국직업사전(통합본 4판)』에 나온 직업 수는 총 1만1,440개이다.

■ 새로 등재된 직업

『한국직업사전』(2015)에 등재된 26개의 직업은 다음과 같다.

입체(3D)프린터개발자, 스마트헬스케어개발자, 엔스크린서비스개발자, 빅데이터 전문가, 기업컨시어지, 스마트헬스케어서비스기획자, 디지털광고게시판기획자, 정리수납컨설턴트, 온실가스관리컨설턴트, 연구실안전전문가, 빌딩정보모델링전문가, 도시재생전문가, 온라인평판관리원, 정밀농업기술자, 협동조합코디네이터, 연구기획평가사, 연구장비전문가, 산림치유지도사, 소셜미디어전문가, 수의사보조원, 생활코치, 이혼상담사, 임신출산육아코치, 민간조사원, 영유아안전장치설치원, 홀로그램전문가 직업 환경의 급격한 변화에 따라 새로운 패러다임이 기존 패러다임을 대체하고 있으며, 새로운 직업 세계의 모습들을 도처에서 찾을 수 있다. 미래의 직업 세계는 이러한 변화가 보다 적극적으로 나타날 것으로 예상된다. 미래의 직업 세계를 알아보기 위하여 몇 가지 핵심 어휘를 살펴보기로 한다.[113]

• **평생 직업**

과거 우리나라에는 **평생직장** 개념이 팽배했었다. 평생직장 개념은 한 번 직장에 입사하면 은퇴할 때까지 그 직장에서 일을 하겠다는 생각이다. 그러나 이러한 평생직장의 개념은 급격히 붕괴되면서 그 자리를 **평생 직업**의 개념이 대체하고 있다. 회사가 자신의 일자리를 언제까지나 보존해 줄 것이라는 생각은 과거의 사고이다. 자신의 직업 능력을 갈고 닦아서 그 분야의 전문가로서 성장하여 자신이 원하는 기간만큼 자신의 일을 하겠다는 사고가 평생 직업의 개념이다.

• **지식 노동자**

정보화 시대의 진전으로 지식이 주도하는 세상이 도래하고 있다. 이에 따라 미래 학자들은 산업화 시대의 산물인 다수의 공장 노동자들이 일자리를 잃게 될 것으로 예상한다. 반면, 지식 · 문화 · 비즈니스 부문의 엘리트들을 일컫는 **지식 노동자**는 새로운 시대를 이끌어 갈 주역으로 예상된다. 지식 노동자는 정보를 나름대로 해석하고, 이를 활용해 부가가치를 창출해 낼 수 있는 사람이다. 이들을 다른 노동자들과 구분하는 가장 중요한 기준은 '지식'을 지니고 있

113) 한국직업능력개발원 커리어넷(http://www.careernet.re.kr/) 참고.

는가, 그렇지 않은가이다. 과거에는 사무직 종사자는 '화이트칼라', 육체 노동자는 '블루칼라'라고 불렀다. 사무직은 흰 와이셔츠를, 육체 노동자는 푸른 작업복을 많이 입기 때문이다. 그러나 화이트칼라든 블루칼라든 지식을 지니고 있다면 지식 노동자라고 말할 수 있다.

• **재택근무와 스마트워크**

재택근무(teleworking)는 직장에 출퇴근하는 것이 아니라 인터넷과 통신 장비를 통해 업무 지시를 받고 가정에서 일을 하며, 업무 보고도 통신으로 하는 근로 형태이다. 재택근무는 일반적인 업무에서 기업의 최고 경영자층까지 확산되고 있다. 재택근무는 개인과 기업 입장에서 출퇴근 시간의 절약 등 장점이 있다. 그러나 이에 따라 전통적인 직장의 개념이 근본적으로 흔들릴 것으로 예상된다. 한편 **스마트워크**(Smart work)는 주거지와 가까운 지역이나 출장지에서 근무하는 것을 말하는데, 행정자치부는 업무에 필요한 시설이 갖춰진 스마트워크센터를 서울, 세종, 대전 등에서 운영하고 있다.

• **현대의 유목민, 잡 노마드**

국적과 소득을 불문하고 새로운 움직임이 일고 있다. 직업세계의 근본적 변화를 알리는 핵심 어휘 가운데 하나는 **잡 노마드**(job nomad)이다. 잡 노마드는 직업(job)이라는 말과 유목민(nomad)이라는 말의 합성어이다. 전통적인 직업인이 평생 한 직장, 한 지역 그리고 한 가지 업종에 매여 살았다면, 잡 노마드는 이러한 제한에서 벗어난 사람들이다. 이들은 다람쥐 쳇바퀴 도는 듯한 삶으로부터 해방되고 싶은 사람들이기도 하다. 미래에는 보다 많은 사람들이 직장과 업종은 물론이고 국경까지도 넘어서서 보다 자유로운 직장 생활을 할 것으로 예상된다.

• 낚시형 채용

대량 채용에서 개별 채용으로 고용 관행이 변화하고 있다. 공채의 형태를 띠었던 대규모 공채 방식이 소규모 수시 채용, 스카웃, 인턴 채용, 사원 추천제 등으로 바뀌고 있다. 다시 말해서 대규모 인력을 한 번에 채용하는 **그물형 채용**에서 필요한 소수의 인력만을 채용하는 **낚시형 채용**으로 변화하고 있다. 이러한 변화의 원인은 기업이 원하는 인재상이 달라졌기 때문이다. 기업체에서는 별도의 교육 훈련을 시키지 않고 곧바로 실무에 활용할 수 있는 전문화된 인력을 원하고 있다.

• 적극적인 경력 개발

직업 세계의 변화에 따라 직장인의 의식도 급격하게 변화하고 있다. 전통적인 직장인은 한 직장에서 장기적인 고용 안정을 희망해 왔다. 반면 신세대 직장인은 직장을 여러 번 옮기는 것을 자연스러운 것으로 생각한다. 직장을 옮기는 것이 자신의 능력을 확인하는 것이며 새로운 지식과 기술을 익힐 수 있는 기회로 생각하기 때문이다. 신세대 직장인은 과거 세대의 직장인에 비하여 자신의 경력 개발에 매우 적극적이다. 취업 준비에서부터 은퇴에 이르기까지의 과정, 즉 경력을 체계적으로 계획하고 관리하는 것이 미래의 직업세계에서는 더욱 중요시될 것이라는 것을 예상할 수 있다.

• **감정 노동자**

자신의 감정을 숨기고 소비자 또는 고객에게 감정을 맞춰야 하는 노동자를 **감정 노동자**라고 한다. 주로 텔레마케터(전화 상담원), 승무원, 은행원, 홍보 도우미, 식당 종업원이나 판매원 등 고객을 직접 상대해야 하는 직업의 종사자가 많다. 자신의 실제 감정을 억누르고 자신의 업무에 맞는 정형화된 감정을 드러내야 하기 때문에 높은 직무 스트레스에 시달린다. (대체로 억지로 웃어야 하는 감정 노동자가 대부분이지만 장례 지도사처럼 웃으면 안 되는 감정 노동자도 있다.) 자신보다 아랫사람이라고 생각되는 사람에게 함부로 대하는 이른바 갑의 횡포(갑질)의 희생자가 되기도 한다.

5. 미래의 직업 세계

미래의 직업 세계를 예견할 수 있는 자료들로는 『미래의 직업세계』, 『한국직업전망』, 미국의 『미국직업전망』, 캐나다의 『캐나다 직업전망』 등이 있다. 국내외의 다양한 자료들을 종합해 보면 대략 다음과 같은 분야에서 유망 직업을 찾을 수 있다. 먼저 컴퓨터와 인터넷을 위시한 정보기술은 지속적인 발전이 예견되며 유망 직업의 가장 큰 원천이 될 것이다. 둘째, 국제화와 세계화의 진전에 따라 국제 관련 회의, 분쟁, 사업 등에 관한 전문가들이 유망 직업으로 부각된다. 셋째, 생명 공학, 나노 공학 등 첨단 과학 분야의 직업은 21세기의 중심적 기술인으로서, 국가의 경쟁력을 좌우할 핵심이 되고 있다. 넷째, 문화 산업의 전문가들은 창조적 상상력을 바탕으로 고부가 가치를 양산하며 경제의 중심을 이끌 하나의 축이 될 전망이다. 다섯째, 노인 인구가 급증하고 고급 의료 서비스에 대한 높아지면 노인 및 의료 관련 직업에 대한 수요가 높아질 것이다. 마지막으로 육체적 건강과 정신적 건강을 추구하려는 웰빙 열풍으로 운동, 환경, 여행, 레저 분야의 직업들이 유망 직업으로 부상하고 있다.

미래학자인 리프킨(Jeremy Rifkin)은 『노동의 종말』(초판: 1996, 개정판: 2005)에서 기계화와 자동화로 생산성은 높아지지만 그만큼 고용은 감소할 것이라고 예측한다. 우리 주변에서는 ATM 기기가 은행원의 일을 대신하고 CCTV가 경비원의 일을 대신하는 사례를 흔히 볼 수 있다. 정보나 지식을 기반으로 하는 산업에서는 고용이 늘어나지만 제조업이나 단순 서비스업에서는 고용이 줄어들게 되어, 이른바 '고용 없는 성장'이 일어나게 된다. 경제학자들은 기계화와 자동화로 생산성이 높아지면 더 많은 수요가 생기고 그것은 더 많은 생산으로 이어져 일자리가 늘어날 것이라고 예측하지만, 너무 빠른 기계화와 자동화의 속도는 대량 실업으로 이어지게 된다. 기계화와 자동화가 인간을 노동으로부터 행방시키는 유토피아라고 꿈꾸었는데, 거꾸로 대량 실업을 가져오는 디스토피아가 앞당겨진 것이다. 과학기술은 인간의 행복을 위해 존재하는 것인데, 과학기술의 발달이 일자리를 줄이게 되어 인간의 행복을 빼앗아 가는 아이러니한 상황이 되었다.

실제로 최근의 알파고의 등장으로 리프킨의 이런 예측은 더 빨리 실현될 기미가 보이고, 언론은 미래에 없어지게 될 직업들을 추측하고 있다. 리프킨은 이런 문제를 해결하기 위해 노동 시간 단축과 제3 부문(the third sector)에 대한 정부와 기업의 지원을 대안으로 제시한다. 노동 시간 단축은 곧 일자리 나누기가 된다. 그리고 제3 부문이란 정부도 기업도 아닌 시민 사회에서 하는 비영리 활동을 말하는데, 각종 사회단체, 협동조합, 사회적 기업 등이 이에 해당한다.

최근에는 재산이나 노동의 여부와 상관없이 모든 사회 구성원들에게 일정 소득을 지급하는 '기본 소득 제도'가 논의되고 있는데, 이것도 미래 사회의 일자리 감소와 관련이 있다.

■ 드라마 속의 이색 직업

TV 드라마 속에는 주변에서 쉽게 볼 수 없는 직업을 볼 수 있다. 드라마는 다양한 직업을 보여 준다는 장점이 있지만, 드라마에서 보여지는 직업만 보고 그 직접에 대해 환상을 가지면 곤란하다. 드라마에서는 그 직업의 좋은 점만 보여 줄 수 있기 때문이다. 예를 들어 드라마에서는 화려한 호텔에서 근무하는 직원들의 모습을 보여주지만, 실제로 호텔리어들은 하루 종일 서서 근무하고 여러 사람들을 상대해야 한다. 그리고 호텔 직원들이 근무하는 사무실은 평범한 곳이다.

1. **관제사**: 항공기의 안전한 이착륙을 돕기 위하여 비행기조종사에게 기상, 풍속 등의 정보를 제공하고 항공교통을 지휘하는 역할을 하는 직업
   2012년 SBS 드라마 〈부탁해요 캡틴〉
2. **골프 코스 테스터**: 클럽의 원활한 개장을 위해 코스를 평가하거나 경기가 열리는 그린의 상태를 먼저 읽고 해당 선수에게 전략을 조언하는 역할을 하는 직업
   2011년 tvN 드라마 〈버디버디〉
3. **쥬얼리(보석) 디자이너**: 보석 제품을 디자인하여 제품을 만들어 내는 일을 하는 직업
   2009년 KBS 드라마 〈수상한 삼형제〉, 2009년 tvN 드라마 〈미

세스 타운〉

4. **법의학자**: 범죄, 사고에 관련하여 사망한 사람의 시체를 검사하여 단서를 찾아내 경찰의 범죄수사에 도움을 주거나 사인과 사망경위를 밝혀 인권을 도모하는 일을 주업무로 하는 학자
   2011년 SBS 드라마〈싸인〉
5. **프로파일러**: 범죄 현장을 분석하여 용의자의 나이, 성별, 직업, 취향 따위를 추론함으로써 범죄 해결에 도움이 되는 직업. 범죄심리분석관 또는 범죄심리분석요원이라고도 한다.
   2016년 tnN 드라마 〈시그널〉
6. **광고 AE, CD, CW**: AE(Account Executive): 광고 회사에 속해 광고주와의 커뮤니케이션을 담당하는 한편, 광고주를 위한 광고 계획을 수립하고 광고 회사 내에서는 광고주를 대신하여 광고주의 광고 활동을 지휘하는 사람. CD(creative director): 광고 제작 부서의 최고 책임자. CW(copywriter): 광고 문안을 만드는 사람.
   2009년 MBC 드라마 〈트리플〉
7. **파티시에(patissier)**: 프랑스 케이크 제빵사
   2005년 MBC 드라마 〈내 이름은 김삼순〉, 2008년 영화 〈서양골동양과자점 앤티크〉
8. **미스테리 샤퍼(Mystery Shopper)**: 레스토랑 본사 등에서 지점으로 파견해 음식의 질은 물론 직원들의 서비스와 상품지식 등을 평가, 고객 만족도를 파악해 본사에 제언하는 직업.
   2005년 KBS 드라마 〈슬픔이여 안녕〉
9. **북 디자이너**: 책의 표지와 본문의 디자인은 물론 레이아웃, 판형, 종이의 질까지 시장의 수요에 맞춰 판단해 결정하는 직업
   2005년 KBS 드라마 〈어여쁜 당신〉

10. **다이어트 프로그래머**: 고객의 체중과 체지방 등을 측정해 이를 토대로 식이 요법이나 운동 요법 등 고객에게 적합한 다이어트 프로그램을 설계 · 진행하는 일
2004년 KBS의 〈올드미스 다이어리〉

6. 직업 적성 검사

(1) MBTI 검사

MBTI(Myers-Briggs Type Indicator) 검사[114]는 심리학자 융(C. G. Jung)의 성격유형 이론을 근거로 캐서린 브리그스(Catharine C. Briggs)와 그의 딸 이사벨 브르그스 마이어(Isabel Briggs Myers), 그리고 손자인 피터 마이어스(Peter Myers)에 이르기까지 무려 3대에 걸쳐 70여 년 동안 계속적으로 연구 개발한 인간이해를 위한 성격유형 검사이다.

MBTI 검사지는 모두 95문항으로 구성되어 4가지 척도의 관점에서 인간을 이해하려고 한다. 그리고 그 결과는, E(외향적)-I(내향적), S(감각)-N(직관), T(사고)-F(감정), J(판단, 계획적)-P(인식, 유연적) 중 각 개인이 선호하는 네 가지 선호지표를 알파벳으로 표시하여 (예: ISTJ) 결과 프로파일에 제시된다. MBTI의 성격유형은 그림 2와 같이 16가지 유형으로 나타날 수 있다.

114) MBTI 검사 부분은 KPTI 한국심리검사연구소(http://www.career4u.net/)를 참조하였다.

그림 1 MBTI의 네 가지 지표에 따른 유형 분류(자료:한국심리검사연구소)

그림 2 성격유형도표

ISTJ 세상의 소금형	ISFJ 임금뒷편의 권력형	INFJ 예언자형	INTJ 과학자형
ISTP 백과사전형	ISFP 성인군자형	INFP 잔다르크형	INTP 아이디어 뱅크형
ESTP 수완좋은 활동가형	ESFP 사교적인 유형	ENFP 스파크형	ENTP 발명가형
ESTJ 사업가형	ESFJ 친선도모형	ENFJ 언변능숙형	ENTJ 지도자형

■ ISTJ TYPE

ISTJ TYPE(세상의 소금형)은 우리나라에서 가장 많은 남성들이 속하는 타입이다. 15.45%가 이 타입이라고 한다. 이 타입의 일반적인 특성은 다음과 같다. 다른 타입에 대해서는 한국심리검사연구소 홈페이지를 참고하라.

MBTI 검사는 누구에게나 해당되는 것 같은 일반적이고 모호한 표현을 사용하여 사이비 과학이라는 비판을 받기도 한다. 아래의 설명이 그런 점이 있는지 유의하면서 검사에 임해야 한다.

1) 일반적인 특성

- 오래된 조직을 좋아한다.
- 부하직원을 부모와 자녀 관계같이 돌보려고 한다.
- 선입견이 강하다.
- 친숙하지 않은 장소에 나서기를 주저한다.
- 지나고 난 다음에 따지는 편이다.
- 주어진 업무나 책임을 끝까지 완수한다.
- 우리나라에서는 "장남 같다, 장녀 같다"라는 소리를 잘 듣는다.
- 변화에 적응이 더디다.
- 원리 원칙적이다.
- 교통체증을 미리 계산해서 약속시간을 지킨다.
- 이유 없이 돌아다니지 않는다.
- 대인관계 폭이 자꾸 좁아지고 대신 할 일이 늘어난다.
- 실수 한 것을 참지 못하고 즉각 수정하기를 원한다.
- 남들이 '속을 모른다.'라고 말함
- 틀에 박힌 규칙적인 일을 좋아한다.
- 휴일에도 집에서 주로 지낸다.

- 평소에 많이 참다가 폭발하면 상당히 무섭다.
- 논리적, 합리적이지 않으면 인정하지 않음.
- 웃음이 적다.
- 반대성향을 지닌 사람과 처음에는 원만히 지내나 결국 멀어짐.
- 잘못했다는 건 인정하면서도 미안하다, 잘못했다는 말을 잘 못한다.
- 정리정돈을 해 놓는 것이 우선이다.
- 직설적인 표현을 많이 하는 편이다.

2) 개발할 점

- 얼굴 표정이 변화가 없어서 사람들 처음 대할 때 힘들어 할 수 있기 때문에 먼저 말을 붙이고, 웃는 연습이 필요.
- 평소에 꼭 필요한 말만하기 때문에 분위기를 썰렁하게 만들 수 있으므로 유머가 필요.
- 공휴일에 집에 있기보다는 가족과 함께 나들이가 필요.

(2) 직업 심리 검사

대학 4학년 졸업반이 되기 전에 1학년이 할 수 있는 검사로는 직업 심리 검사가 도움이 될 수 있다. MBTI 검사 등 공신력 있는 검사지가 많다. 각 학교의 학생생활연구소나 취업지원센터에 방문하면 검사를 받을 수 있다. 고용노동부(http://www.work.go.kr)의 직업 심리 검사는 온라인상에서 무료로 직업 적성 검사를 실시할 수 있다. 총 9종의 검사지가 있는데 그 중 직업 선호도 검사 L형은 성인의 직업 흥미, 일반 성격, 생활 경험을 측정하여 수검자가 자신의 직업 선호도를 진지하게 탐색해 볼 수 있는 기회를 제공하고 수검자의 심리적 특성에 적합한 직업들을 제공해 준다.

고용노동부 홈페이지 직업 심리 검사 화면

(http://www.work.go.kr/consltJobCarpa/jobPsyExam/jobPsyExam.do)

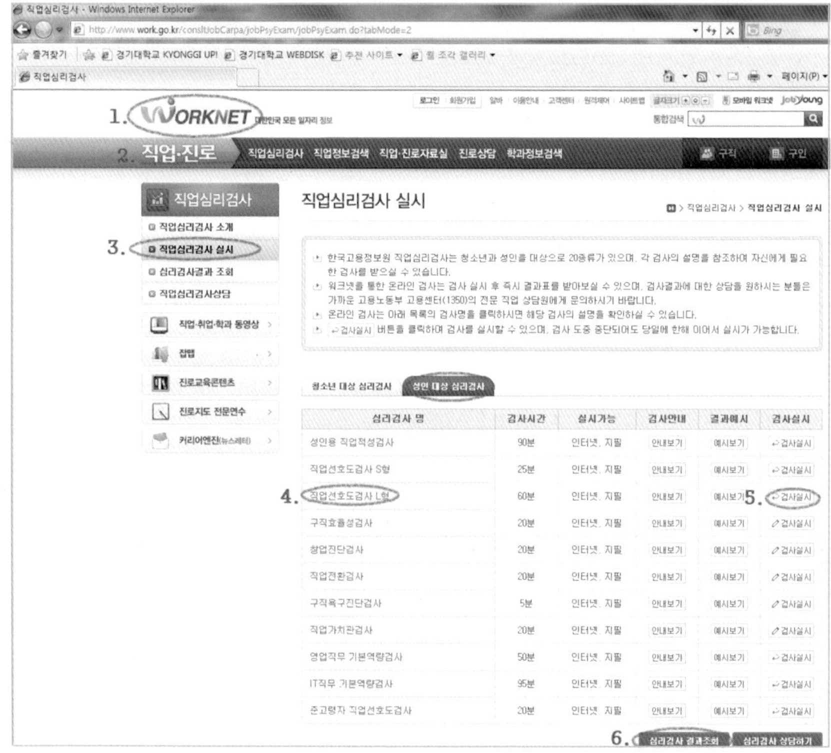

7. 직무 능력 검사

최근 기업들이 신입 사원을 채용하는 데 면접과 함께 중요한 채용 요소로 여기고 있는 것이 직무 능력 검사이다.[115] 신입 사원의 직무 능력 뿐만 아니라 조직의 융합과 대인 관계 능력 등 인성 능력을 중요한 능력으로 보고 필기시험 대신 직무 능력 검사를 실시하고 있는 기업들이 늘고 있다. 핵심 인재가 기업의 성패를 좌우하기 때문에 직무 능력에 맞는 인재를 선발하여 적재적소에 인재를 활용하는 것은 기업의 발전을 위해서 필요하다.

그러나 구직자의 입장에서는 기업마다 직무 능력 검사가 다르기 때문에 검사를 위한 준비가 쉽지만은 않다. 직무 능력 검사를 입사 시험으로 여기기보다는 기업에서 원하는 인성과 적성이 구직자 자신에게 적절한 것인지를 평가해보는 데 초점을 맞출 필요가 있다. 그래서 자신의 직무 능력과 부합하는 인재상을 원하는 기업에 지원하는 것이 현명한 태도일 것이다.

(1) 검사의 효과

인성 검사와 직무 능력 검사는 직무와 관련된 지식과 직무 수행에 적합한 성격, 직업적 흥미도, 사회적 가치관 등 개인에게 내재된 여러 가지 특성과 능력을 분석함으로써 기업이 원하는 인재를 적재적소에 배치하여 능력을 발휘할 수 있도록 기여하는 역할을 한다.

기업의 입장	구직자의 입장
구직자의 협조성, 책임감, 대인 관계 능력, 적극성, 실행력, 태도, 자기 계발 능력, 지적 능력, 유연한 사고와 창의력, 상황 대처 능력, 문제 해결 능력을 확인	구직자가 지원한 기업에 잘 적응할 수 있을지, 기업 문화나 분위기가 자신의 스타일에 적합한지, 지원 분야에서 능력을 잘 발휘할 수 있을지를 판단

115) 직무 능력 검사 부분은 2006년도 동국대학교 경주캠퍼스에서 발간한 취업관련 지침서를 참고하였다.(동국대학교 경주캠퍼스 취업지원센터, 『2006 Click 성공취업』, 2006)

(2) 평가 항목

직무능력 검사의 평가 항목은 다음과 같다.

직무능력 검사 평가 항목
1. 언어 능력 측정: 정확한 단어 선택과 문장의 이해 측정 2. 공간 지각 측정: 입체적 공간 관계 분석 능력 측정 3. 계산력 측정: 정확하고 바른 계산 능력 측정 4. 척도, 해독력 측정: 척도, 그래프 차트 등을 신속, 정확히 읽는 능력 측정 5. 수공 능력 측정: 운동 감각의 정확, 신속성 능력 측정 6. 지각 능력 측정: 복잡한 자료나 항목들의 분류 및 상징 기초를 학습 암기하는 능력 측정 7. 사무 지각 능력 측정: 문자나 기호의 신속, 정확한 식별 능력 측정 8. 형태 지각 능력 측정: 실물이나 도해를 정확하고 빠르게 비교, 판별하는 능력 측정

(3) 사례 제시

직무 능력 검사는 지원자의 지능을 파악하는 검사가 아니다. 지원자가 희망 직무 분야에 얼마나 잘 적응할 수 있고 필요한 직무 능력을 가지고 있는지를 평가하는 것이다. 지원자는 지원 회사의 직무 능력 검사 유형을 잘 파악하여 준비해야 한다. 주요 대기업의 직무 능력 검사 유형을 알아보도록 하자.

기업	직무 능력 검사 유형
삼성	SSAT(Samsung Aptitude Test). 300여개 문항(3시간 30분). 삼성 홈페이지에 문제 유형 공개
LG	RPST(Right People Selection Test). 인성과 직무 적합도 평가. 시간에 비해 문항수가 많아 문제를 빨리 푸는 것이 중요함

기업	직무 능력 검사 유형
SK	인성 검사: 사교성, 대인관계, 사회적 성숙도, 성취 능력(345문항. 50분) 적성 검사: 어휘력, 수리력, 판단력, 추리력, 분석력, 응용력(150문항, 90분)
두산	인문계: 언어 능력, 수리 능력, 한자 능력 평가 이공계: 도식적 사고 능력, 오류 판단 능력, 기계 이해 능력, 한자 능력 평가
CJ	BJI Test(비지니스 상황에서의 가치 판단) 및 인지 능력 평가 창의, 도전, 정직, 팀워크, 존중, 고객 등 6가지 가치를 4지 선다형으로 출제
코오롱	인성 검사: 개인의 성격 특성 파악 적성 검사: 착상력, 귀납 추리력, 문장 이해력, 언어 추리력, 수리력, 기계 이해 측정
포스코	PAT(Posco Total Aptitude Test): 업무 처리 능력 검사 + 정보 처리 능력 검사 언어력, 수리력, 추리력, 공간 지각 능력, 사회 상식, 업무 처리 능력 평가
쌍용	업무력(직장인으로서의 쌍용인). 사회생활 능력(사회인으로서의 쌍용인). 국제화 능력(국제인으로서의 쌍용인)을 4:3:3 비율로 평가

(4) 준비 사항

① 정보 수집: 지원 회사의 홈페이지 등을 활용하여 직무 적성 검사의 유형과 내용을 사전에 파악하여 준비하도록 하자.

② 예비 시험: 고용노동부나 지원 관련 사이트 그리고 지원 회사의 홈페이지를 활용하여 예비적으로 시험을 보는 것도 시험 준비에 도움이 된다.

③ 시간 배분: 직무 적성 검사를 치른 대부분의 지원자들이 공통적으로 시간 부족을 애로사항으로 들고 있다. 문항수를 확인하고 시험 시간을 계산한 후 시간 안배를 잘 해야 한다.

④ 일관성: 인성 검사의 경우 솔직한 태도가 중요하다. 높은 점수

를 받기 위해 도덕적인 답변을 고르기보다는 상황에 맞는 솔직하고 일관된 답변을 하는 것이 좋은 평가를 받을 수 있다.

■ **스펙**

스펙(spec)은 specification을 줄인 말인데(영어에서도 spec이라는 준말은 쓰인다), 이것은 원래 제품의 '사양(仕樣)'이라는 뜻으로 쓰였다. 가령 컴퓨터를 새로 샀을 때, 그 컴퓨터의 CPU나 메모리 등이 얼마만한 성능을 가지고 있는지를 말할 때 '사양'(specification)이라는 말을 썼다. 그러던 것이 '스펙'이라는 준말로 쓰이면서 의미도 바뀌어, 취업 또는 진학을 준비하는 사람이 얼마만한 성능(?)을 가지고 있는지 보여주는 낱말로 쓰이고 있다. 보통 출신 학교, 학점, 토익 점수, 자격증 소지 여부, 해외 연수 유무, 인턴 경험 유무 등이 스펙의 구체적인 내용이다. 특히 어학, 자격증, 공모전, 봉사, 인턴을 스펙 5종 세트라고 부른다.

1990년대 초반까지만 해도 대학만 졸업하면 취업하는 데 큰 지장이 없었는데, IMF 위기를 거치고 대학 졸업자 수가 늘어나면서 취업이 어려워지자 대학생들은 각종 스펙을 쌓으려는 한다. 그러나 스펙을 쌓는 것이 남들과 차별되는 점을 보여주려는 의도인데, 그 스펙의 내용이 남들과 똑같다면 의미가 없을 것이다. 다른 사람들과 다른, 진정성 있는 스토리를 보여주는 것이 중요하다.

생각할 문제

1. 자신은 직업 선택의 기준 중에서 어떤 것을 중요하게 생각하는지 말해 보자.
2. 우리나라에서는 과대평가된 직업과 과소평가된 직업이 어떤 것이 있을까?
3. 청년 창업의 성공 사례를 조사해 보자. 그리고 자신이 창업을 한다고 가정하고 사업 계획서를 작성해 보자.
4. 여러 가지 진로 중에서 자신은 구체적으로 어떤 계획을 가지고 있는지 말해 보자.
5. 드라마 등의 대중 매체에서 이색 직업을 찾아 소개해 보자.
6. 직업 적성 검사나 인·적성 검사 중 하나를 선택하여 직접 수검해 보자.

Ⅵ. 자기 계발과 사회 비평과 직장 생활

Ⅵ. 자기 계발과 사회 비평과 직장 생활

◆ **학습 목표**

1. 자기 계발과 사회 비평의 필요성과 내용을 안다.
2. 직장 생활과 관련된 책을 찾아 읽는다.
3. 직장인의 권리와 법을 이해한다.

1. 자기 계발과 사회 비평 도서 소개

국내에서 많이 읽히는 자기 계발서와 사회 비평서를 소개한다.[116)] 예전에는 '출세'라는 말을 많이 썼지만 요즘은 '성공'이라는 말이 대세이다. 자기 계발서는 일종의 성공을 위한 지침서이다. 성공적인 직장 생활 또는 사회생활은 학교 또는 전공 지식을 통해 배운 지식만으로 해결되지 않는 것이 많다. 예컨대 '직장 상사와 잘 지내는 법' 같은 것은 누구에게 배울 수 있는 것이 아니다. 그래서 성공적인 직장 생활이나 사회생활을 위해 국내외 저자들이 쓴 자기 계발서들이 많이 나오게 되고, 그 중 여러 책들은 베스트셀러가 되었다.

그러나 대부분의 자기 계발서는 사회적인 문제를 개인의 책임으로

116) 책 소개 내용은 각 도서의 홍보 자료를 참조하였다.

돌리는 경우가 많다. 너의 의지가 부족해서 그런 문제에 부딪혔고 생각을 바꾸고 노력만 하면 그 문제를 해결할 수 있다는 식이다. 따라서 사회의 구조적인 문제를 지적하여 사회를 바꾸는 노력을 제시하는 사회 비평 도서를 자기 계발서와 함께 읽어야 한다.

말콤 글래드웰, 『아웃라이어』, 김영사, 2009.

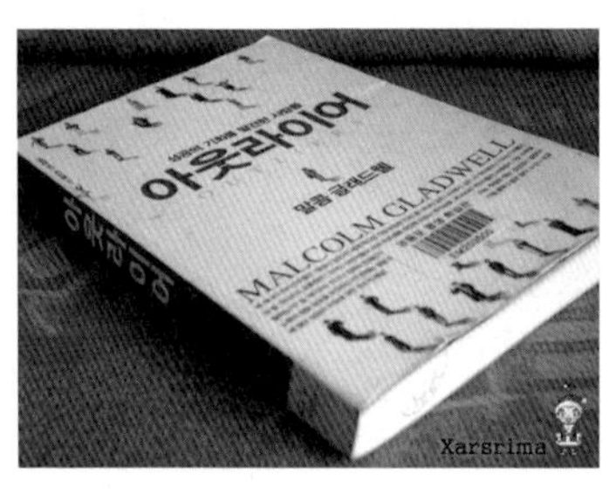

아웃라이어, 특정 분야에 대단한 성취를 이루어낸 사람들의 공통점은 무엇일까? 타고난 능력? 환경? 말콤 글래드웰은 1만 시간의 법칙을 제시한다. 천재들뿐만 아니라 이름난 전문가들은 1만 시간 이상의 노력을 했다는 것이다. 1만 시간은 하루 3시간, 일주일에 20시간, 10년 동안 노력한 시간이다. 아웃라이어는 예외 없이 1만 시간 이상의 내공을 쌓은 사람이다.

이 책은 보통사람의 범위를 뛰어넘는 사람들, 즉 아웃라이어에 대한 얘기다. 아웃라이어는 행동과 사고방식이 평범한 수준을 넘어서는 사람들을 말한다. 천재를 비롯해 로버 배론(Robber Barons: 헨리 포드, 앤드루 카네기, 존 록펠러처럼 경제를 일궈낸 역사의 주역이자 한 시대를 풍미한 거부들), 록 스타, 컴퓨터 해커들을 사례로 제시하고 있다.

성공은 개인적인 요소에 따른 결과라고 생각한다. 그러나 성공을 위해서는 일할 수 있는 기회를 움켜쥔 후, 그 특별한 노력이 사회 전체로부터 보상받을 수 있는 시대와 만나야 한다. 세계적인 천재 오펜하이머와 랭건의 성공과 실패의 사례와 가난한 아이들이 공부하는 키프 학교의 어린이들의 생활은 성공을 위해 필요한 것이 무엇인지를 보여준다.

황농문, 『몰입: 인생을 바꾸는 자기혁명』, 랜덤하우스코리아. 2007.

왜 같은 시간을 공부하는 데도 어떤 학생은 A학점을 받고 다른 학생은 B학점을 받는가? 여러 가지 원인이 있겠지만 중요한 요인 중의 하나는 몰입의 차이 때문이다. 몰입은 한 가지 일에 대해 중단하지 않고 지속적으로 생각이 이어지는 상태를 말한다. 이 책의 저자 황농문 교수는 6개월간의 몰입 경험을 통해 재료공학 분야의 난제중의 하나를 해결하여 국제학술지에 발표함으로써 몰입의 효과를 입증했다. 이 책은 이러한 현실적인 몰입뿐만 아니라 힐링으로서의 몰입도 제시한다. 몰입상태가 지속되면 스트레스에서 벗어나 뇌의 에너지가 최대한 고조된다.

이 책에서 말하는 몰입은 5단계의 과정을 거쳐야 한다. 열심히 생각하기(Think Hard), 천천히 생각하기(Slow Thinking), 계속 생각하기(Keep Thinking), 깊은 생각하기(Deep Thinking)의 과정을 거쳐 생각하는 재미(Fun Thinking)를 느끼는 경지에 도달해야 한다. 이런 몰입의 과정을 통해서 자신의 지적 능력을 발휘할 수 있으며 일에 대한 재미도 느낄 수 있다. 같은 시간을 투자하고도 최대한의 효과를 내기 위한 방법인 몰입의 노하우가 자세하게 제시된 책이다.

김난도, 『아프니까 청춘이다』, 쌤앤파커스, 2010.

자기계발서로 가장 짧은 시간에 밀리언셀러가 된 이 책은 젊은 청춘들의 고민을 함께 하고 있다. 학점과 스펙이 대학 생활의 전부로 여겨지는 현실에서 대학생들이 고민해야 할 것이 무엇인지 어떻게 살아야 할 것인지를 제시하고 있다. 청춘의 시간을 인생시계에 비유하여 청춘은 아직 젊고 무한한 가능성을 담고 있다. 사람이 태어나서 죽을 때까지를 24시간에 비유한다면, 청춘의 시계는 아침 7시 12분에 해당한다. 때문에 이 책은 대학 입학과 동시에 취업에 얽매이고 있는 대학생들에게 인생의 앞날을 어떻게 살아야 할지 고민하는 것이 중요함을 역설하고 있다.

인생에 너무 늦은 나이나 너무 이른 나이는 없듯이, 그리고 봄에 피는 꽃도 있지만 가을에 피는 꽃도 있듯이 자신만의 개성을 가지고 도전하면서 살아갈 것을 청춘에게 권유하고 있다. 청춘은 나이 때문이 아니라 새로운 것에 도전하고 모험하고 자기만의 철학을 가지고 살아갈 수 있는 꿈과 희망 때문에 청춘이다. 앞만 보고 살아가는 오늘날의 대학생들에게 자기성찰의 가치가 무엇인지를 인생시계에 비유하여 청춘의 희망을 보여주고 있다는 점이 이 책의 매력가운데 하나이다. 왜 청춘이고 왜 인생을 살아가야 하는지 성찰하는 시간이 필요하다.

공병호, 『공병호의 자기경영노트』, 21세기북스(북이십일), 2001.

이 책의 핵심 키워드는 80/20법칙의 법칙이다. 핵심 20%가 성과물의 대부분을 결정하기 때문에 모든 것을 다하기 보다는 핵심 역량에 집중하라는 것이다. 같은 시간을 활용하여 같은 일을 하더라도 핵심역량에 투자하느냐 그렇지 못하느냐에 따라 일의 승패가 갈라진다. 인간경영이 필요한 이유이다. 이를 통해 이 책은 시간, 지식, 행복, 건강, 인맥을 어떻게 경영할 것인지 설명하고 있다.

〈시간경영〉에서는 새벽 시간을 활용하여 일하고, 스스로 데드라인을 정해서 일하면 일의 효율성을 높일 뿐만 아니라 시간이 부족하다는 변명에서 벗어날 수 있는 경영노트가 제시되어 있다.. 〈지식경영〉에서는 책을 읽는 방법이 제시되어 있는데 핵심에 집중하라, 모서리를 접어서 표기하라 등이 눈에 띄는 부분이다. 〈건강경영〉에서는 건강의 중요성과 함께, 건강 유지의 구체적으로 방법으로 매일 정해진 시간에 달리기, 반좌욕, 비타민 복용 등이 제시되어 있다. 행복도 경영이 가능한가? 〈행복경영〉에서는 즐기는 삶, 지적, 영적 자극과 가족과 일상과 같은 행복경영의 노하우가 제시되어 있다. 〈인맥경영〉에서는 20%의 인맥이 80%의 부가가치를 올리므로 핵심인맥에 집중할 것을 권유하고 있다.

론다 번, 『시크릿』, 살림Biz, 2007.

원하는 일은 무엇이나 이루어지는가? 이 책은 간절히 원하면 소원이 이루어지는 비밀의 법칙을 제시하고 있다. 이 책에서 제시하고 있는 시크릿의 성공의 비밀은 다음과 같은 세 가지다. “끌어당김의 법칙”(원하는 것을 생생하게 상상하라). “행동의 법칙”(이미 가진 것처럼 느껴라), “보상의 법칙”(그리고 가진 것에 감사하라). 뇌파가 가진 힘이 원하는 것을 열심히 생각하고 바라면 끌어당김의 법칙에 의해 우주가 그것을 실현시킨다. 정말 원하는 것을 알고 우주에게 그것을 바라고 열정과 같은 거대한 감정으로 한 생각에 집중하고, 원하는 것을 실제로 얻었다고 가정하고 느끼고 행동하면, 이 과정을 통해 일종의 우주적 에너지가 양자물리학적으로 작용해 실제로 그것을 얻을 수 있도록 작동한다는 것이다.

부정적인 마인드보다는 긍정적인 마인드를, 어두운 면보다는 밝은 면을, 절망보다는 희망을 상상하고, 느끼고, 그것에 감사한다면, 원하는 일을 성취할 수 있다는 것이 이 책의 핵심 메시지이다. 제한된 자원을 놓고 경쟁해야 하는 현재 신자유주의사 회에서 원한다고 모든 것이 이루어지는 것은 아니지만 긍정적인 마인드가 중요하다는 점만은 일깨울 수 있는 책이다.

나카노 아키라, 『피터 드러커의 자기계발』, 비즈니스맵, 2010.

피터 드러커는 경영학의 아버지라 불릴 만큼 경영학에서 위대한 업적을 이루어냈다. 경영학분야의 수많은 책을 저술했을 뿐만 아니라 사회과학뿐만 아니라 철학 문학 역사 미술과 같은 인문학 분야에도 깊은 지식을 갖춘 인물이다. 더구나 고등학교 졸업장으로 이러한 일을 할 수 있었다는 것이 더욱 놀라움을 준다. 이 책은 드러커 자신의 책이 아니라 드러커의 핵심 경영 이념을 간략하게 제시한 일본인 작가의 책이다.

가장 많이 알려져 있고 유명한 피터 드러커의 자기계발은 그의 7가지 지적 경험에서 나온 것이다. 목표와 비전을 가져라. 신들이 보고 있다. 끊임없이 새로운 주제를 공부해라. 자신의 일을 정기적으로 검토하라. 새로운 일이 요구하는 것을 배워라. 피드백 활용을 하라. 어떤 사람으로 기억되기를 바라지는 지를 생각하라. 자기계발이 갖추어야 할 덕목들이 거의 다 제시되어 있다. 드러커는 자기계발의 궁극적인 목적은 성과를 내는 일이라고 본다. 성과를 내는 가장 효과적인 방법은 상대(조직)가 원하는 것이 무엇인지를 정확하게 파악하고 원하는 것을 하는 것이다. 이렇게 성과를 올리는 사람은 사회적으로 성공할 뿐만 아니라 인생을 의미 있게 살아가는 사람이다.

티나 실리그, 『스무살에 알았더라면 좋았을 것들』, 엘도라도, 2010.

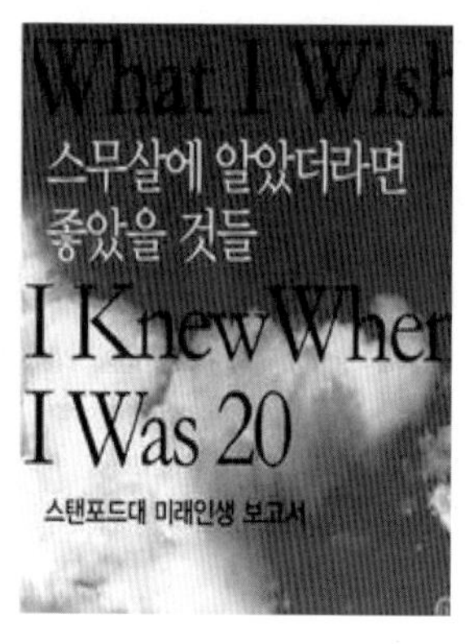

여러분에게 1만원과 2시간이 주어진다면 여러분의 선택은? 세상은 교과서에 나오는 대로만 움직이지 않는다. 그러면 세상을 살기 위한 지혜는 어디에서 배워야 하는가? 이 책은 도전과 혁신의 정신만이 예측하지 못한 세상을 성공적으로 살 수 있는 방법이라고 일러준다. 원래 이 책은 스탠퍼드 대학의 '기업가정신과 혁신' 강의를 정리한 것으로, 자신만의 방식으로 행복을 찾고 나름의 성공을 일군 사람들의 사례와 혁신적이고 창의적인 방식으로 여러 과제들을 풀어나가는 스탠퍼드 학생들의 이야기를 담고 있다.

창의적인 인간은 인생선배들이 정해놓은 획일적인 성공의 길을 추구하기보다는 기존의 고정관념을 뒤집고 누구나 부러워할 만한 성공 궤도에서 벗어나 자신이 진정으로 원하는 무언가를 찾아낸 인간을 말한다. 저자는 이러한 사람들의 전형을 'T형 인간'으로 규정한다. 'T형 인간' 이란 적어도 한 분야에 대한 전문지식을 갖춘 동시에 혁신과 도전정신에 관한 폭넓은 지식도 겸비한 사람을 말한다. 그러한 사람은 고정관념을 떨쳐내고 열린 시야로 문제를 찾아내고 혁신적 사고와 창의력을 발휘해 그에 대한 해법을 강구한다. 혁신적 사고가 어떤 힘을 가지고 있는지를 엿볼 수 있는 책이다.

스티븐 코비, 『성공하는 사람들의 7가지 습관』, 김영사. 2003.

이 책은 자기계발의 원조가 되는 책이다. 이 책의 저자 스티븐 코비는 7가지 성공 습관을 제시하고 직장생활에서 성공하기 위해서는 이 법칙을 실천할 것을 강조한다. 몇 년 전 스티븐 코비는 파산했는데, 파산 이유를 묻는 기자들의 질문에 스스로 자신이 제시했던 7가지 성공 습관을 지키지 못했다고 해서 뉴스가 된 적이 있었다. 아무리 좋은 내용도 자기 것으로 만들고 실천하지 못하면 무용한 것이다.

일곱 가지 성공 습관이란 이렇다. 자신의 삶을 주도하라. 끝을 생각하며 시작하라. 소중한 것을 먼저 하라. 승-승을 생각하라. 먼저 이해하고 다음에 이해시켜라. 시너지를 내라. 끊임없이 쇄신하라. 저자는 인생목표를 확립하고 행동하는 가장 좋은 방법으로 자기사명 작성을 제시하고 있다. 자기사명이 무엇인지를 선언하는 것은 우리가 어떤 사람이 되기를 원하는가(성품), 무엇을 하기를 원하는가(공헌 및 업적)를 기술하고, 자신의 존재와 행동이 바탕을 두고 있는 가치와 원칙에 초점을 맞춘다는 것을 말한다. 뚜렷한 목표를 가지고 일을 하는 것과 그렇지 않은 것과는 성과 면에서 큰 차이를 보인다. 자기계발서가 많지만 원조가 되는 책을 읽는 것도 새로운 맛을 더해 주는 법이다.

스펜서 존슨, 『누가 내 치즈를 옮겼을까』, 진명출판사, 2012.

동양의 고전 『주역』 「계사전」편에는 "궁즉변 변즉통 통즉구"(窮卽變 變卽通 通卽久)라는 말이 있다. "다하면 변하고, 변하면 통하고, 통하면 오래간다."는 뜻이다. 그러나 변화는 쉽지 않다. 가장 스트레스를 받는 것이 변화이다. 그러나 통하기 위해서는 변화는 필수적이다. 변화를 해야 목표에 이를 수 있다. 이처럼 변화는 자기계발의 핵심이다.

이 책은 변화의 중요성을 담고 있다. 인간과 동물을 등장시켜 치즈가 없어졌을 때 취하는 서로 상반된 태도를 잘 보여주고 있다. 우리 눈에 보이는 치즈는 음식의 일종이지만 이 책에서는 치즈란 우리가 생활 속에서 얻고자 하는 직업, 인간관계, 재물, 근사한 집, 자유, 건강, 명예 등을 포함하는 개념이다. 다시 말하면 우리 인생의 존재가치와 의미를 부여하는 것을 말한다. 사람마다 치즈를 가지고 살아간다. 그것이 자신을 행복하게 해줄 것이라 믿기 때문이다. 또 자신이 추구하던 치즈를 얻게 되면 누구나 그것에 집착하며 얽매인다. 만약 치즈를 상실하게 된다면 급격한 변화를 수용하지 못하고 심리적인 공황 상태에 빠져 버린다. 이 책은 안주라는 감미로운 유혹과 변화라는 험난한 여정을 통해 삶의 참 의미를 깨닫게 해준다.

조영석, 『당신의 책을 가져라』, 라온북, 2011.

인터넷 매체의 발전으로 책 쓰기는 특정 전문가만 하는 것은 아니다. 인터넷 블로그 등에 올린 글이 호응이 좋아 출판하여 성공을 거둔 경우도 있다. 『해리포터』 시리즈를 쓴 조 엔 롤링은 이 책을 통해 생활보조비를 받고 살던 생활에서 영국의 갑부 순위에 들 정도의 풍족한 생활과 함께 세계적인 명성을 쌓았다. 책을 쓰는 것은 현대사회와 직장생활에서 어떤 의미와 기능을 하는가?

저자는 책 쓰기는 누구나 할 수 있으며 자기계발의 가장 효과적인 방법이라고 주장하고 있다. 먼저 책을 써서 출간하는 행위는 자신의 삶을 변화시키는 기회를 만들어 준다. 둘째, 책 쓰기는 절망을 이기고 희망을 준다. 사람은 미래에 대한 희망이 보일 때 노력과 열정을 쏟아내는 존재다. 책 쓰기를 통해 절망을 이겨내고 새로운 미래 비전을 갖게 된다는 것이다. 또한 책쓰기는 직장에서 성공할 수 있는 효과적인 수단이 된다. 남들이 갖지 못한 것을 가짐으로써 남들과 다른 경쟁력을 갖게 된다. 마지막으로 책 쓰기의 목적은 사업을 홍보하기 위해서이다. 책에 브랜드, 사업 소개, 홍보, 성공비결을 담아내 소비자들의 신뢰를 얻을 수 있다.

한동헌 외, 『청춘 고민상담소 - 청춘이 버려야 할 10가지』, 석세스티브이(북리슨), 2009.

청춘들의 삶을 가장 아프게 하는 것은 무엇인가? 그리고 그러한 아픔으로부터 벗어나 꿈과 희망을 찾아 도전하게 하는 힘은 어디에서 나오는가? 이 책의 저자들은 10가지 키워드를 통해서 청춘들이 버려야 할 것과 도전할 것을 제시한다. 취업문제부터 해결해야 하는데 "이러한 고민이 무슨 필요가 있는가?"라고 반문할 수 있겠지만 이 책에서는 이러한 고민이 해결되어야 좋은 직업도 가질 수 있음을 역설한다.

저자들은 각 분야의 전문가들이다. 강연 기획자 한동헌(마이크임팩트 대표)을 비롯해 장항준(영화 감독), 류재현(문화기획자), 유수연(강사), 홍지민(배우), 박신영(컨설턴트), 김혜남(교수), 김홍신(소설가), 유인경(기자), 문요한(의사), 김태원(구글러) 등이 청춘 상담자이다. 이들이 나눈 상담 주제는 사랑과 연애, 취업과 시험, 직장과 사회, 결혼과 가정 등 청춘들을 괴롭히는 문제들이다.

이 책에서는 두려움, 타협, 스펙, 조바심, 한계, 상처, 열등감, 외로움, 게으름, 후회 등을 청춘이 버려야 할 10가지 휴지통'으로 비유하고 있다. 내가 만드는 스토리가 스펙을 이긴다거나, 모든 꽃이 봄에 피지는 않기 때문에 조바심을 낼 필요가 없다는 것 등이 이 책의 메시지이다.

한윤형, 『청춘을 위한 나라는 없다』, 어크로스, 2013.

잉여, 열폭, 엄친아, 어그로, 중2병, 지잡대, 키보드워리어, 근자감, … 모두 최근의 신조어인 이 낱말들은 오늘날의 청춘 세대를 자조적으로 냉소할 때 쓰는 표현들이다. '웃프다'는 말도 유행하는데, 바로 '웃픈' 청춘들의 현실을 적나라하게 보여주는 신조어이자 유행어 들이다. 20대가 만드는 〈월간 잉여〉라는 잡지의 설문 조사에 따르면 청년의 75%가 스스로를 잉여라고 생각한다고 하는데, 왜 청춘들은 스스로를 잉여라고 부를까? 정치 · 사회 분야 칼럼니스트인 저자는 청년 세대가 가진 냉소와 무기력을 발견하고, 모순 속에 놓인 자신의 20대를 통해 오늘의 청년 세대의 문제를 재밌고 유쾌하게 그려낸다.

한국 사회가 잉여 사회가 되는 동안 '진짜 청년 세대의 목소리'를 내기 위해 분투했던 저자는 "왜 그렇게 사느냐"는 질문에 답하기 위해 짧은 인생의 키워드들을 뽑아 1부 '잉여의 이유'를 썼다. 2 · 3부는 한 걸음 더 나아가 세대론 담론 이후 실제로는 사라진 당사자의 목소리를 사수하며, '정치 오타쿠'다운 집요함으로 바라본 사회와 시대에 관한 냉철한 분석이다. '후기 자본주의의 문제가 우리를 어떤 사람으로 만들어내고 있는가?' 저자는 이렇게 묻고 있는 것이다.

최태섭, 『잉여사회: 남아도는 인생들을 위한 사회학』, 웅진지식하우스, 2013.

최근 20대를 규정짓는 신조어는 '청년 백수', '아프니까 청춘인 세대', '88만원 세대', '20대 개새끼론' 등 다양한데 '잉여'도 그 중 하나이다. 이 말들은 청년들이 사회 변화와 발전에 어떤 역할도 하지 못하는 무기력한 존재라는 것을 보여준다. 자기 자신도 '잉여'라고 서슴없이 말하는 사회학도이자 문화비평가인 최태섭은 어른이나 선생의 눈이 아닌 잉여 스스로의 눈으로 이 현상의 실체를 파헤치고 있다.

저자는 지금과 같은 현실이 계속된다면 20대의 정체와 무기력은 몇 년 후 20대가 될 10대의 문제가 되고, 청년들이 30대와 40대가 되어서도 이 문제를 그대로 안고 갈 것이라는 사실을 지적한다. 그러니 이제 세대론을 넘어서서 잉여 사회의 근원적 구조를 통찰해야만 문제를 풀 실마리를 찾을 수 있다.

이 책은 결코 사라지지도 않고 완벽하게 처리되지도 않는 잉여들이 품은 에너지를 현대 사회의 가능성 중의 하나로 본다. 그 잉여적 에너지의 발현을 가장 쉽게 관찰 가능한 곳인 사이버스페이스를 통해 보여준다. 우선 인터넷 공간은 현재 한국 사회에서 가장 적은 노력과 비용으로 소통하고, 놀고, 존재할 수 있는 공유지이다. 저자는 이 인터넷 공간에서 발현되는 잉여 문화의 발생과 생태를 꼼꼼하게 훑어 내리며 잉여들, 나아가 이 사회의 내밀한 회한과 욕망을 파악해간다.

엄태호, 『이것은 왜 청춘이 아니란 말인가: 20대와 함께 쓴 성장의 인문학』, 푸른숲, 2010.

'20대와 함께 쓴 성장의 인문학'이라는 부제처럼 인문학자인 저자가 대학에서 우리 시대의 20대에 대하여, 그리고 이들이 겪고 바라보는 이 세상에 대하여 함께 질문하고 토론하면서 길어올린 반짝이는 성찰을 담은 책이다. 1부 '어쨌거나 고군분투'에서는 지성인에서 잉여가 된 대학생, 대학 서열에서 자기 정체성을 찾는 우리 사회의 대학생의 현실을 드러내고, 2부 '뒷문으로 성장하다'에서는 교육, 대학, 민주주의, 돈, 사랑, 가족 등과 맞닥뜨리면서 쌓아온 세상에 대한 날카로운 인식을 보여주고 있다. 이는 20대들이 가장 치밀하고 가장 속 깊게 그린 삶의 세밀화로 그동안 20대를 '위한', 20대에 '대한' 담론으로부터 소외되었던 이들의 삶을 이해할 수 있는 실마리이자, 이들과 '함께' 살아가는 우리 사회가 이들과 함께 무엇을 해야 하는지를 다시금 생각해볼 수 있는 기회를 제공하고 있다.

10년 전만 해도 자립해 벗어나야 하는 대상, 자신을 구속하는 대상이 가족이었지만 지금 20대들은 자신의 등록금을 대기 위해 허리가 휘는 부모님을 보면서 좋은 아들, 딸이 되기를 바란다. 대학 서열이 사회에 진출할 자기 정체성과 같으므로 인터넷에서 대학 서열을 놓고 배틀을 벌인다. 또 최저임금과 저임금에 자신들이 시달리고는 있지만 바보라서 가만히 당하는 것이 아니라고 말한다. 노예임을 알면서도 착취임을 알면서도 감수한다고 말한다. 최고가 되기 위한 노력, 그 과정을 사랑하기 때문이라고 말이다.

2. 직업 관련 도서 소개

여기서는 직업과 관련해서 읽으면 도움이 되는 도서들을 소개한다. 직업을 준비하는 과정에서 또는 직업 세계를 이해하는 데 도움이 되는 책들이다.

코이케 류노스케, 『행복하게 일하는 연습: 스트레스를 뛰어넘고 즐겁게 몰입하기』, 랜덤하우스코리아, 2011.

류노스케 스님은 일본의 명문 대학인 도쿄 대학교를 졸업한 스님으로서 국내에는 『생각 버리기 연습』과 『화내지 않는 연습』으로 널리 알려져 있다. 스님 스스로가 대학을 졸업한 후에 회사원과 편의점 아르바이트, 절의 시봉, 수험 강사 등으로 일하면서 인간관계로 갈등하고 또 자신에게 더 잘 맞는 일을 찾을 수 있다는 욕망으로 괴로워했다고 한다. 스님 스스로가 이런 경험을 했기에 일과 세상에 치여 피폐한 인간이었을 때 그것을 어떻게 극복할 수 있는지 실감 있게 이야기를 들려 줄 수 있다. 특히 스님으로서 좌선 수행과 같은 불가의 가르침에서 얻은 경험을 통해 그런 스트레스를 극복하는 방법을 말해 준다. 직장인이라면 누구나 "일하는 의미를 찾는다는 것, 직장에서의 감정 조절, 일에 대한 의욕, 일을 할 때의 자세, 부정적인 습관, 스트레스가 쌓였을 때, 목표를 못 찾아서 멍한 상태일 때 등"을 고민한다. 이 책은 그런 상황에 대한 나름의 해법을 던져 준다.

리차드 세넷, 『장인: 현대 문명이 잃어버린 생각하는 손』, 21세기북스, 2010.

'장인(匠人)'은 손으로 물건을 만드는 일을 업으로 하는 사람을 가리키지만, 또 한편으로는 심혈을 기울여 물건을 만드는 예술가를 가리키는 뜻으로도 쓰인다. 다시 말해서 장인은 단순히 기술자를 가리키는 말이 아니라 그 분야에서 예술가적 경지에 오른 직업인을 뜻하는 말이므로, 직업인에게 붙일 수 있는 최고의 칭호라고 할 수 있겠다.

이 책을 쓴 리차드 세넷은 영국 런던 정경대 사회학과 교수이며 노동 및 도시화 연구의 최고 권위자이다. 우리나라에는 이미 『뉴캐피털리즘』, 『신자유주의와 인간성의 파괴』, 『불평등 사회의 인간존중』이 번역되어 있다.

장인의 영어 단어는 craftsman이다. 그런데 이때 'craft'는 손끝의 기술을 요하는 직업, 곧 숙련 직업을 뜻한다고 한다. 그런 직업이 되기 위해서는 손만 써서는 안 되고 손과 머리 사이에 긴밀한 관계가 필요하다. 저자는 그런 긴밀한 관계에 주목하여, 벽돌을 쌓는 일이나 음식을 요리하는 일이나 첼로를 연주하는 일 모두 구체적인 작업과 생각 사이에 대화가 필요하며 그 대화는 반복적인 습관으로 진화한다고 말한다. 쉽게 말해서 장인은 행동하면서 동시에 생각하는 것이다. 현대의 대표적인 직업인인 컴퓨터 프로그래머에서도 그런 점을 찾아볼 수 있는데, 문제를 푸는 일과 문제를 찾는 일이 꼬리에 꼬리를 무는 실험처럼 이어진다는 점에서 그러하다.

배리 슈워츠, 케니스 샤프, 『어떻게 일에서 만족을 얻는가』, 웅진지식하우스, 2012.

TED(Technology, Entertainment, Design)는 각 분야의 저명 인사들이 출현하는 세계적인 강연회이다. 배리 슈워츠는 미국의 사회심리학자로서, '실천적 지혜'를 주제로 한 그의 TED 강의는 조회수가 100만 건을 넘을 정도로 엄청난 인기를 끌었다. 이 책의 주제도 실천적 지혜에 관한 것이다. 공저자인 케니스 샤프는 외교 정책과 라틴 아메리카 정치 전문가이자 미국의 마약 단속 정책 전문가이다.

직업은 우리에게 생계를 위한 수단이지만 일에서 만족감을 느끼지 못하면 일은 밥벌이를 위한 수단일 뿐이고 우리는 그 일을 지겹게 생각한다. 따라서 일에서 만족감을 느끼고 의미를 찾는 것은 모든 직업인의 꿈이다.

이 책의 저자들은 고대의 철학자인 아리스토텔레스가 제시한 개념인 '실천적 지혜'가 그런 고민에 대한 대답을 던져 줄 수 있다고 생각한다. 실천적 지혜는 일상의 사회 활동에서 사람들을 어떻게 대할지 분별할 때 사용되는 것으로서 전문성을 갖추는 동시에 윤리적 고려도 게을리 해서는 안 되는 변호사, 의사, 교사 등의 전문직 종사자, 고객과 효과적으로 소통해서 가장 좋은 스타일을 찾아내야 하는 미용사, 위기 앞에서 빠른 판단을 내려야 하는 소방수나 군인 등 현대인이 가지는 대부분의 직업에 실천적 지혜는 유용한 작업 도구가 된다.

우용표, 『신입 사원 상식사전: 옆자리 선배도 모르는 회사생활 생존비밀』(최신개정판), 길벗, 2012.

신입사원이 되면 여러 가지가 어리둥절하다. 회사에서 어떻게 성공적으로 살아남을 수 있는지도 고민이 된다. 이 책은 그런 고민을 하는 사람들에게 회사 생활을 하는 일종의 매뉴얼 같은 역할을 하게 하는 의도로 쓰여진 책인데, 회사 생활의 지침 127가지가 정리되어 있다. 예를 들어 신입 사원이 겪게 될 인간관계 문제(상사와의 갈등, 회식 뒷마무리, 메신저 사용법 등)부터 업무처리 방법(이메일 작성법, 회의록 작성법, PT 에티켓, 연봉협상법 등)까지 구체적인 행동 지침을 제공해 주어 신입사원 스스로 현명하게 대처할 수 있도록 한다.

이 책에 실린 구체적인 실례를 하나 들어 보면 다음과 같다.

모바일메신저, 잘못 사용하면 불량 사원으로 찍힌다

개떼처럼 밀려오는 카톡(카카오톡)의 알림음이나 진동은 부서원들에게 피해가 갈 뿐만 아니라 '쟤는 휴대폰만 들여다보는 불량 스마트 사원'이라는 인상을 주게 된다. 알림음은 작게, 친구가 메신저로 아무리 재미있는 얘기를 해줘도 업무와 관련된 메시지를 받은 것처럼 하는 내면연기가 필요하다.

이 책의 저자는 같은 출판사에서 『월급쟁이 재테크 상식사전』도 썼다. 성공적인 신입사원이 되면 그 다음에는 월급쟁이 재테크에 도전해 보자.

김정래, 전민진, 『(그래서 혹은 그럼에도 불구하고) 나는 작은 회사에 다닌다』, 남해의봄날, 2012.

많은 취업 준비생들은 대기업 취업을 꿈꾼다. 그러나 대기업이 꼭 장점만 있는 것일까? 이 책에서도 V장에서 대기업과 중소기업이 각각 장점도 있고 단점도 있음을 소개했다. 『나는 작은 회사에 다닌다』는 실제로 중소기업에 다녔던 저자들이 '작은 회사'에 다니는 청춘들을 찾아다니며 그들이 사는 이야기를 소개하고 있다. 홍대 인디레이블로 유명한 '붕가붕가레코드'의 공연기획 매니저, 두 명이 일하는 소규모 출판사 '소모'의 출판 편집자와 마케터, 국내 안경 브랜드 '젠틀몬스터'의 안경 디자이너, 돈이 없어 보청기를 살 수 없는 사람들에게 희망을 전하는 사회적 기업 '딜라이트'의 전략기획실장, 디자인 스튜디오와 서점을 함께 하는 '땡스북스'의 디자이너이자 점장, 영화나 공연의 마케팅을 하는 '아담'스페이스'의 문화 콘텐츠 마케터 등이 그 내용이다.

그들의 이야기를 통해 이들이 작은 회사에 다니는 이유와 고민에 대해서 솔직하게 들을 수 있다. 또 높은 급여나 사회적 평가, 회사의 간판 같은 세상의 잣대를 뛰어 넘는 작은 회사만의 장점을 교과서로서가 아니라 실제 거기서 일하는 사람들의 생생한 목소리를 통해 들을 수 있다.

리처드 포드 편, 『판타스틱한 세상의 개 같은 나의 일』, 홍시커뮤니케이션, 2012.
리처드 포드 편, 『직업의 광채』, 홍시커뮤니케이션, 2012.

이 책들은 일(직업)을 소재로 한 소설들을 묶은 책이다. 연애 소설 모음집, 추리소설 모음집은 흔히 봤지만 일 소설 모음집이라는 것은 보기 힘든데, 실제로 처음 나왔다. 우리나라 소설이 아니기 때문에 좀 낯선 감이 없잖아 있지만, 세계적으로 주목받는 작가들이 쓴 단편을 통해서 직업·직책·역할 뒤에 가려진 사람들의 진짜 이야기를 엿볼 수 있다.

이 두 책이 속한 시리즈 제목은 '블루칼라, 화이트칼라, 노칼라'이다. 시리즈의 제목처럼 블루칼라(점원, 배달원, 공장 노동자, 수리공), 화이트칼라(사무직, 변호사, 약사) 외에도 비밀 군사기지 연구원, 작가, 카우보이 등이 이 책의 주인공이다.

편자인 리처드 포더는 서문에서 이렇게 말하고 있다. "정시에 출근하고 일을 끝내야 하며 일거리를 집에 가져가고 어떻게든 고용되어야 하며, 때로는 해고되고 승진하거나 좌천당하며, 구조조정당해서 집에 보내지고, 때로는 넌더리가 나서 보따리를 쌀 준비를 하지만 돈벌이를 해야 하는 복잡하고 곤혹스런 문제들에 대해 문학에서 위안을 얻으려 하는 사람들을 위한 책이다."

윤태호, 『미생 - 아직 살아 있지 못한 자』, 위즈덤하우스, 2012.

영화로도 제작된 『이끼』로 유명한 만화가 윤태호 씨의 직장 만화이다. Daum의 만화속 세상에서 연재되고 있고 단행본으로도 출판되고 있는 이 책은 '만화가 아닌 인생 교과서', '직장생활의 교본', '샐러리맨 만화의 진리' 등의 찬사를 들으며 수많은 직장인들의 직장 생활 교범일 뿐만 아니라 인생을 살아가는 교과서 역할도 하고 있다는 평가를 받는다.

『미생』은 장그래라는 이름의 청년이 주인공인데, 장그래는 열한 살에 한국기원 연구생으로 들어가 프로기사만을 목표로 살아갔는데 도중에 실패하고 종합상사의 인턴 사원으로 입사하게 된다. 그 회사에서 장그래를 둘러싸고 일어나는 이야기가 이 만화의 소재이다. 프로 바둑 기사를 꿈꾸었던 주인공답게 이 만화의 곳곳에서 바둑으로부터 배우는 인생 공부가 제시된다. '미생'이라는 제목도 바둑 용어에서 빌려온 것인다. 바둑에서는 두 집을 만들어야 '완생(完生)'이라 말하는데, 두 집을 만들기 전은 모두 '미생(未生)' 즉, 아직 완전히 살지 못하여 상대로부터 공격받을 여지가 있는 말이라고 한다. 작가는 "사회라는 거대한 바둑판에서 두 집을 짓기란 쉬운 일이 아니지만, 언젠가는 도달할 완생을 향해 한 수 한 수 성실히 돌을 놓아가는 삶의 아름다움을 이야기"하고자 이 만화를 그렸다고 한다. 2014년에 tvN에서 드라마로 제작되어 방영되었다.

우석훈, 박권일, 『88만원 세대: 절망의 시대에 쓰는 희망의 경제학』, 레디앙, 2007.

'88만원 세대'라는 유행어를 만들어 낸 바로 그 책이다. 우리나라의 20대들이 평균적으로 얼마를 벌지 계산한 결과가 88만원이라는 것이다. 우리 책의 I장에서도 설명한 것처럼, 우리나라 비정규직의 평균 임금인 119만 원에 20대의 평균 소득 비율 74퍼센트를 곱해서 산출한 금액이 88만원이다. 대학을 졸업해도 첫 직장 생활을 저임금의 비정규직으로 시작할 수밖에 없는 20대를 표현한 단어인데, 비정규직의 불안한 미래를 대표하는 말이 되었다.

다른 나라에서도 비슷한 말이 있는데 일본의 '버블 세대', 유럽의 '1천유로 세대', 미국의 '빈털털이 세대'가 그런 말이라고 한다. 그러나 우리나라에서는 이런 현상이 더 심각하게 빠르게 진행되는데, 저자들에 따르면 이른바 '세대간 불균형'이 경제를 비롯한 사회 전반에서 독점화가 진행되면서 정치적 자기 보호 능력이 없는 지금의 20대에게 그 피해가 집중된 때문이다.

그래서 저자들은 다소 과격하면서 근복적인 주장을 하는데, 토익 공부를 열심히 하더라도 이런 닫혀진 사회적 의사 결정 구조를 극복할 수 없다고 한다. 그들이 제시하는 해법은 '바리케이드와 짱돌'이다.

최명기, 『무엇이 당신을 일하게 만드는가?』, 필로소픽, 2012.

왜 일하는가? 많은 사람들은 돈을 벌기 위해서라고 말한다. 그러나 우리 책에서도 여러 번 강조했지만, 단순히 돈을 벌기 위해서 또 먹고 살기 위해서 일을 한다고 하면 사람들은 스트레스와 괴로움을 받으면서 일을 할 수밖에 없다. 이 책의 저자는 그러한 스트레스와 괴로움을 줄이기 위해서는 우리가 일을 하는 이유를 알아야 한다고 주장한다.

저자는 일을 하는 10가지 이유를 제시하는데 돈, 인정 욕구, 소속감, 성취감, 재미, 성장, 승부욕, 도전, 명령, 이타심이 그것이다. 이 중에서 어느 하나가 너무 과하면 도리어 일을 그르치고 부족하면 제대로 일하지 못한다고 주장한다. 가령 돈이 없으면 먹고살기 힘들어지고 재미가 없으면 일이 지루해지며 승부욕이 과하면 고립된다는 식이다. 그렇기 때문에 저자는 한 가지에 치우친 단편적인 시각을 버리고 나는 왜 일하는지, 무엇이 나를 일하게 만드는지를 고민해봐야 한다고 주장한다. 나에게 부족한 부분과 지나친 부분이 무엇인지 깨닫고 일하는 목적의 균형을 잘 맞춰야만 행복한 삶을 영위할 수 있다는 것이다.

이나모리 가즈오, 『왜 일하는가』, 서돌, 2010.

이나모리 가즈오는 마쓰시타 고노스케, 혼다 쇼이치로와 함께 일본에서 가장 존경받는 3대 기업가이자 살아있는 경영의 신으로 통한다. 그는 27세때 창업을 하여 전자부품 기업인 교세라와 통신회사인 KDDI를 세계적인 인류 기업으로 키워 수많은 경영 신화를 남겼다. 그러나 그가 존경받는 것은 경영 실적보다는 일과 직업에 대한 그의 철학과 이념 때문이다. 이 책은 저자의 오랜 경영 경험에서 얻은 일과 직업에 대한 태도와 정신을 담고 있다.

왜 일하는가? 이 책은 일을 먹고 살기 위한 수단이 아니라 내면을 단련하고 인격을 수양하는 활동으로 규정한다. 일을 통해서 우리는 스스로를 단련하고 마음을 닦음으로써 삶의 중요한 가치를 발견하게 된다. 일에 대한 근본적인 가치를 알려주는 이 책을 통해서 일에 대한 자신감과 용기, 그리고 일 잘하는 방법을 배우게 될 것이다.

저자는 일에 대한 근본적인 가치를 제시하면서 일에 대한 사랑과 간절함 그리고 노력을 강조한다. 특히 창조성은 남들이 가지 않는 길을 가는 것으로 일에 대한 가치관의 중요한 요소로 간주하고 있다. 다르게 생각하는 것, 창조와 혁신, 자유로운 기업 문화 등 창조적 사고와 문화는 일의 품격을 높이면서 일에 대한 근본적인 가치를 부여한다.

박원순, 『세상을 바꾸는 천 개의 직업』, 문학동네, 2011.

경쟁자들이 비슷한 전략과 상품으로 경쟁하는 시장을 레드오션(Red Ocean)이라고 하고, 경쟁자가 없는 새로운 시장을 블루오션(Blue Ocean)이라고 한다. 이 책은 아무도 가보지 않은 블루오션 일자리를 소개하고 있다. 듣기에도 생소한 천 개의 블루오션 직업은 미래 유망 직업이 될 수 있다. 누구나 도전하면 자신만의 일자리를 가질 수 있다는 메시지를 전달하며 안정된 일자리만을 선호하는 젊은이들에게 새로운 도전정신을 일깨운다.

저자 박원순은 현재보다는 미래를 안정보다는 도전을 강조한다. 공무원이나 교사, 공기업이나 경찰 등 안정된 직업만을 선호하는 직업관에서 벗어날 것을 주문한다. 세상은 넓고 직업은 도전해야 할 희망이기 때문이다. 이를 위해서 저자는 5년간 전 세계를 여행하면서 창의적이고 독특한 사람들을 만나 그들의 재미난 이야기를 들려주며 다가올 미래를 선도할 유망 직업과 세상을 바꾸고 있는 소셜 비즈니스를 보여준다.

1부에서는 저자의 직업관과 세계관 그리고 저자가 만난 명사들의 직업관이 소개되어 있다. 2부와 3부에서는 퇴근 후 생활 코디네이터, 싱글들만을 위한 심부름 센터 등 미래의 블루오션 직업들이 제시되어 있다. 4부에서는 젊은이들에게 도전해보길 권하는 직업 리스트와 창업 아이템이 소개되어 있다.

클라우스 슈밥, 『(클라우스 슈밥의) 제4차 산업혁명』, 새로운현재, 2016.

미래의 직업 환경은 정보통신기술(ICT) 등에 의하여 혁신적으로 변화한다. 인공지능(Artificial Intelligence), 사물 인터넷(Internet of Things), 빅데이터(Big Data) 등은 기존 직업을 파괴하고 직업과 직업의 연계를 촉발하며 직업의 혁신을 초래할 것이다. 이 책은 세계경제포럼(World Economic Forum)인 다포스 포럼에서 의제로 채택된 과학기술 분야의 어젠다를 제시하고 있다.

이 책은 유비쿼터스, 모바일 슈퍼컴퓨팅, 인공 지능, 자율 주행 자동차, 유전 공학, 신경 기술, 뇌 과학 등 다양한 학문과 전문 영역이 서로 영향을 주고받으면서 혁신을 일으켜 새로운 기술과 플랫폼을 창출할 것임을 예견한다. 과학기술은 초연결 사회를 구축하고 인간뿐만 아니라 직업 생태 환경을 급변하게 만든다.

제1부에서는 4차 산업 혁명의 정의와 시대의 변화가 불러올 주요 과학 기술(물리학, 디지털, 생물학 등), 개인, 사회, 국가, 경제에 미치는 영향 등이 소개되어 있다. 제2부에서는 4차 혁명의 기술들이 소개되어 있다. 웨어러블 인터넷, 사물 인터넷, 커넥티드 홈(Connected Home), 빅 데이터를 활용한 의사 결정, 인공 지능과 화이트칼라, 로봇 공학과 서비스, 3D 프린팅 기술 등 4차 산업 혁명을 실천할 수 있는 실용적인 방안을 제시했다.

한윤형, 최태섭, 김정근 공저, 〈열정은 어떻게 노동이 되는가〉, 웅진지식하우스, 2011.

우리는 언제부턴가 '열정'이라는 말에 익숙해졌다. 직장의 면접관이든 각종 오디션 프로그램의 심사자든 구직자나 응모자에게 열정을 요구하고, '열정을 갖고 부딪치면' 모든 난관을 극복할 수 있는 착각에 빠지게 한다. 심지어 광고도 소비자에게 나태함을 이기고 스스로를 채찍할 것을 요구하며 "당신은 과연 열정적으로 살고 있는가?"라고 묻는다. 이 책의 저자인 사회 비평가 한윤형, 칼럼니스트 최태섭, e스포츠 전문 기자 김정근은 스무 명의 젊은이들을 인터뷰하고 '열정 노동'이라는 현대 자본주의의 새로운 전략을 밝혀낸다. 그들은 '너희가 원하는 일을 하니 참아!'라는 명령과 '너희 말고도 그 일을 할 사람은 많아'라는 협박이 우리 사회 구석구석에서 젊은이들을 착취하고 있다고 말하며 이는 IMF 사태와 '신지식인' 담론으로 대표되는 한국 역사의 특수성과 난데없이 '보보스'라는 정체불명의 말을 유행시킨 세계 자본주의의 보편적인 흐름이 함께 만들어 낸 합작품임을 밝힌다.

히노 에이타로, 〈아, 보람 따위는 됐으니 야근수당이나 주세요〉, 오우아, 2016.

우리는 어떤 사명감을 가지고 열정으로 회사에서 일한다고 생각한다. 그런데 "아, 보람 따위 됐으니 야근수당이나 주세요."라고 직장 상사에게 말한다고 하면 어떻게 될까? 사명감이나 보람보다는 돈을 우선시하면 안 될까?

이 책의 저자는 일본 사람이지만 일본의 직장인들도 우리나라의 직장인처럼 노동시간이 길어서 야근에 시달린다고 한다. 심지어 '과로사(Karoshi)'라는 일본어가 영어 사전에 등재되어 있다고 한다. 이 책은 일본 직장인들의 '노동조건'에 천착하며, 블로그를 통해 노동과 일에 대한 소신 있는 의견들을 발신해온 젊은 저자가, 소위 '사회인의 상식' '일반적인 직장문화'라는 명분하에 용인되어온 열악한 노동조건을 통렬하게 뒤집어보고, 그 속에서 매일 야근을 밥 먹듯하며 살아가는 직장인들 개개인의 삶에 안부를 묻는 책이다. 세계보건기구 산하 국제암연구소는 '야근'을 살충제 성분인 DDT와 같은 2급 발암 물질로 규정했다고 한다. 대부분의 직장인들이 이 발암 물질에 노출되면서도 아무 불평을 하지 못하는 비참한 노동 현장을 고발하고, '사축(社畜, 회사에 매인 가축)'이 되지 않기 위해서는 과연 어떻게 해야 할 것인가에 대한 통렬한 문제 제기이다.

3. 직장인의 권리와 법

근로 기준법은 "근로조건의 최저기준을 정함으로써 근로자의 기본적 생활을 보장·향상시키며 균형있는 국민경제의 발전을 기함을 목적으로 제정된 법률"(근로 기준법 제1조)이다. 직장 생활에서 스스로의 권리를 지키기 위해서는 근로 기준법의 주요 내용을 알고 있어야 한다.[117)]

• 근로자의 정의

근로자는 "직업의 종류를 불문하고 사업 또는 사업장에 임금을 목적으로 근로를 제공하는 자"(제14조)를 말한다. 따라서 근로자이냐 아니냐를 정의할 때 정규직이냐 비정규직이냐를 따지지 않는다. 따라서 아래의 근로 기준법 내용은 비정규직 또는 실습생이라고 해도 근로자라면 동등하게 적용된다. 단 단과반 학원 강사, 학습지 교사, 골프장 캐디, 보험 모집인, 성과급 영업 사원, 지입차주, 공무원, 선원 등은 근로 기준법상의 근로자가 아니다. (I장 '특수 형태 근로 종사자' 참고)

• 적용 범위

근로 기준법은 "상시 5인 이상의 근로자를 사용하는 모든 사업 또는 사업장"에 적용된다(제10조). 5인 미만 사업장에는 주 40시간, 주

---

117) 여기서 말하는 법적인 내용은 대략적인 설명일 뿐이다. 이 내용은 구체적인 사례에 따라 달라질 수 있다. 이 절은 김남훈, 『비정규직 근로자를 위한 노동법 해설』(아름다운사람들, 2004)와 김의석 외, 『청소년을 위한 노동법 길라잡이』(우리교육, 2004)를 많이 참조하였다.

5일, 1일 8시간 근로는 적용되지 않는다. 야근이나 휴무일 근무에 대해 50% 가산 임금도 적용되지 않고, 연차 휴가도 보장되지 않는다. 그러나 최저 임금, 퇴직금, 1주일 만근시 유급 주휴, 근로 계약서 작성, 4대 보험 의무 가입은 적용된다.

• 근로 계약

근로 계약이란 "근로자가 사용자에게 근로를 제공하고 사용자는 이에 대하여 임금을 지급함을 목적으로 임금을 지급함을 목적으로 체결된 계약"(제17조)을 말한다. 당사자가 합의하면 말로 하여도 상관 없으나 명확하게 서면으로 임금, 근로 내용, 근무 시간, 휴가, 계약 기간 등의 내용을 체결하는 것이 좋을 것이다. 특히 임금의 구성 항목, 계산 방법 및 지불 방법에 관한 사항에 대하여는 서면으로 작성하여 보여 주도록 하고 있다.

• 임금

임금은 근로자에게 직접, 그 전액을 통화(通貨)로, 월 1회 이상 정해진 날에 지급해야 한다(임금 지급의 5가지 원칙). 민사 집행법에 의한 임금 압류의 경우에도 급여·연금·상여금·퇴직금 등에 대해서는 실지급액의 2분의 1이상에 대하여 압류가 금지된다. 최저 임금은 국가가 근로자들의 생활 안정 등을 위해 임금의 최저 수준을 정하고 사용자에게 그 수준 이상의 임금을 지급하도록 법으로 강제하는 제도로서, 2017년 최저 임금은 시간급 6,470원이다. 그리고 월 단위로 환산할 때 유급 주휴를 포함하여 1,352,230원을 지급해야 한다는 것을 2017년 최저 임금부터 고시하였다. 하루 5시간씩 5일 근무하면 하루치(8시간) 임금이 유휴 수당으로 지급해야 함을 알리기 위해서이다.

- **법정 근로 시간(기준 근로 시간)**

법에 규정된 기준 근로 시간을 말한다. 원칙적으로 1일 8시간, 1주 40시간을, 15세 이상 18세 미만자는 1일 7시간, 1주 40시간을 초과하지 못한다. 근로 시간을 계산할 때는 휴게(휴식)시간을 공제한다. 가령 오전 9시부터 오후 6시까지 일한다면 식사시간 1시간은 근로 시간에 포함되지 않으므로 실제 근로 시간은 8시간이다. 대기 시간, 교육 시간은 근로 시간에 포함된다. 가령 출근하여 근무복을 갈아입는 등 작업을 준비하는 시간도 근로 시간이다.

- **연장 근로(시간외 근로)**

1주간에 12시간을 한도로 근로 시간을 연장할 수 있다. 연장 근로와 야간 근로(하오 10시부터 상오 6시까지), 휴일 근로에 대해서는 통상 임금의 50% 이상을 지급하여야 한다.

예를 들어 시간당 임금이 10,000원이고 평일에 24시까지 근로했다면, 9시부터 18시까지의 당연분 임금 8시간×10,000원=80,000원(휴식시간 1시간 제외), 연장 근로 6시간에 대한 당연분 임금 6시간×10,000원=60,000원, 연장 근로 6시간에 대한 가산분 임금 6시간×5,000원=30,000원, 야간 근로 2시간(하오 10시부터 12시까지)에 대한 가산분 임금 2시간×5,000원=10,000원으로 총 180,000원을 지급해야 한다. 그리고 유급 휴일인 일요일에 8시간을 근로하는 경우, 휴일 지급 임금 8시간×10,000원=80,000원, 8시간 근로에 대한 임금 8

시간×10,000원=80,000원, 휴일 근로에 대한 가산분 임금 8시간×5,000원=40,000원으로 총 200,000원을 지급해야 한다. 그리고 휴일에 연장 근로를 했다면 휴일 근로에 대한 가산분 임금뿐만 아니라 연장 근로에 대한 가산분 임금까지 지급해야 한다.

표 12 법정 기준 근로 시간 및 연장 근로의 한도와 실시 요건

<table>
<tr><th>구분</th><th>법정 기준
근로 시간</th><th colspan="2">연장 근로
(근로자의 동의)</th><th>야간 근로 · 휴일 근로</th></tr>
<tr><td>남성 근로자</td><td rowspan="4">1일 8시간,
1주 40시간</td><td colspan="2">1주 12시간</td><td>근로자 동의</td></tr>
<tr><td rowspan="3">여성 근로자</td><td>일반 여성</td><td>1주 12시간</td><td>근로자 동의/
고용노동부장관의 인가</td></tr>
<tr><td>임신 중</td><td>금지</td><td>근로자의 명시적 청구/
고용노동부장관의 인가</td></tr>
<tr><td>산후1년
이하자</td><td>1일 2시간
1주 6시간
1년 150시간</td><td>근로자의 동의/
고용노동부장관의 인가</td></tr>
<tr><td>연소 근로자
(18세 미만자)</td><td>1일 7시간,
1주 40시간</td><td colspan="2">1일 1시간,
1주 6시간</td><td>근로자의 동의/
고용노동부장관의 인가</td></tr>
</table>

• 휴게 · 휴일

휴게 시간은 근로 시간이 4시간인 경우에는 30분 이상, 8시간인 경우에는 1시간 이상 주어야 한다. 그리고 1주일에 평균 1회 이상의 유급 휴일을 주어야 한다. (주휴일과 근로자의 날만 법에서 정한 휴일이다. 공휴일은 관공서가 쉬는 날로서 근로 기준법에 의해 쉬는 날로 정해져 있지 않으나 기업에서는 취업 규칙 또는 관행적으로 휴일로 인정한다.) 주5일제가 도입되었어도 1일(통상 일요일)만 유급 휴일이고 1일(통상 토요일)은 무급 휴무일이다. 곧 토요일에 근무해도 휴일 근로 수당은 없고 연장 근로 수당만 있다.

월차 유급 휴가는 주40시간제가 시행되면서 폐지되었다. 한편 여성 근로자에 대하여 월 1일의 유급 생리 휴가가 부여되는데, 주40시간제 이후 무급화되었다.

연차 유급 휴가는 15~25일(2년당 1일 가산)이다. 단 1년 미만 근속자는 매1월간 개근 시 1일의 연차 휴가가 주어진다.

• 해고

"사용자는 근로자에 대하여 정당한 이유 없이 해고·휴직·정직·전직·감봉 기타 징벌을 하지 못한다"(근로 기준법 제30조). 이때 '정당한 이유'란 사회 통념상 고용 계약을 계속시킬 수 없을 정도로 근로자에게 책임 있는 사유가 있다든가, 부득이한 경영상의 필요가 있는 경우(정리 해고)를 말한다. 업무상 질병·부상의 요양을 위한 휴직기간과 그 후 30일간, 산전후 휴가 기간과 그 후 30일간은 해고하지 못한다. 또 노동조합 설립·가입을 이유로 또는 노동조합 업무 수행을 이유로, 여성인 것을 이유로, 근로자가 고용노동부에 신고한 것 등을 이유로 해고나 불리한 처우를 할 수 없다. 한편 근로자를 해고하고자 할 때에는 적어도 30일전에 미리 해고 사실을 알려주어야 한다.

• 구제 방법

임금 체벌이나 부당 해고 등 사용자가 법에서 정한 의무를 다하지 않을 경우에 근로자가 취할 수 있는 방법은 민사 소송과 행정적 구제가 있다. 행정적 구제에는 노동 위원회에 부당해고 구제 신청하는 것과 노동 사무소에 진정하는 것이 있다. 진정은 노동부 사이트

(http://www.molab.go.kr)에서 전자 민원 신청으로도 가능하다.

• 퇴직금

퇴직금은 1년 이상인 근로자에게 지급된다. 지급액은 계속 근로 연수 1년에 대하여 30일분 이상의 평균 임금이다. 평균 임금은 퇴직 직전의 3개월 동안 수령한 임금의 월 평균 금액으로 보면 된다. 곧 10년을 근무했다면 퇴직 직전 3개월 동안 받은 월 평균 임금의 10배 정도가 퇴직금이다.

• 연소 근로자

연소 근로자란 만 18세 미만의 근로자를 말한다. 만 13세 미만의 어린이는 일을 시킬 수 없으며 13세 이상 15세 미만인 청소년은 취직 인허증을 발급하여 일을 할 수 있다. 연소 근로자는 최저 임금의 90% 이상을 지급받아야 한다. 연소 근로자의 법정 근로 시간은 1일 7시간, 1주 40시간이다.

• 산전후 휴가

임신 중인 여성 근로자에게는 출산 전·후를 통하여 90일의 보호 휴가를 주어야 한다. 그리고 산후에 45일 이상이 되어야 한다. 90일의 휴가 중 최초 60일의 임금은 사업주가, 나머지 30일의 임금은 국가가 지급한다. 임신 중의 여성 근로자에게는 시간외 근로를 시키지 못하며, 근로자가 요구하면 경이한 종류의 근로로 전환시켜야 한다. 그리고 산전후 휴가 중과 그 후 30일간에는 해고하지 못한다.

• **육아 휴직**

만8세 이하 또는 초등 2학년 이하의 자녀를 가진 근로자(남성, 여성 모두)에게 1년 이내로 육아 휴직을 사용할 수 있다. 육아 휴직자에게는 통상 임금의 40%(상한액 100만원, 하한액 50만원)가 육아 휴직 급여로 지급된다. 이 중 25/100는 복귀 후 지급한다.

• **성희롱**

남녀 고용 평등법 제13조 규정에 의거 사업주는 직장 내 성희롱을 예방하고 근로자가 안전한 근로 환경에서 일할 수 있는 여건 조성을 위하여 직장 내 성희롱의 예방을 위한 교육을 매년 1회 이상 실시하여야 한다. 근로자 10인 미만 사업장과 사업주 및 근로자가 모두 남성이나 여성 등 한 성으로 구성된 사업장은 홍보물을 게시하거나 배포하는 방법으로 교육을 대신할 수 있다. 그리고 사업주는 직장 내 성희롱 발생이 확인된 경우 지체 없이 행위자에 대하여 징계 등의 조치를 취하여야 한다.

• **남녀 고용 평등법**

1987년 제정되고 그 후 몇 차례 개정되었다. 이 법에 따르면 위에서 말한 성희롱에 대한 규정 외에, 사업주는 여성 근로자를 모집·채용함에 있어서 직무의 수행에 필요 없는 신체적 조건이나 미혼, 기타 조건을 요구하여서는 안 되며, 모집 및 채용, 임금의 지급, 생활보조금품 등의 지급, 근로자의 교육·배치 및 승진, 정년 및 해고 등에서 여성을 남성과 차별하여서는 안 된다. 또 근로 여성의 혼인·임신 또는 출산을 퇴직 사유로 예정하는 근로 계약을 체결하여서는 안 되며, 직장 내 성희롱을 예방하고 근로자가 안전한 근로 환경에서 일할 수 있는 여건 조성을 위해 필요한 조치를 취하여야 한다.

• 사회 보험

사회 보험은 사회 정책을 위한 보험으로서 국가가 사회정책을 수행하기 위해서 보험의 원리와 방식을 도입하여 만든 사회 경제 제도이다. 고용 보험·산재 보험·국민 연금·건강 보험의 4대 보험이 있다. 모두 근로자를 1인 이상 사용하는 모든 사업 또는 사업장에 적용되는 강제 보험이다.

(1) **고용 보험**: 고용 보험에서 가장 중요한 제도는 실업 급여로서 퇴직 전 18개월 중 180일 이상 근무하다 경영상 해고, 권고 사직, 계약기간 만료 등 불가피한 사유로 직장을 그만 둔 근로자가 적극적으로 재취업 활동을 하는 경우에 지급된다. 따라서 스스로 직장을 그만 두었거나 본인의 중대한 귀책 사유로 해고된 경우에는 실업 급여를 지급받을 수 없다. 실업 급여는 퇴직 당시 연령과 고용 보험 가입 기간에 따라 90~240일의 범위 내에서 퇴직 전 평균 임금의 50%가 지급된다. 산전후 휴가 급여나 육아 휴직 급여도 고용 보험 중 하나이다.

(2) **산재 보험**: 근로자가 업무상 사유로 인하여 부상·질병·장해 또는 사망한 경우에 산재 보험 급여가 지급된다.

(3) **국민 연금**: 근로자가 표준소득월액의 4.5%를, 사용자가 4.5%를 부담한다. 국민 연금 급여로는 가입기간이 20년 이상인 자가 일정 연령이 되면 그 때부터 생존하는 동안 연금을 지급받는 노령 연금, 가입 중에 발생한 장애에 지급되는 장애 연금, 사망 시 유족에게 지

급되는 유족 연금이 있다. 노령 연금 지급 시기는 원래 60세였다가 고령화 추세를 반영하여 변경되었는데, '53~'56년생은 61세, '57~'60년생은 62세, '61~'64년생은 63세, '65~68년생은 64세, 그리고 '69년생 이후 출생자는 65세부터 노령 연금을 지급받는다. 국민 연금은 사업장 가입자 외에 지역 가입자도 있다. 연금에는 국민 연금 외에 공무원 연금, 사학 연금, 군인 연금 등이 있다.

(4) **건강 보험**: 보수의 5.89%를 직장과 본인이 50%씩 부담한다. 급여로는 요양 급여와 건강 검진, 요양비, 장제비 등이 있다.

■ 아르바이트 노동 착취

'프리터'처럼 아르바이트가 직업인 사람들도 있지만, 여전히 아르바이트는 학생들이 가장 많이 한다. 오죽하면 아르바이트 하는 사람을 '아르바이트생(生)'이라고 하겠는가? 그런데 학생들은 노동 관련 법규를 잘 몰라서 고용주들의 부당 노동 행위에 속수무책으로 당하고 만다. 몇 가지 법규만 알면 쉽게 시정을 요구할 수 있다. 아르바이트생들이 당하는 부당 노동 행위는 아주 기본적인 것들이라 노동부 종합상담센터(전화 1350)에 문의하면 쉽게 해결된다.

법정 최저 임금. 단기 · 임시 고용이라고 하더라도 최저 임금의 적용을 받는다. 법정 최저 임금은 해마다 바뀌는데 그 해에 해당하는 시간당 최저 임금을 주지 않으면 고용주는 형사 처분 대상이다.

유급 주휴일. 주당 15시간 이상 근무하면 유급 주휴일을 받을 수 있는 자격이 생긴다. 쉽게 말해서 1주일에 하루는 일하지 않더라도 하루치 일당을 받을 수 있다는 뜻이다. 예를 들어서 시급 7,000원을 받으면서 하루 6시간씩 1주일에 5일을 근무한 아르바이트생은 주급이 210,000원(7,000×6×5)이 아니라, 252,000원(7,000×6×6)이다.

휴게 시간. 하루 근무 시간이 4시간 이상이면 30분, 8시간 이상이면 1시간의 휴게 시간을 반드시 받아야 한다.

여성 차별 금지. 여학생이라고 해서 남학생과 차별을 하면 남녀 고용 평등법에 의해 처벌 대상이 된다. 예를 들어 남학생과 여학생의 시급을 다르게 주면 안 된다. 그리고 당연한 말이지만 여성이라고 해서 받는 성희롱도 부당 노동 행위이다.

사회 보험. 고용 보험은 주당 15시간 이상 근무하면 근로자가 1인인 사업장이라도 반드시 가입해야 한다. 고용 보험에 가입하면 실업 급여, 구직 촉진 수당, 직업 교육 등 혜택을 받을 수 있다. 그리고 일하다가 다쳤을 때 아르바이트생이라고 해도 산재보험 혜택을 받을 수 있다.

청소년 알바 10계명(고용노동부)

1. 만 15세 이상만 아르바이트가 가능해요. (단 만 13~14살인 청소년이 아르바이트를 하고 싶으면 고용노동부 취직인허증을 발급받아야 함.)
2. 아르바이트를 해도 좋다는 부모님 동의서와 나이를 증명할 수 있는 가족관계증명서를 사업장에 꼭 제출하세요.
3. 근로계약서를 꼭 작성하세요.
4. 청소년도 성인과 동일한 최저 임금을 적용 받습니다.
5. 위험한 일이나 유해 업종(유흥주점 등)에서는 일을 할 수 없어요.
6. 하루에 7시간, 일주일에 40시간 이상은 일을 할 수 없어요.
7. 휴일이나 초과근무를 하면 50%의 가산 임금을 받을 수 있어

요. (5명 이상 사업장만 해당)

8. 1주일에 15시간 이상 일을 하고, 1주일 동안 개근한 경우 하루의 유급 휴일을 받을 수 있어요.
9. 일하다 다쳤으면 치료와 보상을 받을 수 있어요.
10. 부당한 처우를 당했거나 궁금한 사항이 있으면 국번 없이 1350으로 연락하세요.

생각할 문제

1. 자기 계발서 한 권을 읽고 그 책의 핵심적인 키워드와 내용을 소개하고 그것을 학생 자신의 생활에 활용할 수 있는 방법을 생각해 보자.
2. 직장 생활과 관련된 책을 한 권 읽고(이 책에 소개되지 않은 책도 상관없다), 성공적인 직장생활을 위해서는 어떤 준비와 노력이 필요한지 말해 보자.
3. 근로 기준법과 관련된 영화 한 편을 관람하고 근로 기준법의 필요성과 노동의 가치에 대해 생각해 보자.
4. 직장인과 관련된 법규 중에서 최근에 변화된 것이 있는지 알아보자.

Ⅶ. 맺음말: 직업윤리의 미래적 전망

Ⅶ. 맺음말: 직업윤리의 미래적 전망

'직업이란 무엇인가' 라는 물음은 여러 차원의 눈높이에서 그 해답 찾기가 가능하다. 그런데 무엇보다 중요한 전제는 직업이란, 첫째로 경제적 차원에서 보았을 때 '생계를 유지하는 수단'으로의 의미를 지닌다. 둘째로 직업이란 사회적 차원에서 보았을 때, 한 사람이 사회 일원으로서 '사회 전체 발전을 위한 기여의 의미'를 지닌다. 그러나 현대에 이르러서는 앞의 두 가지 의미에 직업을 통한 '자아실현'이라는 의미를 첨가할 수 있다. 아마도 직업의 의미에 대한 이러한 시대적 요청은 현대라는 시간 · 공간이 개인에게 부과하는 특별한 뜻이 있다고 볼 수 있다. 특히 서구와는 다른 '현대화'의 길을 걷고 있는 이 시점의 한국에서 직업의 의미는 남다른 뜻이 있다고 보인다. 그렇다면 그런 시대사조로서의 현대는 도대체 어떤 특징을 가지고 있는 것일까?

현대는 현대화의 과정으로 이루어지는데, 그 중요한 특징으로는 단적으로 산업화, 기능주의를 기초로 한 기계론적 세계관을 들 수 있다고 Ⅳ장에서 말했다. 이러한 특징은 대체로 개인을 원자화시킨 대중 사회의 모습으로 드러난다. 다시 말해 현대 사회는 공동체 사회를 붕괴시키면서, 인간 관계를 익명화시켰다. 현대화의 의미가 과학과 기술을 통해 대중 전체의 생활 향상을 도모했지만, 또 다른 측면에서 본다면 그것은 진정한 인간 관계의 상실이라는 의미 또한 담는다는 것이다. 이러한 맥락은 현대라는 시대 사조가 지니는 부정적인 측면이다. 그러한 특징은 '타자와 함께'가 아니라는 점에서 극단적으로 '타자 배제의 원리'라고 명명할 수 있을 것이다. 이런 논지는 대체로 서구의 눈을 지니고 서구 현대 사회에 대한 비판의 내용이라고 볼 수 있다.

한국 현대화의 특징 역시 서구 현대의 부정성을 많이 닮아 있다. 그러나 한국의 현대화는 그러한 부정성에 한국적 특수성에서 오는 부정성이 더 부가된다. 무엇보다 먼저 현대와 전통, 서양적인 것과 동양적인 것의 갈등이 첨예하다고 할 수 있다. 그러한 갈등 양상은 가치 질서의 이중성으로 드러난다. 말하자면 서구형의 합리적 질서 의식과 동양적 의리관의 혼용은 일상의 인간 관계를 '기회주의적 태도'로 만들기 일쑤이다. 이러한 점에서 한국 근대화의 기치인 동도서기(東道西器)는 '동양의 좋은 점과 서양의 좋은 점'을 조화롭게 지니자는 뜻이지만, 한국 현대화의 자리매김은 어쩌면 '동양의 나쁜 점과 서양의 나쁜 점'을 섞어 놓은 느낌이다.

사회가 발전하면 사회를 체계화하고 그래서 효율적인 생산을 할 수 있어서 인간에게 유익을 줄 수 있다. 그러나 그 발전으로 말미암아 인간이 이(利)를 부단히 추구하게 되고, 인간의 관계가 단지 이해관계로 한정된다는 점에서 신뢰는 하나의 덕목이 아니라, 계약의 전제로 한정된다. 일찍이 우리는 동서고금의 철학, 종교 모두는 이 점을 인류에게 경계시키고 있음을 본다. 그러나 그에 반해 여러 현대 사회의 영역에 걸쳐 이러한 신뢰 상실은 너무나 일반화되었음은 주지의 사실이다.

직장에서의 갈등 역시 이러한 연속선에서 볼 수 있다. 대체로 고과서적인 해법은 이러하다.

> 직장에서 상사와 동료 간에 갈등이 발생하면 마음을 열고 대화로 푼다.

그런데 '어떻게?' 라는 반문에는 말문이 막힌다.

그렇다면 이 문제를 '대화로 왜 안 되는가?'로 바꾸어 생각해 보자. 대화를 통한 소통의 문제는 2000년대 이후에 우리 사회에서 중요한 덕목으로 부상되었다는 것은 주지의 사실이다.

첫째는 직장의 소통 구조가 명령과 복종의 관계이기 때문이다. 일제의 식민지 통치, 군사 독재의 잔재는 직장인의 태도가 다소곳하고 수동적인 인간형을 덕있는 사람으로 본다. 그래서 그러한 직장 분위기 안에서는 문제를 대화를 통해 풀기가 어렵다.

둘째는 직장의 분위기가 매우 가부장적 구조를 지니고 있기 때문이다. 경로 사상에 기초한 장유유서(長幼有序)의 가치관은 한편으로는 미덕일 수 있으나, 그 수직적 인간 관계가 자율적으로 대화를 이끌 수 있는 분위기를 만들지 못하게 한다.

셋째는 직장의 구조가 연고주의—혈연, 지연, 학연—를 중심으로 짜져 있기 때문이다. 연고주의는 일종의 집단주의적 체제이다. 이러한 구조는 다수 집단에 의해 의사소통의 언로가 독점되어 있기 때문에 진정한 대화를 펴기가 불가능하다.

독일의 하버마스를 위시한 현대의 많은 소통 이론가들은, 말하는 사람과 듣는 청자의 관계가 주체와 객체의 관계가 아닌 상호 주체의 관계로 전환되는 의사소통의 합리성을 제의한다. 즉 대화가 진정한 상호 이해에 도달하려면, 이야기 전개의 유형에 따라 '진리성', '정당성', '솔직성'의 조건이 골고루 갖추어져야 한다는 것이다. 말하자면 하나의 대화가 진정한 합의에 도달하기 위해서 더욱 더 필요한 사실은 대화에 임하는 사람들의 태도가 '얼마나 진지한 공동 관심을 지니고 있는가'라는 것이다.

그럼에도 '직장 안에서 대화로 왜 안 되는가?'라는 세 가지의 한국적 문제는 쉽게 풀릴 수 있는 문제는 아니다. 왜냐하면 이런 문제는 이미 시스템으로 굳어진 구조적 문제이기 때문이다. 그렇지만 그 사이에 들어 있는 공통점은 인간과 인간, 개인과 집단, 그리고 집단과 집단 간의 '불신'이라는 문제이다. 불신이기 때문에 모든 구조가 역기능의 효과만을 재생산한다는 것이다. 한국인 '삶의 질'을 향상시키기 위해서라면 물질적 자본만으로는 더 이상의 사회 발전의 기초가 되지 못한다. 우리에게 절실히 필요한 것은 신뢰를 회복할 수 있는 정직, 준법, 상호 의무, 배려 등의 덕목을 담는 '사회 자본'(social capital)이 필요한 것이다. 이러한 사회 자본의 확충 전개는 '나와 우리'가 함께 가는 '타자를 위한 공동체'에 그 목표가 세워져야 한다. 그 목표에 맞게 직업은 '생계를 유지하는 수단'이어야 하고, '사회 전체 발전을 위한 기여의 의미'를 지녀야 하지만, 더불어 '자아실현'이라는 현대적 덕목을 지녀야 한다. 그러나 '타자를 위한 공동체'가 인간을 위한 인간의 목표에만 국한되어서는 안 되는 것처럼 직장인의 사명 역시 직업의 현대적 덕목을 실현하는 것에 한정되어서는 안 된다.

직업윤리의 미래적 전망에 대한 진단은 바로 이 지점을 넘어서는 곳으로부터 출발해야 한다.

Ⅷ. 부록:

이력서 · 자기소개서 · 면접

Ⅷ. 부록: 이력서 · 자기소개서 · 면접

1. 이력서 작성 요령

• 사진

사진은 구직자가 첫인상을 형성하는 데 매우 중요하다. 따라서 3개월 이내에 찍은 살짝 미소 짓는 단정한 정장 차림의 컬러 사진을 부착한다. 요즘은 인터넷으로 이력서를 받는 경우가 많다. 평소에 디지털 카메라로 자신의 프로필 사진을 준비해놓고 인터넷에 저장해 두면 급하게 사진이 필요할 때 다운로드 받아서 제출할 수도 있다. 단 이미지 사진(콘셉트를 잡아 예쁘게 찍은 사진)은 피한다.

• 학력 사항

대개 고등학교부터 기입하는 것이 원칙이지만, 지원 회사의 양식에 맞춰야 한다. 만일 초등학교부터 기재하라는 양식이라면 입학 연도와 졸업 연도를 정확하게 기재하도록 한다. 특히 대학 학력 사항은 전공과 부전공 또는 복수 전공이 무엇인지 정확한 정보를 제시하여 자신의 능력을 보여주어야 한다.

• **경력 사항**

지원 분야와 관련된 경력 위주로 최근의 것부터 기재한다. 근무 기간과 회사명을 기재하고 수행 업무와 관련된 사항에 대해서 간단하게 언급한다. 특히 속해 있던 조직에서 자신이 있음으로 인해 가져온 긍정적 변화나 성과를 위주로 적는 것이 효과적이다.

• **가족 사항**

가족 사항은 동거자를 중심으로 적으며 부모, 형제자매 순서로 적는다.

• **자격증**

지원한 분야와 관련된 수상 경력 및 자격증에 대해 기술한다면 가산점을 받을 수 있다. 특히 지원한 업무와 관련된 분야의 자격증 등은 적극 강조해야 한다.

• **병역 사항**

병역사항은 남자의 경우에만 해당된다. 복무 기간, 군별, 계급 등을 적고, 면제를 받았을 경우 면제 사유를 기재한다.

〈연습〉 다음 양식을 참고하여 자신이 지원하고자 하는 회사를 염두에 두면서 이력서를 작성해보자.

입 사 지 원 서

(지원분야 :)

사 진 (3 x 4)	인적사항	성 명	[한글] [한자]
		생년월일	년 월 일 [만 세] [성별: 남 , 여]
		주 소	[우편번호 -]
		전화번호	[자택] ( ) - - [휴대폰] - -

학력사항	입학년월	졸업년월	학교명			소재지	평균학점
			초등학교				
			중학교				
			고등학교				
			대학교	전 공			
				부 전 공			
				복수전공			
			대학원	전 공			

경력사항	근무회사	근 무 기 간	직위	담당부서	퇴직사유
		년 월 ~ 년 월			
		년 월 ~ 년 월			
		년 월 ~ 년 월			

자격증	취득일자	종류	발급기관	외국어능력	시험명	TEST 성적

가족사항	관계	이름	나이	학력	직업	휴 대 폰
			[ ] 세			
			[ ] 세			
			[ ] 세			
			[ ] 세			

병역	전역구분			군별	계급	병과	복 무 기 간
	군필	미필	면제				년 월 일 ~ 년 월 일
	※미필사유※						

위의 모든 기재 내용은 사실과 틀림이 없습니다.

년 월 일

지 원 자: (인)

2. 자기소개서 작성요령

(1) 자기소개서의 이해

① 기본형 자기소개서

사람은 직업이라는 옷을 걸치고 산다. I장에서 말한 것처럼 직업은 그 사람의 정체성을 형성한다. 직업에 따라 언어와 행동 그리고 삶의 방식이 달라지는 것이다. 이것이 취업용 자기소개서를 쓰기 전에 먼저 기본형 자기소개서를 써봐야 하는 이유다. 인생에 대한 근원적 통찰과 반성에서 직업 선택이 이루어져야 한다. 자신이 이루고자 하는 꿈과 목표가 무엇인지, 그 꿈과 목표를 실현하기 위해서 필요한 직업이 무엇인지, 그리고 그 직업을 갖기 위해 필요한 능력이 무엇인지 고민해야 한다. 왜냐하면 직업 선택은 인생에 대한 전망과 꿈 그리고 목표에 대한 성찰이 전제되어야 하기 때문이다. 처음부터 특정한 직업을 목적으로 두면 직업 선택의 기회는 그만큼 줄어들 것이다. 먼저 인생의 목적과 꿈이 있다면, 그것을 달성하기 위해 필요한 직업은 다양하기 때문이다. 목적과 수단이 전도되어서는 안 된다.

② 취업용 자기소개서

본인이 어떤 사람인지 어떤 목표를 가지고 왜 지원하는지 써야 한다. 특히 취업용 자기소개서에는 일반적으로 〈성장 과정〉-〈성격의 장단점〉-〈학력 및 경력 사항〉-〈지원 동기 및 입사 후 포부〉 등이 들어간다. 자신이 입사하고자 하는 기업에 대한 정보를 먼저 수집해야 한다. 기업의 사훈, 경영이념, 연혁, 대표 기술 및 상품 등에 관한 정보를 먼저 수집해야 한다. 아울러 자신이 지원할 업무와 관련된 지식도 파악하는 것이 필요하다.

- 성장과정

기업의 인재상이나 직무 분야의 특성과 맞춰 쓰는 것이 가장 중요하다. 성장 과정이라고 해서 어릴 때부터 자라온 과정을 나열해서 서술해서는 곤란하다. 인사 담당자는 지원자의 인생사를 알고 싶어 하는 것이 아니라 기업의 인재상에 맞고 직무상의 능력을 갖고 있는지를 알고 싶어 한다. 기업에서 원하는 인재상에 맞춰서 성장 과정의 에피소드, 생활 신조, 가치관이나 인생관을 구체적으로 서술하는 것이 필요하다. 성장 과정의 서술 내용으로는, 지원자의 가치관, 위기를 기회로 바꾼 경험, 일목요연하게 정리된 다양한 경험들, 취미를 역량으로 연결한 것, 리더십을 강조한 것, 어려운 가정 환경에서 긍정적으로 잘 자란 점 등을 들 수 있다.

- 성격의 장단점

너무 흔한 장점은 설득력을 갖지 못한다. 배려와 적응력, 성실, 긍정, 적극, 열정, 근면 등과 같은 일반적인 수준의 장점은 신입 사원의 기본 자질에 속한다. 이러한 일반적인 수준의 장점을 몇 가지 나열하기보다는 지원 회사의 인재상이나 업계의 특성, 또는 업종이나 업무의 성격에 맞는 장점을 한 가지 선택하여 집중적으로 보여주는 것이 효과적이다. 영업직이라면 커뮤니케이션 능력을 장점으로 구체화하는 것이 설득력을 갖는다. 단점은 솔직하게 제시하는 것이 좋다. 다만 그러한 단점을 보완하는 방법을 알리고 보완하기 위한 노력과 결과를 전달하는 것이 필요하다. 강점이 지나쳐 단점이 된 것은 해당 직무를 수행할 때 오히려 장점이 된다는 점을 강조하는 것도 하나의 방법이다.

- 학력 및 경력 사항

"사회 활동(교내 과외 활동 경력, 동아리 활동, 봉사 활동, 해외 연수 등)"(롯데그룹)

"학교 및 사회생활, 국내외 여행 등 자신이 겪은 경험에 대해 구체적으로 기술하세요."(현대카드)

롯데그룹과 현대카드의 요구사항에서 보듯이 학력 및 경력 사항에는 교내, 교외, 사회생활의 다양한 경험이 포함된다. 다양한 경험을 나열하는 것보다는 회사의 인재상이나 직무 분야의 능력을 갖고 있음을 보여줄 수 있도록 작성해야 한다. 에피소드를 중심으로 스토리가 있게 구체적으로 서술하는 것이 설득력을 갖는다. 어느 학교를 나왔고 무슨 동아리를 했는지 단순히 쭉 나열하는 것은 읽는 사람도 재미가 없을 것이다. 에피소드를 통해서 어떻게 사건을 처리했으며 그러한 과정에서 어떤 능력을 배웠는지 보여준다.

- 지원 동기 및 입사 후 포부

"많은 직업 중에서 은행원을 선택한 이유와 특히 IBK기업은행을 지원한 동기에 대해 기술하여 주십시오."(기업은행)

"희망직무 선택에 대한 동기와 VISION".(LG상사)

기업은행과 LG상사에서 알 수 있듯이 지원 동기와 직무 능력간의 인과 관계를 요구하고 있다. 교수님의 추천, 지원 회사에 다니는 선배의 권유, 채용 설명서 등은 동기가 미약하고 인과성이 떨어진다. 전공, 학내외 활동, 세미나, 자격증, 자신의 커리어나 능력을 적극적으로 활용하여 지원 회사의 인재상과 관련지어 서술하는 것이 기본이다. 이를 기본으로 먼저 회사에 관심을 가지게 된 이유를 설명하고 입사 목표를 이루기 위해 관련 지식과 경험과 커리어를 쌓았는지 서술한다. 입사 후 포부는 지원자의 장단기 계획을 지원 회사의 사업이나 비전에 적용하여 서술한다.

물론 지원 회사마다 자기소개서 항목은 다르다. 그러나 위와 같은 4가지 항목은 자기소개서에 서술해야 할 기본 내용이므로 이를 적절하게 활용하면 될 것이다. 따라서 저학년 학생들은 자기소개서의 4가지 항목을 중심으로 자기소개서를 작성하고, 취업을 앞둔 고학년 학생들은 자신의 지원 회사의 자기소개서의 양식에 맞추어 자기소개서를 작성하면 될 것이다. 참고로 현대자동차에서 제시한 자기소개서 항목을 소개한다.

〈현대자동차 자기소개서 항목〉

1. 본인의 삶 중 기억에 남는 최고의 순간 및 그 의미를 설명하고, 향후 본인이 원하는 삶은 무엇인지 기술해 주십시오.
2. 본인이 회사를 선택할 때의 기준은 무엇이며, 왜 현대자동차가 그 기준에 적합한지를 기술해 주십시오.
3. 현대자동차 해당 직무 분야에 지원하게 된 이유와 선택 직무에 본인이 적합하다고 판단할 수 있는 이유 및 근거를 제시해 주십시오.

(2) 자기소개서의 일반 원칙

- 10초의 원칙을 지켜라

10초의 원칙이란 자기소개서를 검토하는 시간은 10초 이내로 짧기 때문에 시작하는 부분에서 읽는 사람을 설득시켜야 한다는 것을 말한다. 인사 담당자는 수많은 자기소개를 읽는데, 자신의 자기소개서가 어떻게 해야 눈에 띌 수 있는지 생각해보아야 한다. 첫인상이 중요하듯이 우선 시작 부분에서 읽는 사람의 눈길을 사로잡을 수 있게 해야 한다. 자신의 경험이나 에피소드를 제시하면서 호기심을 자극하는 내용으로 자기소개서를 시작하는 것이 하나의 방법이다.

- 에피소드를 중심으로 서술하라

자기소개서에서 보여줄 능력과 강점을 주요 경력이나 에피소드를 중심으로 서술한다. 경력이나 강점을 나열만 한다면 읽는 사람을 설득할 수 없다. 아주 구체적으로 그 경력과 강점이 드러나는 에피소드가 읽는 사람을 설득시킨다. 여러 심리학 연구에 따르면 사람들은 선천적으로 이야기(에피소드, 스토리)에 솔깃해하는 경향이 있다. 에피소드로는 학교생활(학과 수업, 프로젝트, 동아리 등), 기타 활동(공모전, 교환 학생, 어학연수, 봉사 활동 등), 인턴십, 사회 경험, 여가 활동이나 자기 계발을 들 수 있다. 에피소드를 활용할 때 주의할 점은 다음과 같다. a. 특이한 에피소드를 골라라. b. '무엇을 했는지'가 아니라 '무엇을 얻었는지'에 초점을 맞춰라. c. '무엇을 했는지'를 '무엇을 어떻게 했는지'로 발전시켜라. d. 하나의 에피소드를 중복 활용하지 말고 비슷한 결론을 도출하는 에피소드 구성을 피하라. e. 고정 관념에서 벗어나 다양한 접근을 시도하라.[118]

- 인과적 필연성을 생각하라

취업용 자기소개서에는 성장 과정, 성격의 장단점, 학교생활. 경력 사항. 지원 동기 및 입사 후 포부 등이 들어간다. 기업마다 조금씩은 차이가 있다. 신세계 백화점의 경우에는 '살아오면서 중요했던 일', '직장 생활에서 예상되는 어려움'등이 추가된다. 인과적 필연성이란 세부 항목이 적절한 이유나 근거에 따라 서술되어야 한다는 것을 뜻한다. 지원 동기가 설득력을 갖기 위해서는 자신을 그 회사 그 직무 분야를 선택하고 지원할 수밖에 없는 타당한 근거가 제시되어야 한다.

- 논리적 일관성을 지켜라

자기소개서는 처음 부분부터 마지막 부분까지 자신이 지원하고자 하는 직무 분야에 능력이 있으며 기업에서 원하는 인재상임을 일관되게 보여주어야 한다. 성장 과정-성격의 장단점-경력 사항-지원 동기 등을 일관되게 한 가지 목적을 향해 서술해야 한다. 만일 취미나 자원봉사 활동 경력이라도 지원직무 분야의 능력을 보여줄 수 있는 것이라면 경력에 포함해 구체적으로 미래 비전을 제시하는 것도 도움이 된다. 자기소개서를 쓰다보면 세부 항목에 집착한 나머지 자기 소개서 전체의 목적을 망각하기 쉽다. 항상 왜 이 글을 쓰는가? 이 글을 통해서 무엇을 얻고자 하는지를 염두에 두어야 한다.

- 내용별로 광고 카피처럼 서브타이틀을 두어라

단락을 나눠 세부 항목별로 소제목을 두면 지원자의 특성을 한 눈에 파악할 수 있는 장점이 있다. 특히 소제목을 광고 카피처럼 둔다면 더욱 호소력을 지닐 수 있다. 예를 들면, '꾸준하게 키워온 수학

---

118) 김연욱, 『대기업을 사로잡는 자기소개서』(세창미디어. 2010), 138쪽.

적 마인드', '전자공학 전공은 완벽한 선택이었다', '영업은 커뮤니케이션이다', '인턴 경험은 품질 관리에 대한 탄탄한 지식을 주었다'와 같은 식이다. '성장 과정'이라는 제목보다는 '꾸준하게 키워온 수학적 마인드'가 더욱 눈에 띌 것이다. 제목만 보더라도 지원자의 능력을 파악할 수 있고 호소력을 가질 수 있다.

- 일대기 형식으로 쓰지 마라

태어난 날짜부터 시작해 성장 배경을 구구절절이 적은 이른바 호적등본형은 엇비슷한 내용이 많아 읽는 이를 감동시킬 수 없다. 또한 '화목한 가정에서 ○남 ○녀의 ○째로 태어나…', '적극적인 성격에…', '시켜만 주십시오', … 등의 자기소개서에 자주 등장하는 표현은 진부한 인상을 줄 수 있다. 다른 지원자들과는 다른 자신만의 업무 능력과 커리어를 보여주어야 한다. 그밖에 피해야 할 자기소개서 유형으로는 맞춤법 · 띄어쓰기가 엉망인 '무성의형', 다른 회사 입사지원서 작성한 것을 그대로 제출한 '복사형', 입사 후 포부 및 계획 등의 내용이 없는 '무알맹이형', 무조건 뽑아만 주면 열심히 하겠다는 '읍소형' 등이 있다.

자기소개서에서 보여주어야 할 능력[119]
1. 커뮤니케이션(Communication) 능력
2. 대인관계(Interpersonal) 능력
3. 리더십(Leadership)과 팀워크(Teamwork) 능력
4. 전략적 사고(Strategic thinking) 능력
5. 문제해결(Problem Solving) 능력

119) 문병용, 『이력서 자기소개서 상식 사전』(도서출판 길벗, 2009). 103-109쪽.

(3) 자기소개서 예시

【예시 1】

1. 성장 과정

부유하진 않지만 부족한 것 없는 평범한 가정에서 장남으로 태어났습니다. 샷시 쪽 사업을 하시는 아버지, 넉넉하진 않지만 절약하여 알뜰하게 생계를 꾸리시는 어머니를 보고 자라면서 저 또한 자연스럽게 절약하는 경제관념을 배우고 미래의 직업 또한 엔지니어의 꿈을 가지게 되었습니다. 쉬는 날 없이 공휴일에도 힘들게 일하는데도 불구하고 집에 와서 항상 웃으시는 아버지를 보며 힘들고 지쳐도 긍정적으로 생각하며 웃음을 잃지 않는 것을 배웠습니다. 어떠한 일을 겪어도 긍정적으로 생각하며 웃음을 잃지 말자는 것이 저의 삶의 목표입니다.

2. 성격의 장단점

저는 꼼꼼하고 세심한 편입니다. 무슨 일을 하던 어떻게 하는 방법이 가장 효과적일까 가장 좋은 방법일까 고민하고 생각하며 어떠한 일을 끝마친 다음에도 빠먹은 것은 없나 다시 한 번 검토하고 생각합니다. 또한 책임감 있고 제가 부족한 부분이 있으면 보완하기 위해 많이 노력하는 편입니다. 저는 소극적이고 소심해서 사람을 사귈 때에도 시간이 오래 걸리는 편이고 그렇기 때문에 반장 같은 직책도 부담스러워합니다. 이러한 제 성격을 고치고 싶어서 대학 생활을 하며 사람도 두루두루 많이 만나고 군대에 있을 때도 분대장도 해보고 하면서 사람을 이끌어가는 리더십도 기르기 위해 노력했습니다.

3. 학력 및 경력 사항

초·중학년 때에는 공부도 노는 것도 중간 정도였지만, 고등학교를 올라가서 친구들과 축구에 빠져서 성적이 많이 떨어졌었습니다. 하지만 국립대 공대 진학과 제 꿈을 생각하며 노력하여 중상위권 성적을 유지하였습니다. 고등학교 때 친구들과 시 축구대회에 나가서 입상도 하며 기초 체력을 길러내고 건강한 학교생활을 할 수 있었고, 샷시 쪽 사업을 하시는 아버지 일을 도와드리며 여러 연장을 다루어보고 건설, 건축 쪽 일도 흥미를 가지게 되었고, 서류를 만들고 도면을 보면서 컴퓨터 캐드나 엑셀 등에도 관심을 가지게 되는 계기가 되었습니다. 이러한 경험을 통해 대학교 조별 과제 등을 하며 어떠한 물품을 제작 및 설계할 때 주도적으로 조원들을 이끌어가고 도면을 보고 제작을 하는 능력을 길렀습니다.

4. 지원 동기 및 입사 후 포부

제가 이 회사에 지원한 동기는 어렸을 때부터 가졌던 엔지니어의 꿈을 이루게 해줄 수 있는 회사이기도 하고 캐드를 이용해 설계하고 제작하는 일에 재미가 있어 이러한 일을 꼭 하고 싶기 때문입니다. 학교생활을 하면서도 아버지 일을 도와드리며 힘들고 지쳐도 포기하지 않는 근성을 길렀습니다. 일이 힘들고 지쳐도 포기하지 않고 회사 발전에 이바지 할 수 있도록 열심히 일할 준비가 되어 있습니다. 또한 여태까지 배웠던 모든 지식, 경험을 바탕으로 어떠한 일을 하던 근면 성실하게 제 능력을 모두 발휘하여 근무할 수 있습니다. 입사 후에도 일을 하며 제가 부족한 부분이 있으면 더 공부하여 저를 발전시키기 위해 노력할 것이고, 힘들고 지쳐도 긍정적으로 웃으며 동료애와 팀의 분위기를 살리며 즐겁게 근무할 것입니다.

평가: 엔지니어 관련 직무 분야의 능력이 있음을 비교적 일관되게 보여주는 자기소개서이다. 성장 과정에서 아버지의 일을 도우면서 배운 교훈, 성격, 그리고 관련 지식 습득 등이 지원 분야에 맞게 서술하였다. 다만 입사 후 포부를 근면, 성실, 노력과 같은 일반적인 용어를 사용하기보다는 회사에 기여하거나 계획했던 사항을 구체적으로 제시할 필요가 있어 보인다. '샤시'는 일상생활에서 많이 쓰는 말이긴 하지만 외래어표기법으로는 '새시'가 맞으므로 수정해야 한다.

【예시 2】

1. 성장 과정

"항상 끊임없이 성실히 노력하면 무엇이든 할 수 있다"는 가치관을 가지고 있는 저는 강원도 속초에서 2남 중 막내로 태어났습니다. 제가 9살부터 어머니는 마트에서 일을 하셨고, 맞벌이를 하여 항상 늦게 오시는 부모님 아래서 형과 함께 알아서 밥도 해먹고 설거지도 하며 자립심이 생겼고, 매일 아침 어머니와 함께 나가면서 학교를 결석한 적도 없고 성실히 생활하는 법을 자연스럽게 몸에 익혔습니다.

2. 성격의 장단점

저의 성격은 항상 신중하고 인내심이 강하고 긍정적인 마인드를 가지고 있습니다. 어릴 적부터 돈에 민감하여 물건을 살 때에도 가격을 비교하며 신중히 고르는 편이고, 실수를 하거나 안 좋은 일이 생기면 좋아하는 노래를 듣고 금방 기운이 나고 긍정적인 생각을 갖는 성격입니다. 저의 단점은 친해지면 말도 많고 재미있는 편인데, 초면에는 말 수도 적고 내성적인 면이 있는 것이지만 점점 사회 경험을 하면서 좋아질 것이라고 생각합니다.

3. 학력 및 경력 사항

초등학교 6학년 때까지는 태권도를 배우며 공부는 멀리하고 지내다가 중학교 때부터 인강으로 공부를 하기 시작하였습니다. 국립대학교가 아니면 학교를 보낼 형편이 안 된다는 부모님의 말에 ㅇㅇ대학교 기계공학과에 지원하여 합격하였습니다. 저는 수능이 끝나고 바로 마트 농산 코너에서 아르바이트를 하며 처음으로 사회 경험을 했습니다. 그리고 대학교를 다니며 기계설계산업기사, 일반기계기사, 건설기계기사를 취득하여 전공에 대한 지식을 확실히 다졌습니다.

4. 지원 동기 및 입사 후 포부

제가 ㅇㅇ전자 기계/기구 분야에 지원한 동기는 우리 주변에는 ㅇㅇ전자 제품을 사용하는 사람이 없을 정도로 수없이 많습니다. ㅇㅇ전자는 몰입, 창조, 소통의 가치를 가진 인재를 모집

하는 걸로 알고 있습니다. 저의 성실함과 꼼꼼한 성격으로 몰입하는 경향과 다른 사람의 의견을 존중하며 소통하는 성격이 들어맞는다고 생각하여 지원하였습니다. 제가 ○○전자에 입사하게 된다면 다른 사람들과 소통을 하며 함께 어려움을 극복하면서, 제품에 관해 몰입하여 일을 성실히 수행할 것입니다.

평가 : 성장 과정에서 어렸을 때부터 자립심을 기를 수 있었던 배경을 잘 드러낸 자기소개서이다. 학력 사항에서 기계 기구 분야 자격증 취득사항을 서술함으로써 학력 사항을 지원 동기에서 ○○전자 직무 분야와 자연스럽게 연결했다는 점이 돋보인다. 다만 기사 자격증을 서술할 때에는 그 내용을 구체적으로 서술해야 설득력을 높일 수 있다는 점을 염두에 필요가 있다. 또 "제가 ○○전자 기계/기구 분야에 지원한 동기는 우리 주변에는 ○○전자 제품을 사용하는 사람이 없을 정도로 수없이 많습니다."는 잘못된 표현이 있고 주어와 술어가 일치하지 않으므로 "제가 ○○전자 기계/기구 분야에 지원한 동기는 우리 주변에는 ○○전자 제품을 사용하지 않는 사람이 없을 정도로 수없이 많기 때문입니다." 자기 소개서를 쓴 다음에 맞춤법과 띄어쓰기에 틀린 곳이 없는지 몇 번씩 다시 읽어봐야 한다.

【예시 3】

1. 성장 과정

저의 아버지는 금형 관련 다이캐스팅 사업을 하셔서 어렸을 적부터 기계를 접할 수 있는 기회가 많았습니다. 그래서 비행기, 자동차, 기차와 같은 체계적으로 움직이는 기계가 매우 멋있어 보였고 집에서도 로봇 만화 영화 등을 좋아하며 관련 장난감을 가지고 놀았던 것이 기억납니다. 고등학교 이후에는 아이언맨 영화를 통해 슈트의 매력에 빠져들었고 특히 드론과 같은 초소형 비행체가 의료와 군사 및 여러 분야로 응용되어 통합적으로 운용되는 모습을 통해 비행체의 가능성을 새롭게 보는 경험을 하게 되었고 이후 기계과 선택에도 많은 계기가 되었습니다.

2. 성격의 장단점

장점은 타인과 의사소통에서 상대방을 배려하기 위해 노력하고 팀 프로젝트에선 팀 내 의견 조율에 알맞은 배려형 성격인 점입니다. 따라서 팀 내 의견 조율, 원활한 의사소통이 필수적인 지원 분야에서 탁월한 장점이 될 것이라 생각합니다. 단점은 배려하는 성격이 강해 제 생각을 남에게 쉽게 내비치지 못하는 점입니다. 그럼에도 불구하고 팀 조율을 통해 의견 도출을 이끌어내고 또한 자문 형식의 팀 역할은 충분히 수행할 수 있음을 자신합니다. 따라서 저는 이런 이타적 성격을 팀 내 화합 도모와 분위기 쇄신에 일조할 수 있도록 노력할 것입니다.

3. 학력 및 경력 사항

초등학교 때 교내 과학 행사가 많이 진행되었는데 교내 입상 이후에도 구 대회에 참가하였습니다. 비록 입상은 못했어도 그 경험은 비행기의 구조적 특성(유체에서 기체 형상에 따른 활강 능력 변화)을 고민하는 첫 경험이었습니다. 또한 이후 기계공학과에 진학하여 대학 드론 설계 제작 및 활공 경연 대회에 참가하였고 이를 통해 이론적인 바탕을 다지는 기회가 되었습니다.

4. 지원 동기 및 입사 후 포부

최적의 연구 조건을 갖춘 연구 기관으로 국내서 연구·설계의 최상의 기관이기 때문입니다. 항공 우주는 국가적 차원에서 관리되는 중요연구 사업 중 하나입니다. 비행체 연구에서 비롯된 수많은 기술들. 예를 들어 자세 제어, 로켓 추진, 구조 역학 등은 군사적으로 매우 중요한 기술이며 더 나아가 여행 항공기 등 실생활에 연계될 만큼 부가 가치가 높은 분야입니다. 또한 21세기 지구촌 시대에 국가 간 교류 확대에도 항공 기술은 필수적으로서 교통의 제약이 있는 육지, 바다에 비해 이동이 매우 자유롭습니다. 더군다나 한국은 지리상 항공 교통의 주요 경유지이기 때문에 대한민국 안보와 국익 창출을 위해 항공 기술 개발은 필수적입니다. 따라서 개인 역량 발휘에 더할 나위 없으며 나아가 국가 발전에 이바지 할 수 있는 이유로 인해 지원하고자 합니다.

평가 : 성장 과정에서 서술된 내용과 지원 동기가 밀접하게 연관되도록 서술한 자기소개서이다. 특히 성장 과정에서 기계 관련 장난감, 아이언맨 등의 서술을 통해서 성장 과정과 문화가 기계 쪽에 있었음을 보여주고 있다는 점과 지원 동기에서 전문적인 관심을 보여주고

있다는 점이 돋보였다. 다만 경력 사항에서 대학 입학 이후 직무 분야 관련 경력 사항 서술이 부족하다는 점은 아쉬움으로 남는다.

【예시 4】

1. 성장 과정

고등학교 3학년 때 제가 원하는 대학에 들어가지 못해 재수를 하게 되었습니다. 재수를 시작할 때 큰돈을 쓰면서 재수를 해야 하는지 고민을 했었지만 한 번 열심히 해보자는 부모님의 권유로 재수를 하게 되었습니다. 재수를 하면서 저의 미래에 대한 생각을 많이 하였습니다. 내가 하고 싶은 일을 하기 위해서, 나에게 이런 생각을 할 수 있는 시간을 만들어주신 부모님께 보답하기 위해서라도 꼭 어렸을 때부터 꿈꿔왔던 ○○○기업에 들어가야겠다고 다짐하였습니다. ○○○에 취업하기 위하여 대학에 입학하여 해야 할 일, 따놓아야 하는 자격증, 외국어 능력 등 생각하며 대학에 들어가서 꼭 해야겠다고 생각해놓았습니다. 그것들을 대학교 1학년 때부터 늘 생각하며 차례차례 실천해왔습니다.

2. 성격의 장단점

저의 장점은 남의 말을 잘 경청하고 존중해줍니다. 학교생활을 하다보면 조별 활동, 동아리 활동 등 다른 사람들과 같이 활동을 하는 경우가 많습니다. 활동을 하다보면 의견이 대립되는 일이 생기고, 그럴 때마다 저의 주장만 고집하지 않고, 상대방의 의견도 들어보고 잘 타협하여 좋은 방안이 나올 수 있도록 노력합니다. 이런 저의 성격은 회사에서 회의를 할 때에도 팀원들의 의견을 경청하고 존중하여 좋은 방안이 나올 것입니다. 저의 성격의 단점은 소심한 성격 탓에 남의 부탁을 거절하지 못한다는 것입니다. 주변 사람들이 부탁을 하면 쉽게 거절하지 못하고 수락을 합니다. 대학 동기들이 과제를 보여라고 하면 그 친구가 직접 풀어보고 직접 해봐야 자신한테 도움이 되겠지만 저는 부탁을 거절하지 못하고 보여줬습니다. 거절을 하면 그 동기가 저에게 실망을 할 것 같아 과제를 보여줬습니다. 이런 저의 성격은 회사에서 팀원들이 아무리 작은 일이라도 아무리 귀찮은 일을 부탁하더라도 팀원들을 위하여 열심히 하게 될 것입니다.

3. 학력 및 경력 사항

저는 어렸을 때부터 부모님께서는 제가 공부를 잘했으면 하는 마음이 크셨으며, 많은 학원과 과외 등을 받았습니다. 그런 영향으로 중학교 때까지는 성적이 상위권이어서 학교에서 상위권 아이들만 데리고 밤늦게까지 하는 프로그램을 하여 하루 종일 공부만 하며 살아왔습니다. 하지만 고등학교 입학한 후 사춘기가 찾아오면서 공부가 하기 싫어져서 맨날 놀기만 하여 수능에서 낮은 성적이 나와서 재수를 하게 되었습니다. 재수를 하면서 철이 들고 정신을 차렸지만 수능에서 또 낮은 성적을 얻게 되어 ○○대학교에 입학하게 되었습니다. 대학교에 입학하고 나서는 정신을 차려 열심히 공부하여 학점도 높게 받았습니다.

4. 지원 동기 및 입사 후 포부

어렸을 때부터 저는 자동차에 대한 관심이 많아 자동차의 종류나 성능 등을 많이 알아오면서 자라왔습니다. 지나가다가 처음 보는 차가 있으면 언제나 아버지께 여쭤보고, 인터넷에서 검색도 자주 하였습니다. 저의 눈앞을 지나가던 많은 차들 중 ○○○에서 나온 '○○○○'라는 차를 보고 '나도 나중에 커서 저런 차를 만들고 싶다'라고 생각했습니다. 그리고 '저 차를 만든 ○○○ 기업은 대단하다, 내가 ○○○에 들어가서 저것만큼 좋은 차를 설계해야겠다'고 생각하였습니다. 그때부터 늘 ○○○에 들어가겠다는 마음을 가지게 되었습니다. 입사를 하고 난 후에도 자동차, 외국어 공부를 게을리 하지 않겠습니다. 외국어 공부를 하여 세계적인 기업으로 만들기 위한 발판을 만들고, 자동차에 관한 공부를 열심히 하여 어렸을 때부터 꿈꿔왔던 최고의 자동차를 설계하겠습니다. 자동차가 삶의 동반인 현대 사회에서 최고의 자동차를 설계하여 ○○○가 세계적으로 인정받고 세계 최고의 자동차 기업으로 만들기 위해 노력하겠습니다.

평가 : 성격의 장단점을 직무 분야에 맞게 구체적으로 서술한 자기소개서이다. 경청과 존중을 구체적으로 서술했고, 소심한 성격을 단점으로 여기지 않고 직원들을 꼼꼼하게 배려하는 긍정적인 점으로 서술했다는 점 등이다. 다만 성장 과정 서술에서 ○○○의 꿈을 꾸게 되었다는 점을 배경 설명 없이 제시함으로써 어떤 배경이 있었는지 궁금증을 일으킨다는 점은 아쉬움으로 남는다.

(4) 자기소개서 쓰기 연습

연습1. 기본형 자기소개서를 쓰고자 한다. 자신이 이루고자 하는 꿈, 갖고자 하는 직업, 그리고 그것을 이루기 위해 필요한 능력은 무엇인지 생각해 보자.

항목	세부 내용
꿈	
직업	
능력	

연습2. 취업용 자기소개서를 쓰고자 한다. 각 항목별로 주요 내용과 개요를 작성해보자.

항목	주요 내용 및 개요
성장 과정	
성격의 장단점	
학력 및 경력 사항	
지원 동기 및 입사 후 포부	

연습3. 에피소드를 중심으로 자기소개서를 쓰려고 한다. 보기를 참고하면서 에피소드의 종류와 결론 그리고 기업 정보에 대해 생각해 보자.

에피소드	결론	기업정보
어학 연수	도전	도전이라는 인재상
판매 아르바이트	고객 경험	서비스 업계
공모전	창의	창의라는 인재상

연습4. 자기소개서 원칙을 참고하면서 취업용 자기소개서를 작성해 보고, 작성된 자기소개서의 장점과 단점에 대해 토론해보자.

....

....

....

....

....

....

....

....

....

....

....

....

■ **후지산을 어떻게 옮길까?**

"후지산을 옮기는 데 필요한 비용은?" 마이크로 소프트사 등 초일류 기업의 면접 때 즐겨 묻는 질문이다. 일명 로직 퍼즐이라고 하는데 이 질문이 가려내는 것은 그 사람이 가진 지식이 아니라 문제해결 능력, 창의력이다. 『후지산을 어떻게 옮길까?』(해냄)는 인재 선발에 고심하는 인사 담당자나 취업 경쟁 중인 구직자 모두에게 유용한 책으로 책의 절반은 이러한 질문과 답으로만 구성되어 있다.

최고 인재들을 채용하기 위한 마이크로소프트사의 이러한 면접 방식은 현재 실리콘밸리에서부터 월스트리트에 이르기까지 전 세계적

> 으로 인터뷰 관행을 변화시켰을 뿐만 아니라, 최근 우리 기업들의 채용 방식에도 새바람을 일으키고 있다. 이 책은 서류와 단순 면접만으로는 절대 선별할 수 없을 정도로 넘쳐나는 인재를 가려내는 데 유용한 퍼즐 인터뷰의 필요성과 MS의 활용법을 알아보고, 실제 문제 53개의 자세한 풀이를 제시한다

3. 면접 요령

최근에는 면접의 비중이 갈수록 높아지고 있다. 필기 시험과 인·적성검사를 통과해도 면접에서 통과하지 못하는 경우가 많아지고 있어 면접에 대한 관심과 준비가 필요하다. 여기에서는 면접의 정의, 면접 방식 및 특성, 면접 질문 예시, 면접 평가 항목 등을 알아본다. (면접 요령에 사용된 자료는 강원대학교 삼척캠퍼스 교학지원과 취업지원센터가 2016년도 5월에 추진한 〈Job아라 원데이 코칭스쿨 추진계획(요약)〉에 근거하고 있다는 점을 밝혀둔다.)

(1) 면접의 정의

면접이란 서류 전형, 인·적성 검사 등을 거쳐 최종적으로 응시자를 직접 만나 인성과 지식수준, 성장 가능성 등을 평가하여 회사에서 필요로 하는 인재 여부를 판단하는 시험이라고 정의할 수 있다. 서류상으로 나타난 지원자의 능력을 지원자와 직접 만나 확인하는 절차이다. 스펙이 좋아도 실무 능력이나 인성 능력이 뒷받침되어 있지 않은 지원자들이 있기 때문에 기업체의 입장에서는 이를 걸러내

고 좋은 인재를 뽑는 과정을 중시할 수밖에 없다.

(2) 면접 방식 및 특징

면접 방식에는 1:1 면접, 다:1 면접, 다:다 면접 등이 있다. 면접자 한 명이 지원자 한 명과 면접하는 1:1면접의 특징으로는 면접시간이 상대적으로 길어 깊이 있는 질문과 답변이 가능하다는 점을 들 수 있다. 단 면접자의 주관이 반영될 가능성이 높다. 복수의 면접관이 한 명의 지원자와 질의 응답을 하는 다:1 면접의 특징으로는 복수의 면접관과 1명의 지원자 간에 이루어지므로 지원자에 대한 객관적, 상대적 평가가 이루질 수 있다는 점을 들 수 있다. 다:다 면접은 개인별 면접 시간이 짧고 질문 내용은 비구조적이고 질문의 내용 및 답변이 길지 않다. 면접 내용보다는 면접 태도가 중요할 수 있다는 점을 들 수 있는데, 아무래 1:1 면접이나 다:1 면접보다 면접의 비중이 크지 않다. 최근에는 며칠 동안의 합숙 면접을 통해서 생활 전반을 살펴보는 방식을 취하기도 한다.

(3) 면접 질문 예시

면접 질문은 직무 면접 질문, 인성 면접 질문, PT 면접 질문 등으로 구분된다. 직무면접 질문은 지원 회사의 직무와 관련된 내용으로 전문 지식을 습득하고 있는지에 관한 것이며, 인성 면접 질문은 개인의 가치관 팀워크 능력, 배려심 등과 같이 사람됨에 관한 것이며, PT 면접 질문은 전체적인 트렌드, 사회 현실에 관한 질문으로 지원자의 철학이나 역사의식에 관한 것이다.

〈면접질문 예시〉

면접 질문	
직무면접	1. 자동차 엔진의 종류에 대하여 설명해보세요. (자동차회사 엔진개발 직무) 2. 마케팅 전략의 4P와 그 사례를 들어보세요. (마케팅 직무) 3. 홍보와 광고의 차이점에 대해 설명해보세요. (홍보/광고 직무) 4. 지원하는 직무에 요구되는 전문지식과 기술에는 어떤 것이 있나요? (공통질문) 5. 지원하는 직무와 관련된 지원자의 강점은 무엇인가요? (공통질문)
인성면접	1. 인생에서 가장 중요한 가치관은 무엇입니까? 2. 직업을 통해 추구하고 싶은 것은 무엇입니까? 3. 기업의 사회적 책임과 역할이 강조될 때 어떤 태도를 취해야 할까요? 4. 직장에서의 동료는 어떤 존재라고 생각합니까? 5. 당신만의 스트레스 해소법은 무엇입니까? 6. 개인과 조직의 목표가 상충되면 어떻게 해결하겠습니까?
PT면접	1. 철학이 있는 브랜드와 왜 브랜드가 철학을 가져야 하는 그 이유와 장점을 설명하십시오. 2. 지난 100년 간 우리 생활에 가장 큰 변화를 가져온 물품을 3개만 뽑고 그 이유를 설명하십시오. 3. 대한민국의 저출산, 고령화로 인한 문제점과 해결책을 제시하기 바랍니다. 4. 임금 피크제에 대한 지원자의 생각을 제시하기 바랍니다. 5. 대한민국 청년 실업률 개선을 위한 대책을 설명하기 바랍니다.

(4) 면접의 주요 평가 항목

면접의 중요 평가 항목으로는 지원자의 종합적 커뮤니케이션 능력, 지원자의 직무 수행에 적합한 인성 평가, 지원자의 직무 준비도 및 직무 적합성 평가 등을 들 수 있다. 종합적 커뮤니케이션 능력은 회사에서 정한 기준, 주제, 시간, 장소에 따라 PT 자료 작성 및 발표로 평가하는데, 지원자의 과제 이해력, 기획력, 정보 수집 능력, 문서 작성 능력, 발표력 등을 종합적으로 평가한다. 소통 능력 평가에 대비하기 위해서는 지원자의 기본 직무 능력을 프레젠테이션 형태로 발표하는 훈련을 할 필요가 있다. 인성 평가는 조직 적응력 및 발전 가능성 보유 여부, 올바른 직업관·가치관 등 환경적 특성, 문제 상황에서 합리적 의사 결정 여부, 직무 전문가로 성장하기 위한 구체적인 자기 계발 계획을 평가한다. 인성 능력 평가에 대비하기 위해서는 평소에 타인에 대한 배려심을 갖도록 노력하고 사회 문제 등에 대한 비판적 안목을 갖추도록 할 필요가 있다. 직무 능력은 직무 수행에 필요한 전문 분야 전문 지식, 업무 수행에 요구되는 활용 가능한 기술, 학교에서 다양한 활동을 통한 공통 직문 역량 경험 보유, 지원자의 직문와 관련된 강점 및 성과를 평가한다. 직무 능력 평가에 대비하기 위해서는 지원자의 지원 분야에 대한 전문 지식을 정리하고 이를 쉽게 표현하는 훈련을 할 필요가 있다.

■ 면접 10계명[120)]

1계명 : 결론부터 이야기한다
부연설명은 그 다음에 구체적으로 조리있게 말한다.

2계명 : 올바른 경어를 사용한다

유행어는 피하고 존경어와 겸양어는 혼동하기 쉬우므로 유의

3계명 : 명확한 태도

질문의 요지를 파악하고 예, 아니오를 명확히 표시함.

4계명 : 미소를 잊지 말 것

웃는 얼굴이 좋지만 헤퍼서도 안된다. 또한 면접관들은 신세대가 아님을 명시하고 의상이나 헤어스타일이 너무 튀는 것은 부정적인 결과를 줄 수 있다.

5계명 : 답의 패턴을 기억하고 명심

예(발랄), 한마디로 말씀드리면(결론), 예를 들면(구체적인 예), 그래서(확인), 이상입니다(끝) 정도는 기억한다.

6계명 : 반론을 잘 할 것

독불장군은 금물, 그렇지만 납득이 안가면 그냥 넘기지 말고 면접관의 기분이 상하지 않는 태도로 차분히 반문하자.

7계명 : 최후의 순간까지 최선을 다하라

대답을 잘못했다고 할지라도 포기하지 말고 최선을 다하는 모습으로 임하면 상황을 역전시킬 수도 있다.

8계명 : 즉흥적인 대사에 강할 것

집단면접에선 앞사람의 말을 근거로 해서 말하는 것도 요령

9계명 : 유머를 잊지 말 것

상황에 맞는 유머는 대화를 활성화시킨다. 딱딱한 주제나, 격양된 토론에서 에피소드를 첨가해 깊은 인상을 심어줄 수 있다.

10계명 : 잘못된 버릇을 고친다

상대를 불쾌하게 하는 의사전달이나 너무 큰 목소리나 빠른 말투, 불안정한 시선, 자신도 모르는 버릇 등에 주의.

120) 경기대학교 취업센터(http://kyonggi.joblink.co.kr)

찾아보기

【ㅁ】

【ㅂ】

【ㅅ】

【ㅇ】

【ㅈ】

【M】

현대 사회와 직업윤리(개정판)

지은이 : 최 훈 · 전석환 · 조극훈 · 권오상
펴낸이 : 김헌영(金憲榮)
펴낸곳 : 강원대학교 출판부
24341 춘천시 강원대학길1(효자2동 192-1)
☎ (033)250-7356
등 록 : 춘천시 제28호
발행일 : 2016년 8월 24일 개정 초판
2019년 2월 28일 2쇄
2021년 2월 28일 3쇄

ISBN 978-89-7157-355-6

정가 15,000원

※ 이 책의 무단전제 또는 복제행위는 저작권법 제 97조 5항에 의거, 5년 이하의 징역 또는 5,000만원 이하의 벌금에 처하거나 이를 병과할 수 있다.